# 樂式太極拳行功要義

樂幻智先生

樂亶先生

## 樂亶著《太極拳要義》版本

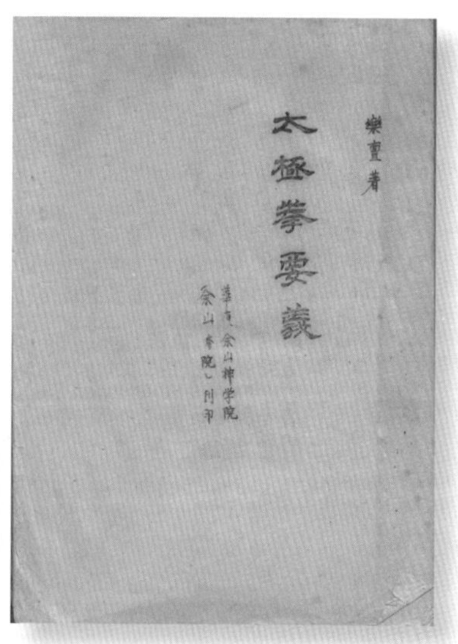


《太極拳要義》香港萬里書店
1981年發行版本複印本

《太極拳要義》英文版（1991年）

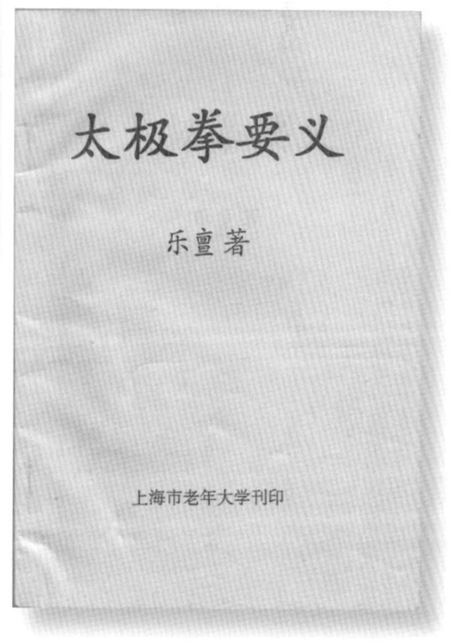


《太極拳要義》上海市老年大學版

# 樂亶先生拳照

# 前 言

太極拳是我國傳統文化中的重要組成部分，它的強身健體、修身養性的作用幾百年來深受人們的喜愛，流傳至今，長盛不衰，並且傳播到了世界各地。

《太極拳要義》一書是一九六一年父親樂亶為華東紡織工學院（現東華大學）學生學拳所寫的一本講義，也是他為我祖父樂幻智數十年教拳所寫的一篇文字總結，一九八一年由香港萬里書店公開發行。由於購者眾多很快便出了第五版，並受到香港拳界高度評價，認為是當代最出色的一本太極拳著作。

一九八七年在華東佘山神學院，我們將作者手稿、原華東紡織工學院的講義和香港版本一起進行對照後刊印此書，作為神學院修士的練拳教材。一九九一年又經神學院英語教師黃彭年先生譯成英語，由上海譯文出版社出版。一九九九年在以高年資知識份子為主體的上海市老年大學再一次修訂刊印，作為老年大學太極拳班的中級教材。

半個多世紀以來，該書主要在高等學府，祖父的門徒和父親的學生，以及再傳弟子中流傳、選用。這次受眾多太極拳愛好者的倡議，再次公開發行，同時附上父親其他有關拳論共十二篇，以及父親與親友、 學生們的書信往來，另有顧方濟老師（顧早年隨祖父學拳，後又從父親學拳，二十世紀七十年代末得到父親肯定為「拳練成功者」。所謂練成功，是指認得路，不會再練錯，自己能練上去之謂）的回憶和學拳體會，並附上父親生前拳照。

希望更多的練拳者能從這本書中得到啟發並受益，也以此書紀念祖父、父親及為樂傳太極拳事業辛勤付出的諸位老師。

祖父樂幻智先生早年為廈門大學英語教授，三十歲左右於上海震旦大學教授國文，一生致力於中國哲學的研究，尤其關注於孔子、孟子、老子及佛教學說的研究。並將太極拳的實踐與儒釋道修身養性的思想精髓融為一體。他的拳既繼承了楊澄甫、董英傑太極名家的精髓，更開創了自己獨特的理論和方法。

祖父當年為了教學生，發揚太極拳而辭去了大學教師的工作。他不僅武藝精湛，而且表現出了很高的藝術性，因此弟子遍及社會各界。文藝界有京劇藝術家程硯秋、董芷苓等，鋼琴家顧聖嬰、畫家陶冷月、陸小曼等，文字學家胡樸安，篆刻家陳巨來；宗教界有上海天主教的主教及神父；武術界有外家拳造詣很深的董世祚先生，上海市拳擊冠軍郭震英；商界有榮德生等鉅賈以及當時震旦大學的學生及眾多社會知名人士。

曾經介紹過樂老的文章有：胡樸安所著《病廢閉門記》中的一段；著名作家鄭逸梅在《藝術寫真》一文中稱祖父為「太極拳聖手」；李香遠的弟子吳兆基先生在《生命在於運動》一文中稱祖父為「身懷絕技的人」；一九九二年第八期《上海灘》雜誌，由柯夫先生所寫《太極聖手樂幻智及其傳人》，主要介紹了祖父的「空勁」軼事及與政界人士的交往。海外也有介紹他的文章，在此不予列舉。

父親樂亶先生於二十世紀五十年代，畢業於上海交通大學，曾為電氣工程師，熟諳漢學、英文、書法與國畫，尤其擅長太極拳。早年隨祖父學拳者數以千計，但得其真傳者僅父親一人。祖父於後期為了把拳傳下去，找了當時的中央級領導陸定一先生幫忙，才把父親從西安調回上海。祖父對陸定一說：「只有我的小兒子學得會我的拳。」

一九五八年父親帶著妻兒從西安西北電力管理局技術處辭職回上海，專心隨祖父學拳。祖父去世後即挑起傳拳的重擔，時年三十歲。祖父門下不少弟子及朋友們都追隨父親習拳。其中有陳樂（女）、沈承祺（女）、薛懿珍（女）、姚宗鼐、郭大棟、楊炳良、謝榮康、徐淵、顧梅聖、馮象一、施家源、陳守仁、李蓮寶、王亦令、顧方濟、鄭國振、鄭國鍵等三十人左右（按先女後男及年齡大小排列）。

全世界練太極拳者不可勝數，但大多數處於普及水準，距離王宗岳、 武禹襄拳著的要求相差甚遠。《太極拳要義》之所以受到行家們的稱道，就在於其提出了一整套循序漸進的鍛鍊方法，以通俗易懂的語言把一般普及的水準同前輩所描述的高水準銜接了起來。

太極拳師王培生在其所著的《太極拳的健身和技擊作用》（一九八八年人民日報出版社出版）中大量引用了《太極拳要義》一書中的完整段落，足以說明此書的影響。事實上《太極拳要義》問世以來，許多拳師及樂氏父子的弟子或再傳弟子在推廣太極拳的過程中都引用了其中的內容，這是值得慶幸的，是時代發展的大勢所趨，資源分享給廣大太極愛好者帶來了利好。

二十世紀九十年代顧方濟老師提出了「樂傳太極拳」之名，這是他從幾十年跟隨祖父和父親的學拳經歷中感受到樂家拳的與眾不同而提出的。

首先是「樂傳太極拳」的文化底蘊，祖父曾說 ：「學我們這套拳是要有文化的。」因此他在教拳的同時要求學生多讀中國傳統文化方面的書籍，包括儒道釋三家典籍。父親說 ：「練太極拳不學中國傳統典籍，總不成為太極拳。」

其次，體現在從練基礎功法到拳架、氣、勁、心意，從初級到高級，從粗到細、由外而內，有一套比較系統全面的方法及程式。特別是祖父在拳藝已相當出色之時又跟隨一位佛教密宗老師（祖父稱其為王師母，實謂光幻大師）學習佛法，於是樂家拳的內涵發生了變化，要求練拳與學佛結合起來。之後父親由自己的感悟又提出「儒家貫通學佛」「拳練會一分，佛經就能看懂一分」，要求學生先學儒家再學佛家。

除了讀儒家著作，練拳也從儒家下手，「正心、 誠意、修身」，要求練拳動機要純正，心要放正，以修身養性明理為目標。反過來練拳中的各種規矩又能不斷促進「正心誠意」，勁越來越正，心也越來越正。

父親說過「練我們的拳會打人是附帶產品」，那麼主產品是什麼？在《太極拳要義》中明確提出練拳的第三階段是「明理關」，即達到「超凡入聖」的階段，顯然練樂家拳的最終目的不是武藝高超。

父親又說 ：「伸筋拔骨解骨肉疙瘩，盪開解氣的疙瘩，轉圈解意的疙瘩。由太極拳解其他疙瘩，太極拳這個疙瘩怎麼解呢？」解疙瘩能通氣脈，氣脈通的基本作用是去病邪，氣血流通利於健康。而對樂家拳來說通氣脈更重要的是密宗修煉的方法之一。

這就是為什麼樂家拳曾經被稱為「密宗太極」，是與王太師母對祖父的傳授有關。

伸筋拔骨、養氣、盪開、拎腰、轉圈是樂家拳從初級階段到高級階段、從粗到細、從外到裡的基本的、重要的內容，而解疙瘩、通氣脈就貫穿在整個練拳過程中。氣脈越來越通，也是一個越來越鬆，逐漸明理的過程。

故父親於一九七九年二月的一天寫下這樣的日記：「今日初見金絲籠，喜證中脈通地天。」（這就是《太極拳要義》裡提到的「煉神返虛」的境界）幾天後又寫道：「午後忽覺頭部氣通。」（祖父曾講過，丹田練好武功到頂；肚臍以上到嘴練好，能變化氣質；最上面到頂練好，什麼都好了。）這是他超凡入聖，悟道的印證，是「密宗太極」最好的解釋。之後他得出了「諸脈皆通中脈乃通」的結論。據一位佛教界人士所講，中脈通即是成佛之境界。

在練拳的養氣階段，特別提出要學習《孟子》的「公孫丑章句上」第二節，祖父稱之為「養氣章」。

父親認為養氣有許多方式，而關鍵是要「理直」，養浩然之氣。父親告誡弟子們要減少消耗，心平氣和，生活有節，保證休息和營養。父親又說，「太極拳是道家學問的尖端」，這在他的拳論及書信中有一系列獨到而精彩的論述。

父親在他的授拳過程中特別強調兩個方法：盪開和轉圈。因為盪開才能胸腹間透氣，才能造勢（父親認為勢比功夫重要），才能分虛實，更能幫助通氣脈。因此他認為，「看一個人拳練得對不對，就看他是否盪開」。轉圈的作用是使拳式之間便於銜接，是開合的動力，且按照太極圖的路線運轉，蓄發開合在圈子中完成，同時轉圈也是為了更好地盪開。這就是《太極拳要義》中第七篇「左右起落」的意義所在。父親透過與其他拳的比較得出一個結論：「太極拳與其他拳只有一個區別，就是轉圈。」

父親在傳授轉圈時還特別提到唐詩與太極拳的關係，唐詩中七絕的韻律與太極拳的起承轉合的內在節奏有相通之處（書中附有父親專門選擇的一些唐詩供大家參考）。

要練好轉圈，就得有「腰」。因為需要腰拎起來轉圈，因此父親一直強調練腰。早年曾講：「做人要有一個中心思想，就是儒家的精神；練拳要建立一個身體的中心，就是腰。」在練腰的過程中又需要養丹田氣，只有丹田氣足才能透過一定的方法長養腰。有了腰才能「勁起於腳跟，主宰於腰，形之於手」，才能向高級階段練上去。練拳中要求伸筋拔骨，關節開張，能幫助拳架練到位，順遂舒展，也能得到氣，也有助於通氣脈，對內功積累也有幫助。

祖父當年教拳的基本要求是：挺腰、下樁，手高、眼看遠。後來又說：「你們只會挺腰，不會拎腰。」故父親所教為：挺腰——拎腰——轉腰——拔腰。就是在挺腰的基礎上進一步拎腰，拎腰就是提神，神足有利於悟道。

父親這樣說過：「規矩不熟不能悟，方法不全不能悟，神氣不足不能悟。」又說：「我們這套拳是練神氣的。」特別是坐腿蓄勁時注意拎腰開胯，如此腿勿壓死，膝蓋也不會出問題（如果只是為了鍛鍊身體，那就不必拎腰，樁也不要太低，以免練壞膝蓋）。

太極拳是內家拳，以內功為主（主要是養丹田氣和練腰），但是外形也不能偏廢。內功越好，外形越美，外形的考究也能促進內功的提升。

父親認為中級階段是很重要的階段。此階段包括養氣、練腰、配呼吸、盪開、轉圈及改變氣質等。每個人的性格氣質從五行上來說都是有偏勝的，經由練拳能夠改角度、補不足，從而改變氣質，以期將來達到「平」的狀態。五行全，才能跳出五行，而不為五行生剋所制。

關於什麼是懂勁，父親有其獨到的見解：「不練打能不能懂勁，我看也可以，只要看王右軍、杜甫這些文人，也都懂勁。而且寫字也好，作詩也好，甚至打仗也好，其懂勁規律是一樣的。所以只練拳，完全可以懂勁。懂勁不一定會打，反過來會打也不一定懂勁，打得高明才叫懂勁。對於練拳來講，就是養成一個習慣，能夠隨時隨地使每一個動作、每一個姿態都比較得勁，無缺陷、無凹凸、無斷續，即使有自己也懂得改正，這樣就可以稱為懂勁。

反過來說，做不到以上程度，那就還沒有懂勁。所謂懂勁，就是能自覺地改造自己不懂勁的地方。」

對於太極拳，怎樣才算練好了，祖父講過三句話：「太極者，用力均也；鬆而有力；身上各處皆合理。」

太極拳是歸納法，到最後規矩一個個都化掉，方法越來越簡單，直至無形無跡，但舉手投足都不會出錯，就是父親所說的學規矩，練規矩，化規矩，孔子所言「從心所欲不逾矩」，至於「無所住而生其心」，那是《金剛經》的境界了。

「樂傳太極拳」流傳至今已有半個多世紀了，雖然前來學習者不計其數，找祖父、父親治病者也不在少數，但是很多人心裡是有疑問的，為什麼樂氏父子壽命不長，而且都患了中風。原因很簡單，他們消耗太多。教拳、發勁、治病都在耗損內氣，至於吸收病邪更是家常便飯。祖父當年除了教拳，每每發功讓徒弟們跳，是為了幫他們去掉疙瘩病邪及冷氣，打通氣脈，而絕不是為了炫耀他的功夫。有些學生並不想好好練拳，只是來跳一通，感覺非常舒服，便回家了。

祖父是以聖人的標準要求自己的，無怨無悔，只想著為別人付出，從不考慮自己，對前來求治者也是來者不拒，沒有充分休息，長期下來，功夫耗盡。又恰逢三年自然災害，食物短缺，入不敷出，陰陽不平衡，虛火上炎，血壓便高了。

由於生活所迫，父親最後的十五年是在海南度過的。他白天上班，晚上仍堅持練一到兩遍拳，而且練習標準依然不斷提高，不斷有新的體悟及進步；每次回上海出差，一邊跑公事，一邊還要教拳（大約有三十個左右的師兄弟及學生跟他學）。工作、生活及練拳長期處於緊張狀態，結果也造成收支不平衡，陰分虧空，導致高血壓。最後倒下的那段日子正逢改革開放初期，為了單位的前途和職工的生計，他一人身兼數職，日夜操勞，明知道自己血壓很高，卻沒向任何人告知，連家人都不知曉，也無暇停下休息，就這樣倒在車間裡，再也沒有醒來。

所以有些練拳人短壽並不是拳術本身有問題，而是練拳、工作、休息、營養這幾方面得不到平衡所致。

其實父親三十歲左右太極拳就出道了，但很少張揚，不跟人打擂臺，在海南艱苦的環境中還不懈地練習，很少人知道他拳藝非凡。我以為他就是在追求明心見性的目標。他是把練拳作為明理解脫的唯一途徑來實踐的。他說：「從外面練進去，再從裡面練出來；以鬆、長、正、圓為得勁；練得越來越鬆越來越勻，態度越來越端正，每個細胞都能改造。」父親明白悟道是有很多層次的，因此他始終不滿足於現狀。在我的印象裡父親在海南家裡練拳，腰腿鬆而正，勁很長，樁極低。因此他在後期所體現出來的氣質就是平和樸素，但又不失豐富的內涵。

所以「樂傳太極拳」的本質或說精髓已經遠遠超出武藝的範疇，而是一條修身明理的道路。祖父當年已明確地對學生說：「這是一條光明大道，我帶著我的徒弟朝前走，路越走越寬，越走越遠。」

郭大棟先生是祖父和父親的學生，他寫道：「幻智先師所授之太極拳，異於前之太極拳，乃佛門太極拳，學得其精髓，練得中脈管，可以了脫生死。樂亶師兄練得師之精髓，具體而微矣，可稱亞聖於我們一門。拳者，權也，乃佛門所謂權學，借此以為入道之輔助。」

顧方濟老師講道：「樂家拳是密宗，密宗重行，只有透過練拳才能夠得上太師母的法。」

樂家拳的深度和高度是前所未有的，也是非常與眾不同的，因此是十分不容易練的，但是豐富的內涵卻是引人入勝的，足以活到老學到老。希望練樂家拳的各位新老朋友端正態度，正心誠意，尊重樂家拳及其前輩，在練功實踐中不斷體驗太極拳的健康養生及修身養性之道，特別是樂家拳在明理悟道方面的獨到見解，共同維護和發揚中華民族的傳統文化，讓更多人受益並喜愛，使其代代相傳。最後，因原稿有破損，書中有個別文字無法辨識，以缺字元標注。

樂 雍

# 目　錄

# 第一章 太極拳要義

# 前　言

去年年初，蘇州來一位太極拳前輩吳兆基先生，囑我把學拳所得寫下來。當時我覺得關於練拳的問題，前輩們都寫得很多了，因此未即採納這個意見。去年暑假過後，覺得有必要和華東紡織工學院（現東華大學）練拳的幾位朋友談談練拳理論上的問題，主要是想弄清楚幾個易於混淆的問題，以及太極拳練法的大概輪廓。

本來，為了這個目的也只要寫個提綱就行了，正好當時又有沈心德前輩竭力鼓勵我寫些東西，作為我父親教拳的記述，也作為有志於練拳者的參考。他還很熱心地提供意見和找人繕寫油印，於是我就依靠以上的助力，現在得把幾篇草稿提出到各位前輩和師兄之前，敬候指正與充實。

樂　亶

一九六一年冬

# 第 1 篇

# 練拳程序

現在練太極拳的人很多，興趣也都很高，特別是簡化太極拳尤為普遍。有些人在把太極拳作為體操練習一個時期後，就會希望鑽研一下，提高一下。根據一般情況，最方便的就是找幾本有關的書看看。關於太極拳的書，已經出過很多了，各有獨特的見解。不過，可以看到，一般作者大都承認，王宗岳所著的幾篇論文還是具權威性的。所以，這幾篇論文在練拳者中間就流傳最廣，而且影響最大。往往聽到，才學了幾個月太極拳的人，就對於「氣沉丹田」「虛靈頂勁」等等說法很熟悉了。這說明推廣太極拳的工作極有成效，理論聯繫實際的作風也極為普遍。

但是，這裡面也存在一個問題，那就是這些理論對於初學者的實際是否就可以聯繫呢？比方說，有些理論是大學的水準，那麼就只有相當於大學程度的人才可以學習，而才進小學的人就一定是難以學習的了。

王宗岳的論文也正是這樣，它在太極拳的學習中，就相當於大學水準，對於初學者來說，一般是難以理解的，當然也就不能用來聯繫實際了。至於在太極拳的學習中，有沒有相當於中、小學程度的理論，以供初學者研討呢？的確，這在提高太極拳水準的工作中，是一個實際問題。

簡易氣功和簡化太極拳都很好，可相當於小學普及的水準。至於能把這些普及課程和王宗岳論文的水準從中聯繫起來的課程，或所謂中學課程，卻還缺乏得很。

說到這裡，必須對所謂大學水準的王宗岳理論建立一個概念，以對循序漸進的問題取得進一步的理解。實際上，王宗岳太極拳論的水準，是中國道家學問的尖端，他綜合了道家在哲學、氣功和武術等方面的成就。

當然，就哲學和武功來說，它們和儒、釋兩家或其他武術流派，存在著不可分割的聯繫。而按氣功來說，道家在這方面卻有獨特的貢獻。太極拳之所以被稱為內家拳，其主要原因便在於武功和氣功的密切結合，而且，其中還特別強調氣功的作用。因此，雖然也有許多非道家人物如陳王廷、楊露禪等，對太極拳進行過多次的加工，但仍應承認道家在太極拳的創造上，佔有主要的功績。

根據流傳至今的一些書籍，可以把太極拳的發展整理出這樣一條線索，即最初是五禽戲和數息靜坐等萌芽狀態的動靜功；後來又發展成八段錦、易筋經等較高形式，其中便已開始有了動靜功的初步結合；接著，便又進步到「峨眉十二莊」之類的功夫，這便相當高級了，但還嫌駁雜不純和缺乏貫通；之後幾經鍛鍊，這才創造了太極拳這種動中有靜、靜中有動、滔滔不絕、節節貫串的頭等拳藝。

對於王宗岳的水準和太極拳的創造過程略具概念之後，對於學習太極拳的程式也就大致有個數目了。簡化太極拳和簡易氣功固然是小學水準，但如練楊架等太極拳而不能同時結合氣功，也只能算是小學水準，哪怕練有幾十年的功夫，按外家拳或體操標準來衡量，程度是很高了，但在內家拳的途徑上仍然不能算是登堂入室。同樣，如果專把「峨眉十二莊」練得好，便是道地的中學水準，比起徒具形式的太極拳，其高明程度不可相提並論。

那麼是否可以直接把「峨眉十二莊」拿來作為太極拳的中學課程呢？「峨眉十二莊」著重於鍛鍊功勁，而對象太極拳那樣綿綿不斷地既練功勁又練拳術的方面是有所不夠。所以「峨眉十二莊」作為練太極拳者補足練功勁的中學課程，也未嘗不可。不過，當然也可以直接從楊架等太極拳的練習中進行提升，通過這個中等階段，這就是先把架子搭好，再把裡面的東西加進去。只要明確循序漸進、不斷鍛鍊的原則，以及各個程式的內容，具體的方式就是靈活的了。而且由於具體條件不同，也必須有各種相應的方式，以靈活地進行教學，以能更快達到目的。

現在原則上已把練拳程式分成了三級。不過，要注意各人志願不同，不一定都想學到王宗岳的水準，而且，各人的條件也不同，也不一定都能順利進入高級課程。這樣，就應實事求是地制定目標和程式，以免好高騖遠或脫離實際。當然，志願或條件都是會變化的，因而目標和程式也就會隨之而變。

又按太極拳本身來說，總的方面既然分作了三步，於是各個細節方面，便也都可以分作三步。如呼吸有呼吸的三步，開合有開合的三步，虛實、轉變等等方面，也都有其獨特的三步。原則上，練拳應該穩步前進，一步也含糊不得。實際上，根據特殊的條件，也可能產生某些躍進的情況。各個方面可能齊頭並進，但更加可能的是參差地進行發展。有的人外力大、腰腿好，「外」的方面一定進步快些 ；有的人性情靜、用志專，「內」的方面就一定發展較速。所以，太極拳和其他藝術課程一樣，必須注意個別對待和細緻的教學。

可能有人會問，每一步練到什麼情況便算是畢業了呢？大致可以這樣說：學會一套太極拳，練得很有興趣，感到對身心有益，最好再請名師教一點簡單的氣功同時練練，能夠結合拳一起練則更好；這樣對內家功夫摸著些門路，咂出些滋味，平心靜氣地練通任脈，達到「煉精化氣」的程度，便也可以說是小學畢業了。第二步，就可以進一步往拳架中加入氣功，具體就是練通任督脈，轉成小周天，以達到「煉氣化神」的程度。

這一階段的成敗關鍵，就在於能否練好丹田。丹田為氣功之根底，亦即內家拳之根底。各人雖然都有丹田，但可惜大都不夠標準，必須通過鍛鍊才行。靜功當然也可以練好丹田，但動功效果更好，唯須名師指點，不然恐出毛病。丹田練好，才能講究呼吸開合、陰陽虛實，否則都在外面，未能深入。一般人年輕時，丹田氣較足，但往往意躁氣浮，練不上路；待年老體衰，要練這一套時，卻又丹田大虧，極難練好了。長期以來，練太極拳者極多，而練好者極少，就因練好丹田確是一大難關之故。待丹田練好，神充氣足，能夠以心行氣，以氣運身，而且，開合分明，變轉靈活，就可謂登堂，或稱中學畢業。

練到這時，千萬莫自暴棄，應該百尺竿頭，更上一步，以達到「煉神返虛」的程度。而且，自一人之虛實，漸悟兩人之虛實；自一身之貫串，漸悟敵我之貫串。自粗而精，自巨而細，運勁如抽絲，何懼力大似牛；待人如旋渦，不怕手腳如風，愈練愈高，無有涯際。練到此地，方謂入室，也就是王宗岳、楊露禪的境界了。

有不少人，練了十幾年的太極拳，似乎進步也不大，於是就要發生懷疑了，是太極拳練不出功夫呢？還是自己練錯了？是老師不肯教？還是自己把尺寸練走了呢？問題重重，信心倍落，再如出些偏差，也許就從此不練了。

這方面的確也應著重交代一下。要知練拳的人，必須闖過三關，方許登峰造極。哪三關呢？第一關是恆心關。這一關，對練了十幾年二十幾年的人來說，當然已不成問題，但對大多數人來說，確是不太簡單。第二關是丹田關。前面說過，練不好丹田，總在內家拳的門外。努力練了幾十年而成績不高的，切勿怨天尤人，而應檢查自己的丹田氣充足了嗎？未能充足的原因又何在？假若第二關也已闖過，那麼還有第三關，這是最後一關，也是最難的一關，就是所謂明理關。

有個故事說得好：一個人看見人家用網打魚，網住魚的只是一個網眼，他想只要一個網眼就夠了，就用一個網眼來網魚，結果當然是網不住的。練拳也是一樣，不能離開規矩練，也不能死照規矩練，而是貴於心領神會，觸類旁通。所謂積之極廣厚，則成者方高深，否則獨木不榮，小潦易枯，即使練拳一世，終患粗陋耳。

# 第 2 篇

## 健康與武術

《內經・平人氣象論》說：「平人者，無病之人也。」由此可見一個人的健康的最高標準便是「平」。身內各部都很平衡，同時，和環境亦很平衡，這個人就一定很健康。

太極拳在鍛鍊身體上，所以能深受大家歡迎，其主要原因亦就在於這種運動能把鍛鍊者的身體向平的方面調整所致。一般來說，它的動作和緩，呼吸調勻，神氣安靜，消耗較少，故在鍛鍊中較易達到均勻的程度，鍛鍊後也較易取得平衡的效果。所以，無論男女老幼都可以鍛鍊，而且都會有好處，特別是對那些年老多病或體力較差的人，更是最適當的鍛鍊。

我們說，武術上最根本的問題乃是均和幅度的問題，實質上這就是彈性問題。現在談到健康方面，又該談到這方面最根本的問題乃是平的問題。我們很容易看出，均和平實際是一個問題。因此，武術與健康雖是兩個方面，而在身體上所追求的標準卻完全是一致的。武術上有個幅度問題，健康上也是有的，或者說，健康上所追求的，實際上也就是彈性問題。

比方說，本地某一個人在有規律的生活情況下，身體很健康。但因某個時期忙了一些，或者飲食起居失常一些，或是氣候變化劇烈一些，就生病了，或是移居外地後因水土不服而亦生病了。這說明他在健康上彈性還較差，適應能力還較弱。用物理概念來說，就是在他的生活應變曲線上，能夠符合虎克定律的直線部分比較短。

因此在鍛鍊身體方面，不但要在目前條件下力求平衡，而且還要儘量加強彈性，以備適應各種失常的現象或各種變化的環境，這和武術上要求不斷增加彈性幅度的原則正是一致的。於是，從練拳上說，練武術的怎樣練，練健康的也就應怎樣練。雖可有各種不同的程度，但只有一條基本的路線。下面我們討論到精氣神的問題時，就更可明確武術和健康兩方面的內在共同性了。

有些人說，「我只不過是練練健康」，就心安理得地把太極拳練得柔軟無力，以致只有老年人和弱不禁風的人才會對它感覺興趣。本來，由於太極拳容易練得平緩鬆勻，故已成為年老或多病者所大為歡迎的一項運動，但要知道，這雖然也是太極拳的一個重要優點，可絕不是它的唯一優點。只是由於「好逸惡勞，人之常情」，練拳時只求舒服而不求進步，張之不足而弛之有餘，結果就使太極拳逐漸變質，而幾乎成為一種最柔軟的體操了。

我們說由於太極拳在物理和生理上的優越性，故在提高人體的彈性的作用方面，恐怕還沒有任何其他運動能比它提供更大的可能性和更廣的適應性，因此，充分發揚太極拳的優點確是一個迫切的問題。

解決這問題的關鍵，首先就在於改變那些對太極拳的片面認識，同時，有志於太極拳者確亦應大大提高自己的水準，從實際上證明太極拳是一種老少咸宜、文武兼妙的鍛鍊方式，以打破一般人的誤會。

另一方面，我們也要知道練武功和練健康的不同點。剛才講過，練武術和練健康在本質上是一回事情，這也就是為什麼武術套路可以用來鍛鍊身體，而身體健康的人也就較易學會武術的緣故；但是練武的人一般都很健康，而健康的人卻不一定都會武藝，可見這裡面還是有些差別的。我們說，所謂武藝，這是一門特殊的藝術。

要學會這門藝術，身體健康當然是一個條件，但絕不是唯一條件。像其他藝術一樣，它還要求有靈敏的感覺，例如：學音樂要會聽，學畫畫要會看，學武藝要會什麼呢？照以前人的說法就是要懂勁。當然，會聽、會看和懂勁的程度在每個人的天賦上是不同的，但絕不是全靠天賦，而是也有鍛鍊的成分。特別在練拳的懂勁上，鍛鍊的成分更多。也有些人，經過多年苦練，仍舊不能「懂勁」，但此所謂不懂，並非絕對不懂，只是懂得尚粗，搆不上王宗岳的所謂「懂勁」罷了。因此，任何人只要照規矩練，總會由粗而細，愈練愈懂的。

此外，還有一個重要的條件便是武術實踐，也就是所謂對練或打對子，一般所熟悉的推手便是太極拳的對練方式之一。如果不經實踐，即使個人練得很細，也還只能練練健康而已。近百年來，各種拳術逐漸變質的根本原因亦在於過去那種出生入死的實踐已經日益減少。根據發展趨勢來看，武藝正在變為一種體育鍛鍊方式或表演藝術了。

# 第 3 篇

## 張與弛

古人說：「張而不弛，文武弗能也；弛而不張，文武弗為也。一張一弛，文武之道也。」當然，這裡所說的「文武」指的是文王武王，並不是練文習武的文武；但「一張一弛」確是所謂的道，也就是符合客觀規律的正確措施，或者也就是客觀事物的發展規律，因而文學武藝也應符合這個規律才對。

王宗岳在他的拳論中說：「蓄勁如開弓，發勁如放箭。」所謂蓄勁發勁，正是一張一弛。試看「張弛」二字，偏旁都從「弓」，可知原來就是開弓放箭的意思。

練拳的人，不大講一張一弛，而只是講一開一合。所謂一開一合，就是一張一弛，不過說到一開一合，便要懂得「意氣」；若只是從身形外面來看，不免就要造成誤會。比如弓，它的一開一合和一張一弛是相符的，外形上一開一合，內力上便正好是一張一弛，故按外形便可辨其張弛。

但按人來講，比弓要複雜些，外形開合和內力張弛就不一定都是相符的了。比方單鞭在身形上是大開，而在勁上反是合的。其中的緣故便是人身的張弛不以外形為準，而主要是以中氣為準的，下篇將要說到。

勁和氣是不可分割的，氣在那裡，勁就在那裡（最後是意在那裡，勁就在那裡）。練拳中一吸一呼或一蓄一發時，中氣便一開一合，身體就一張一弛。所以蓄勁時不論身形開合，都稱開勁，同樣地發勁也都稱合勁。

陳家溝陳鑫在所著拳書中說得好：開時如易之離卦，外實內虛；合時則如坎卦，外虛內實。內家拳意氣為上，不重外面，故逕說開合，不說張弛，而如按意氣來說時，開合和張弛便也是一致的。但初學拳時，不可能馬上就結合到氣，而只能先做身體運動，所以是開合難分而張弛易明，故不如先談張弛問題。

或問 ：「楊澄甫所寫練拳十要中不是說練太極拳全身鬆開，鬆開不就是全身放鬆嗎？為什麼又要說一張一弛呢？」問得好，這個問題不弄清楚，那就要真正冤枉楊澄甫了。

首先，我們來說放鬆問題。試想一想，全身放鬆後，除了就地躺下之外，還有什麼其他可能呢？文王武王當時已認識到事物發展必須符合一張一弛的規律，決不能弛而不張，故說 ：「弛而不張，文武弗為也。」練拳既是一種運動，就也必須一張一弛，或說一緊一鬆，只鬆不緊要躺下，只緊不鬆也要僵住，其理甚明。

其次，我們再把楊澄甫的練拳十要仔細看一看，就可知道，他這句話是在解釋「用意不用力」這個要點時說的。因此要徹底瞭解這句話，就必須全面地研究「用意不用力」的全部解釋，方才不致誤會。

不難看出，全身鬆開的目的是「不致有分毫之拙勁」以便「輕靈變化，圓轉自如」和「意之所至，氣即至焉」。於是方能得到「如棉裹鐵，分量極沉」之「真正內勁」。可見「全身鬆開」是一張一弛中的總的要求，而「放鬆」卻只是一個「弛」。

比方拉奏手風琴，可以說一拉一合的過程中，手風琴的皮老虎都處於鬆開狀態，但如果只許放鬆皮老虎，結果就一定無法進行演奏了。

實際上，即使是最強調放鬆的人，他既然在活動，就絕對不會只有放鬆的過程，一定也有拉緊的過程。不過問題就在於如果他一直力求放鬆，結果就會對任何較為顯著的緊張，不分正確和錯誤，都一概加以避免。於是就把自己的拉緊活動一直退縮到盡可能低的強度範圍以內。這種人有的表現為小手小腳，不敢放開；有的則表面上動作很大，實際上軟弱無力。

再說，弓要用時先需上弦，這在練拳也是一樣，必須「上著弦」，不能儘量放鬆，否則就沒有彈性了。在這一點，那些主張全身放鬆的人顯然也會搞錯，而且，他的練法還一定正好相反，即不但不「上弦」，而且是盡可能地大大放鬆，只要仍舊站得住就行。

這種張得不足而弛之太過的練法，至多只能造就一張「軟弓」，並且，還只在部分範圍內才具有弓的彈性。王宗岳說，「氣以直養而無害，勁以曲蓄而有餘」，才是正確的要求。這種練法正和「放鬆」的練法相反，它要求不斷提高自己的強度，爭取做強弓強弩，故要在張的一方面採取積極態度，只要彈性夠，儘量張好了，原是自己張自己，不會像弓一樣被折斷的，倒是弛時要注意，必須留幾分勁，因為一個人也不像弓那樣有根弦拉著，弛過頭時，身便散亂了。當然，在弛的方面也要加以發展，以擴大適應性，但在用力方面講，這比張的方面容易，故重點仍應先注意張的方面。

說到張弛的幅度，這是個重要問題。依據上述意見，這主要是個力量的幅度，而不單是距離的幅度。再拿弓來講，對於一定的弓，其張弛幅度最大時，蓄勢最大，射箭也最遠。但這個幅度在張和弛的兩端都不免要受限制，那就是儘量張到某個程度時會折斷，而儘量弛到某個程度時又會散亂。因此，這個幅度也就被限制在折斷和散亂的中間。

我們注意在這兩者之間的一段距離內，不論是張或弛，弓體中力的分佈都有一個總的特點——均（這當然是按理想的弓來說）。也就是在每一瞬間，弓體中任何一點張的力量都是相等的，而且，整個弓體在張弛過程中，每一點張力的增減率也都相等。在空間和時間的分佈上，張力都很均勻，這便是彈性物體的共同特點。反過來說，若保證彈性，就一定要注意均的問題。

練拳當然比開弓射箭要複雜得多，但實際上完全可以透過同樣的概念來理解。因此就可以知道，為了達到理想的效果，使拳必須力求在均的條件下，有最大的張弛幅度。說到這裡，我們把「在均的條件下有最大的張弛幅度」的原則，再可以結合練拳來研究一下。

上面在以弓為例時，假定的是某一張固定的弓，其均勻程度和幅度是固定的，因而其強度（即最大張力）是固定的，或是硬弓，或就是軟弓。但對某一個固定的人來說，他的均勻程度和幅度卻是可以變化的，其強度也是可以變化的。而且，練拳的基本目的，也就是要改進均勻程度和幅度，以求成為一張可硬可軟的弓。

那麼在練拳中，應該先求均還是先求幅度大呢？這卻不一定了。

比方年輕人身體彈性好，就可以多練練幅度；年紀大的和體質弱的則不妨多練練均，再在較均的情況下穩步地增加幅度。而且，即使對個別的人，某個時期可能以練幅度為宜，過一時期便又可能以練均為宜了。

實際上，在任何事物的發展過程中，均只是一個暫時現象，而不是經常現象，練拳當然也不會例外。增加幅度破壞均勢，再取得均勢，其最後目標仍是均。

# 第 4 篇

## 力與勁

《列子‧湯問篇》中有一段說：「均，天下之至理也。」這句話極好，現在可以拿來作為內勁（或太極拳勁）的注解。其中又說：「詹何以獨繭絲作綸，芒針為鉤，荊條為竿，剖粒為餌，引盈車之魚，於百仞之淵，汨流之中。綸不絕，鉤不伸，竿不撓。」這個寓言也極有趣，可以拿來作為內勁的典型事例。

再按近地說，科學家在實驗室中，把鋼鐵等金屬加以特殊處理，而使它們的組織變得更均勻之後，它們的強度便能增大到幾百倍以至一千倍以上。或把食鹽這樣稀鬆的物質，冷卻到近於絕對零度，而使它們的組織變得均勻後，它們的強度便也可接近於鋼鐵。所以，無論是根據哲理或科學的試驗來看，王宗岳所說的「發勁如百煉鋼，無堅不摧」，的確也不是誇大其詞。

外家拳和內家拳有一個本質上的共同點，即這兩種拳都是以一張一弛來運動的。但也有一個本質上的不同點，那就是內家拳以張為蓄，以弛為發，即所謂「蓄勁如開弓，發勁如放箭」。而外家拳則「以弛為蓄，以張為發」，正好相反。

總之無論什麼運動，脫離了一張一弛的規律是絕對無法進行的。而且，根據人身的自然規律，還總是在張時吸氣，而在弛時呼氣的。

我們為了便於說明問題，就把凡是配合呼吸和全身統一的用力都稱為勁，且根據呼吸開合的規律，再分為內勁與外勁，張時吸時是外勁，弛時呼時便是內勁，一張一弛，輪換而行，一內一外，互為其根。

可見絕無脫離外勁的內勁，也無脫離內勁的外勁，關鍵問題只是在於起作用的是哪一種勁。用內勁作發勁的稱內家拳，用外勁作發勁的便稱外家拳了。所以，內家拳並非只有內勁，而只是以內勁為用罷了。

外家拳相反亦然。例如舉重運動，便是典型的外勁運動。因為用力向上舉時，必須同時吸一口氣。我們說，舉重時吸一口氣非常合理。因為舉起的過程是能量的增加過程，而且，最後的要求又是撐住，所以，身體的運動當然以張為宜，且在呼吸上也就以吸氣為宜。

根據上述原則，我們把不配合呼吸或不統一的用力便都直接稱為力或拙力。它使人們的運動不協調，或使各部分力量互相牽制和抵消，這樣運動的效率當然就很差。例如，仍用舉重來說，一般初學的人就很容易屏住氣往上舉，非但吃力，而且不討好，甚至還會扭傷。

一般人在小孩時期的用力相當協調，也就是所謂有整勁，漸漸成長後，就在勞動或運動中培養成了局部用力習慣，以後就很不容易改掉了。

在練拳中，所以要「用意不用力」者，便是要防止這種條件反射的局部拙力，而不是絕對不許用力。因此，談到用勁，便首先要克服局部用力的習慣，而這是很不簡單的。

按外勁或內勁的本身來看，它們都是配合呼吸的用力，都算是勁，分不出彼此有何優劣。但如結合了某種運動的具體目的來看時，就可以比出優劣來了。

例如，還是舉重吧。按這運動的目的來看，顯然外勁就占了絕對優勢，你想，拿住石擔往上舉時，假如反而呼一口氣，能行嗎？當然不行。一呼氣，全身一鬆，石擔就只有往下掉的可能。即使功夫之大如王宗岳者，也決不能偏用內勁把石擔舉起來，因為這是不合道理的。

再如打夯、推車，這就必須用內勁才行。你看人們在打夯時，總是唱起號子，以便加一把勁，這就是因為他們用勁時總是呼一口氣，若是用「悶口勁」來打夯，當然也就會不得勁了。

話說回來，若是按拳術的要求，到底哪一種勁合理呢？在下面我們就詳細討論一下。

行家常說 :「外勁出不去，只能挨打。」這句話是有道理的。只要觀察一下，一張弓在拉開過程中，或一隻皮老虎在鼓起過程中的情況，就可明白這個道理了。

不妨再看一看以下各種吸一口氣用力的典型，當可格外明白外勁在技擊上的不合理性了。如《阿Q正傳》中阿Q和小D的鬥牛，又如過去江湖賣藝中的滾釘板和敲石條，再如抗臂膀和劈磚頭等等，便都是使用頂勁、抗勁或所謂「悶口勁」的武藝。

實際上，使用這種勁的結果往往就會在「張」的頂端迸住，和千斤頂的工作情況相仿，這立刻就破壞了一張一弛的能動性。接著既然這已脫離了呼吸張弛的重要規律，一定就又馬上破壞了統一協調的整體性，最後還是不得不流為局部的拙力。至於鐵砂掌、金鐘罩、鐵頭功等等，則更是走上這條路的極端去了。

過去，有把少林拳一派籠統稱為外家拳的，頗不妥當。雖然少林拳的練家中確有兼練硬功或竟以硬功為能事者，但總的看來，少林拳的對敵仍以閃展騰挪、一拳一腳為主，當然不可和屏氣硬拼者混為一談。反過來說，太極拳雖然從來都號稱為內家拳，但如果動起手來仍然不離頂匾丟抗，那麼亦仍應派作外家拳論。

我們還可以看到，在各種拳式的名稱中，常會出現某些鳥獸的名字，如白鶴亮翅、倒攆猴、抱虎歸山、青龍出水、燕子銜泥等等，名目繁多，不勝枚舉。但總而言之，這些有關的鳥獸一定都屬於內勁的類型，而且，有關拳式中所比擬的還一定是它們最精彩的一種勁。

偶爾也會聽到有什麼「鐵牛耕地」之類的拳名，這裡也可以談一下。比如，牛對耕地雖然是它的第一拿手，而鐵牛則當然更為得勁。但這個勁歸根結底還是外勁，故為內家拳所不取。

中國上古時候，有一種五禽戲，直接就是模擬了某些內勁禽獸的典型動作而創造的。王宗岳的拳論中也說：「神如搏兔之鶻，狀若捕鼠之貓。」如鶻者貓者，當然更是內勁禽獸的典型了。

還可以在物理概念上來說明一下內勁在武術上的合理

性。如前所述，所謂內勁就是以弛為用、以張為蓄的用力方式。於是從能量的變換上說，張就是能量的蓄積過程，弛就是能量的釋放過程。

如果需要一種頂勁、抗勁，如耕地、舉重等，就應在張的過程中起作用，其時能量的增加引起了張力或壓力的增加，於是就可克服阻力而做功，但如果需要的是一種打擊力、推動力，如打鐵、射箭、開炮等，就應在弛的過程中起作用，能量釋放的結果，就使鐵錘、箭或炮彈得到了必要的加速。因此，在技擊上講，用內勁的是弓是炮，用外勁的便是牛或「壓勿殺」（上海話的意思是「壓不死」）了。

關於內勁方式的張弛蓄發，初練時還是比較粗，即所謂直來直去，不免時時要停頓，身體上也會發生凹凸和缺陷。進一步即須曲中求直，轉圈而運。

於是，雖然在一張一弛的過程中，力量在不斷地變化，但速度仍可保持均勻，全身亦始終可以保持鬆開，以滿足太極拳的原則要求。

根據簡單的物理概念就可知道，在各種運動中，只有圓周運動才能在外力不斷變化的作用下，仍可保持均勻的速度；而且也正是由於圓周運動的離心力和向心力的作用，才可使人身一直保持鬆開狀態。

至於談到武術方面，太極拳的所謂「四兩撥千斤」和「以靜制動」更是捨轉圈為不可能了。

最後，我們說，練拳的懂勁與否，主要的考驗就是對敵。下面就按一般常見的對敵方式，順次說明用勁的粗細如下：

最粗的自然要算是阿Q和小D的鬥牛，基本上都是拙力。其次是各種摔跤，在鬥牛的基礎上已經有了一些變化，而且，其中也有粗細之別，如果是硬把人扳倒，這是外勁，比較粗 ；如果能很爽快地把人摔出去，這就是內勁，比較細了。

再其次是西洋的拳擊和擊劍，其中便已開始講究步法和利用體重了，但一般仍以外勁為主。然後便是少林拳，其身法靈便，拳沉腳重，歷代都不乏高明之士，可是大都還缺乏貫通而流於駁雜，以致仍難越出「手快打手慢」，「力大打力小」的範圍。

所以欲達到「豈以力勝，快何能為」的程度，只有真正練好太極拳才行。一旦練到相當細膩的境界後，自然就會領會列子所說不虛了。

# 第 5 篇

## 呼吸開合

前輩傳下十三勢歌中，有兩句是「仔細留心向推求，屈伸開合聽自由」，「若言體用何為準，意氣君來骨肉臣」。這裡面就包含了練拳中呼吸開合的主要原則。

試看屈伸就是張弛，其中最關鍵的主要指骨肉而言，開合則主要指意氣而言。達到了意氣領導骨肉的標準後，就能隨心所欲了。

為什麼不能一開始就聽其自由呢？我們就把這個問題來談一談。一般人在日常活動中的屈伸開合本來倒是聽其自由的，不過這種「聽自由」只可稱之為自發的運動。若是在學拳中亦聽其自由了，其屈伸開合就一定難以合乎規矩，如欲合乎規矩，那就一定無法聽其自由。

開始學拳時，老師要你下樁、挺腰、弓腿、坐腿等等，當時的感覺就一定很不自然。這就是因為練拳的屈伸開合往往比你原來所習慣的屈伸開合要兩樣一些或難些。所以，既然要講到「學」和「練」，這就是自覺的運動，豈又能聽其自由而不管規矩呢？初學時固然不能聽其自由，而且在練到能夠「聽自由」的標準之初，這一時期大概說是十年吧，其中也還是一直不能聽其自由的。此所謂「自由」即熟極生巧，自然而然之意。古人說 ：「大匠能授人以規矩，不能授人以巧。」那就是說，這個巧還需你自己去練出來。你持之以恆地照規矩去練，熟極生巧了，自然就可以「聽自由」而不離規矩了。練拳的人常說，「學規矩，練規矩，化規矩」，不外就是這個意思。

某個京劇老前輩寫過一篇文章，介紹他數十年來演猴戲的心得說：「初演時，處處不像孫悟空；功夫大了，處處都像孫悟空；到得最後，亦像亦不像，且不知是我在演孫悟空呢，還是孫悟空在演我。」此即所謂出神入化，所謂「從心所欲不逾矩」，或即所謂「聽自由」了。因此，「聽自由」是練習任何功夫的最高境界，絕不是不依規矩的任意自流。初學功夫的人，千萬不能「聽自由」，而只能實事求是地「學規矩」和「練規矩」。

現在，我們就來討論呼吸開合的「規矩」。前面說，我們把練拳的程式分為三步，因此關於呼吸開合方面，也將分作三步來討論。

第一步，在把拳架子學會和練熟之後，即可配呼吸，當然，先須辨清架子的蓄發、轉變的抑揚頓挫，才能配得得當。這時的呼吸以疏通任脈、煉精化氣為主。故要求吸氣時把中氣提升至心口的膻中穴部位，最高不可超過缺盆穴的水平，否則就會臉紅或悶氣，呼氣時把中氣降回丹田。這就是所謂「以後天練先天，以先天化後天」。

因空氣的呼吸和中氣的升降之間天然有一種槓桿作用，吸時後天氣下降，先天氣便上升；呼時後天氣上升，先天氣便下降。一般人不能直接控制先天氣，所以就利用這個規律來間接控制它。同時又因身體的張弛和中氣的開合也有密切的關係，所以由呼吸和身體的導引作用，便可使中氣陸續升降，而使任脈暢通。另一方面，由於先天氣上升至膻中，生化五穀之氣，並裹之同下，便有了返本還原的作用，這樣的練法比靜坐的效果大，但亦較難。

這一階段的開合便根據上述的呼吸方式而定，即吸時中氣自任脈上提，流布並充實全身的陰脈，同時身體各部特別是腰胯部分即做張開運動，又使全身陽脈緊張而充實，於是分佈在人身表面的陰脈陽脈便都處於緊張充實的狀態，相對地就形成了中氣自內而外的運動趨勢，即成為開。呼時中氣自任脈放落，同時身體作鬆合運動，便形成中氣自外向內的合，這種開合也被稱為「提、放」。由於中氣的活動還沒有達到任督循環的程度，故這時的開合也還不能達到開弓放箭的標準，而只能著重腰胯間開合的鍛鍊，以做準備。由於人身陽脈自手走至頭又自頭走至足，人身陰脈則自足走至手，成一循環，因此，身體開時能推動陽脈而造成向下的勁，身體合時能推動陰脈而造成由手發出的勁。這種手足營氣的活動在以後各階段還是繼續保留的，它和本階段內中氣在任脈中的活動方向正好相反，因而便成為本階段內維持活動平衡的根本條件。

第一階段內中氣運動的示意如圖1。

初配呼吸時會覺得很不自然，甚至會感到悶氣，但如能注意以下幾點，當可順利些。

第一，拳架的動作較複雜，一時不易配好。開始時可抽出一些開合分明的架子，如「按」的動作等，拿來反覆練習，直到呼吸順利，並對中氣升降的感覺明確後，再來

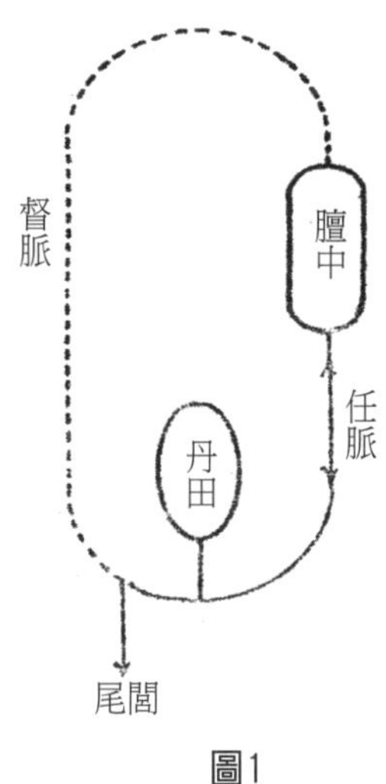


圖1

配整套的拳，當然也可用靜坐來練習提放的呼吸和找出感覺。

第二，在練拳中要是配得不順當，或是如單鞭下勢等一口氣來不及的地方，切不可迸氣，而寧可多換幾次氣。即在開時以吸氣為主，以呼作為換氣；合時以呼氣為主，以吸作為換氣。好像上樓下樓，雖是一步一頓，但仍要上下分明，不可忽上忽下，否則毫無作用。

第三，架子的蓄發雖然較易分清，但亦還要注意如單鞭、斜飛等外形似乎為開而其實為合的姿勢，不可弄錯。同時，無論開時合時，都要注意挺腰，並在開時把兩胯儘量開方，合時把兩胯緩緩合圓，腰胯的相對用力方向示意如圖2。一般人上身較強，下身較弱，故須特別注意腰腿，作為矯枉過正。

第四，關於架子間的轉變，開始未能利用開合勁之前，只好使用「一順勁」來轉，這時的呼吸便要根據動作的抑揚頓挫來分。如以從按到單鞭的轉變為例：按完後，身微坐，手微收且向右轉小圈，這便是一頓，該吸；之後手盪出向右轉，腳亦隨之，這便是一挫，該呼；手再向下往右轉回，右手拿鉤，這是一抑，該吸；最後鉤手向右方送出，便是一揚，該呼。到此，轉變完畢，正好接著練單鞭的蓄勢，便再吸氣。這一轉變有兩個呼吸，腰腿夠時，一個呼吸亦可。但初時的呼吸，卻須寧多勿迸為原則。

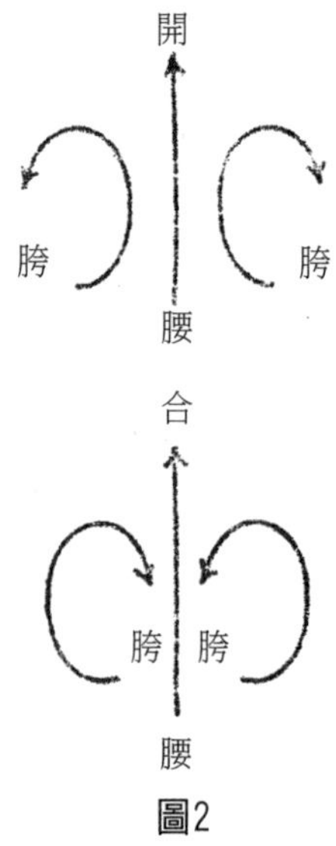

圖2

第二步，待任脈感到暢通之後，就要接著溝通任、督二脈，使之互成循環。一般人在日常生活中，任、督二脈共有三種運行方式。第一種是中氣自丹田出，下至會陰分由任督二脈向上衝至頭部而散，如圖3所示；第二種約與第一種同，中氣亦都由任督二脈向上走，唯會於心口而

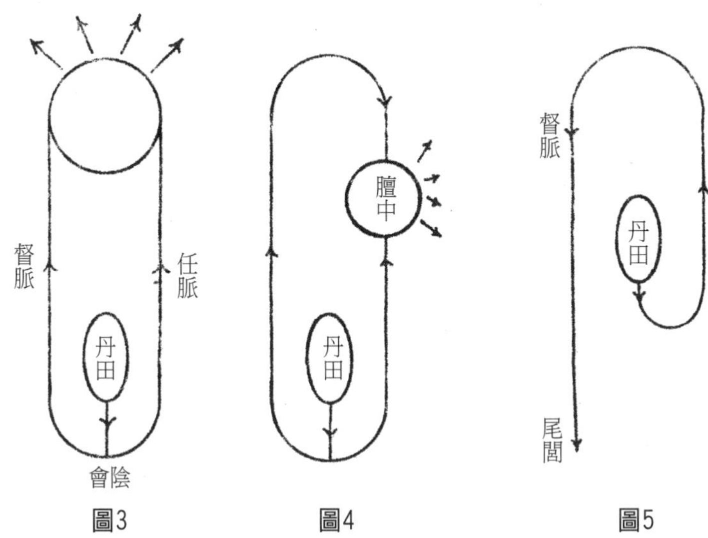


圖3　圖4　圖5

散，如圖4所示；第三種則是中氣自丹田出，由任脈上，過頭又由督脈下，至尾閭而散，如圖5所示。

總之，無論在哪一種方式中，中氣對於丹田總是有出無進的，而且任脈中的中氣總是向上走的。一個人的「五穀之氣」產生後聚於膻中，如營養充分，則可抵付日常的耗費，如休息足夠，則剩餘之氣亦未嘗不可收至丹田。但實際上收支平衡和剩餘入庫的情況極為個別，最平常的還是入不敷出和提用庫存。

所以，無論是練身體或練武功，若是不注意這個問題，便是沒有抓住中心，如欲改變這種日益虧空的收支情況，首先便要疏通任脈，讓它逐漸習慣向下走，這就已開始有了返本還原的最初條件。然後再使督脈上升而任脈下降，這就為返本還原創造了更好的條件。因為丹田氣足

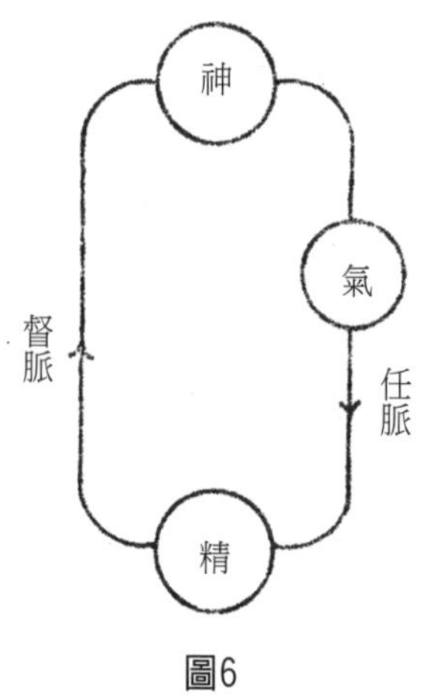


圖6

後，循督脈上升入腦，即能提煉為神氣，於是氣旺而神足，也即所謂「煉氣化神」。其示意如圖6。

注：所謂精、氣、神是三種粗細性質不同的氣，且又能相互轉換。

靜坐亦有這一步功夫，但不如練拳的平易安全。因為練通任督脈時，在氣的方面需要很高的活動強度，假如身體卻處於安靜狀態，這便形成一種極不平衡的情況，以致常易走火入魔，功敗垂成。所以，若非心性極有修養，對氣極有控制能力的，對靜坐練功切要謹慎。

這一階段的主要鍛鍊內容如下：

首先，在任脈比較暢通後，便要開始養氣，即所謂培養丹田，亦即「煉精化氣」的繼續。任脈暢通雖是養氣的基本條件，但絕不是唯一的條件。最主要的條件乃是心平氣和與生活有節，培養丹田的期限要根據各人情況，很難一概而論。少的半年一年，即有成就，長的則數十年以至一生一世，也可能毫無影響。養氣同時，亦就逐步練出了以心行氣的功夫。這就從後天氣操縱先天氣的過程，逐漸過渡到了直接以心意操縱先天氣的過程。

其次，在上述的各種條件——腰腿開合較為純熟、任督較為暢通、丹田較為充足、以心行氣較有基礎——都已具備後，即可著手練習任督脈的循環和腹背的開合了。這時的呼吸方法是：吸時使中氣在丹田內後貼於背，呼時使中氣前貼於腹，如「晃動半瓶水」相似，丹田的中氣在吸時有部分由督脈上升至頭頂，呼時又由任脈下降丹田。同時，根據導引的效果，全身營氣在吸時充於陽脈，即手三陽和足三陽，在呼時則充於陰脈，即手三陰和足三陰。由上可見，中氣的循環和營氣的循環在陰陽脈上已能完全配合，從而使拳架的開合走上了正軌（不過還要注意，這時中氣的晃動只能配合營氣的循環，不能決定中氣在任督脈的循環。這時任督脈的循環主要還是由營氣的循環和呼吸的提放所帶動的，只有到第三階段時，丹田的旋轉才能直接帶動任督脈的循環，並反過來決定呼吸和開合）。還可以看出，這時的練拳同時具有以身運氣和以氣運身的成分。以後，根據以心行氣功夫的增長，才能逐步過渡到完全的以氣運身。如果第一步中的疏通任脈沒有練好，就貿然來練後一步，便會氣聚於頂，引起病症。再如腰挺不住，襠提不起，會陰尾閭便關不住，也就「張」不起來。

最後，我們就要準備向第三階段過渡，初時，對於轉變時的呼吸是以抑揚頓挫來分的。這時漸能以氣運身了，就可開始練一種過渡的轉變方式，以便最後也能以一開一合來完成轉變。

上面說到中氣在丹田內作前後運動，這很類似一種往復的碰撞或晃動。但拳經中有說「氣如車輪，腰如轉軸」，這卻是要求中氣進行車輪一般的旋轉，顯然，前後的碰撞和不斷旋轉之間，有相當的距離。

我們的所謂過渡就是針對這段距離而說的。所以，這過渡的步驟就是先從單純的前後碰撞，逐漸加上左右的晃動，作為轉變的動力。左側則左晃，右側則右晃。這時的呼吸怎樣配呢？實際上，練到這時，便基本上已是先天練後天的程度，即空氣呼吸的活動已由中氣的活動來帶動，所以這時只要專心注意中氣的活動，而不需再注意空氣的呼吸了，亦就是可以不再去管呼吸的配合問題了。

但也要說明，中氣向前向左時都是呼，向後向右時便都是吸。這個步驟練熟後，中氣在丹田內的活動便已相當自由，丹田的地盤也開拓得有些基礎了，這便接近了所謂「腹內鬆淨氣騰然」的境界。其後，便要試把中氣向丹田的四個斜角發展，如圖7所示：

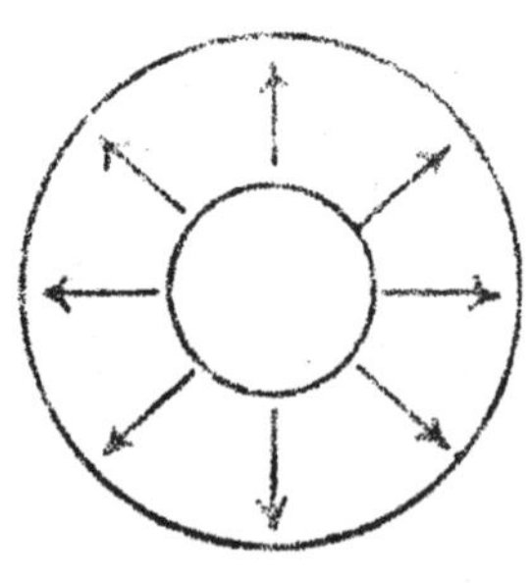

圖7

這時由於轉變得較為細緻，骨肉的活動便也較為圓匀了，接著，再把中氣象轉磨一樣地在丹田內轉起來，拳架向哪裡轉變，中氣就向那裡轉。不過，直到這時，蓄發的時候仍須進行前後的碰撞。所以，中氣的運動便成了時晃時轉的狀態。蓄發用直勁，轉變用圓勁，有「方」有「圓」，但「方」和「圓」還是分開的。

第三步，我們便要練「曲中求直」「方圓並有」的開合了。這個練法是，蓄時由兩手開始，以心行氣，沿著皮膚表面，做由前向外的螺旋運動。過肩後，又直線地沿陽蹻脈下行，出胯裡後，又如前旋至足，即為開足蓄足。於是再由足做S形掉頭，變為由前向裡旋，上胯後沿腹胸間陰蹻脈至腋，再如前旋至手，即為合足發足。發而後蓄，蓄而後發，往復不已，綿綿不斷。這便是所謂「纏絲勁」，這時的中氣在蓄時向右旋，發時則向左旋，蓄發變換而左右換向時亦作S形掉頭。例如發時左旋和自左換右的調向路線即如圖8所示。可以看出，其路線正好描出了一個太極圖。

注：開始練纏絲勁與S形掉頭時，可用手足幫腰或手足營氣帶動丹田中氣，腰勁及丹田氣足後，便可正式起到「氣為旗、腰為纛」的作用。

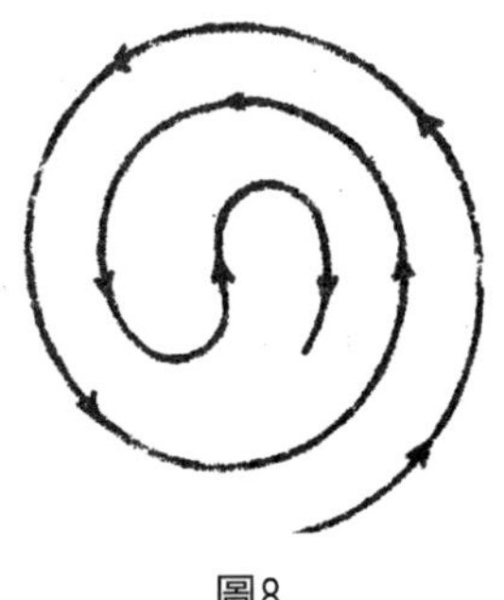

圖8

心意在丹田內帶著氣轉圈或掉頭時，便可帶動渾身各個回路上的氣跟著做同樣的活動。如中氣作S形掉頭時，所有各脈也做S形掉頭，而且「心為令、氣為旗」，一處掉頭處處掉頭，渾身無處不在掉頭，這個S形掉頭處，即開合轉變處。這時的移步轉身，亦即按S形路線，為一小開合。其示意如圖9。

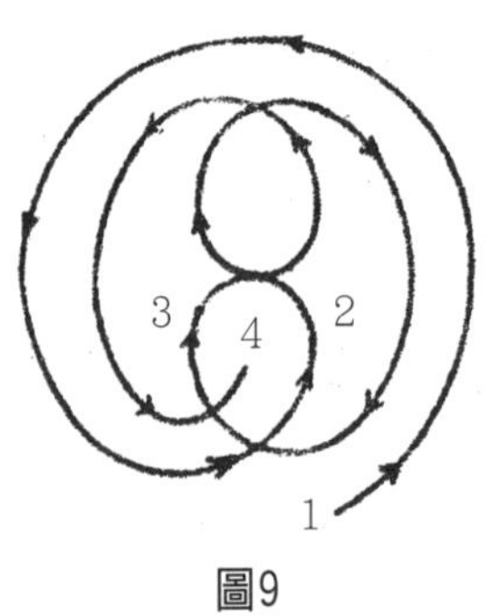

圖9

注：1至2為發勁後一圈，2至3為轉變之蓄或開，此時完成轉變約一半；3至4為轉變之發或合，完成轉變的另一半。

練到最後，轉變即與架子之開同時完成，不復另須開合。這時的呼吸當然是先天領導後天，先天氣的情況既已講過，呼吸就不再講了。至於這時的開合，性質上和第二階段基本相同，即氣在陽脈為開，在陰脈為合，但在程度上卻進了一步。即如果說原來氣的開合好像猛晃猛盪，那麼現在的運動就像是較為柔和的波動。到以後丹田的旋轉還要從平面的路線改為立體的路線，纏絲勁的路線也將被簡化到最低程度。

如今，在中氣已經較足、任督脈已走成循環，以及已能以心行氣的條件下，便可以丹田為原動力，逐漸打通蹻脈、維脈的循環。至於腰際的帶脈，它是任、督、蹻、維諸脈的橫斷聯絡線，隨著腰部主動能力的加強，也便逐漸暢通。還有手足十二經的循環本來就是通的，不過要經過內臟，未免曲折迂迴，如今在蹻、維脈練通之後，便可在腹背兩處借道而行，從而大大提高了能動性。於是各路氣脈自成回路，且又互相聯絡，並都以丹田為根本源頭，這便是練拳中流行不已而又節節貫串的根本條件。奇經八脈中還有個衝脈，要特殊一些，它的循環總在最後才能打通，也可能永遠打不通，這個循環的路線是自會陰始，由身體當中筆直上升至百會穴，衝出頭頂，然後在身外四散而下，再回至足心湧泉穴，上升而復會於會陰。練到這步，就是所謂「煉神返虛」的境界了。其示意如圖10。

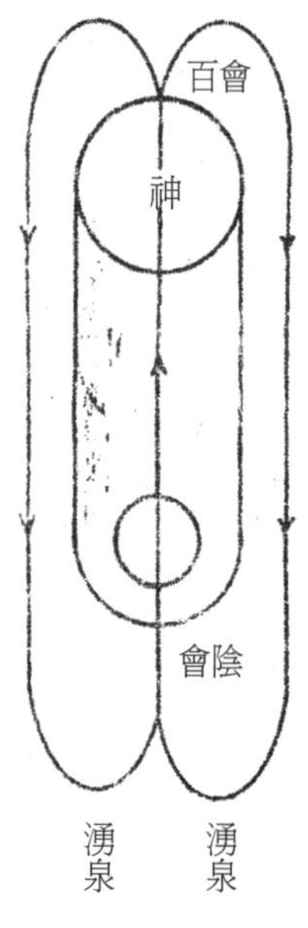


圖10

# 第 6 篇

## 陰陽虛實

明王宗岳《太極拳論》中說 ：「太極者，無極而生，陰陽之母也。」普天下萬事萬物，莫不有個陰陽的道理，就是練拳，當然也不例外。至於既然稱之為太極拳，那就可見必要有意識地充分利用這個道理了。

練拳中的陰陽，說得廣一點，就有很多方面，如呼吸、開合、張弛、蓄發等等都是，但假如說得狹一些，那主要就是練拳中的虛實問題了。為什麼要有虛實呢？

王宗岳拳論中說 ：「動之則分，靜之則合……雖變化萬端，而理為一貫。」這就是說分出虛實，乃是求得運動的根本道理。又說 ：「人剛我柔謂之走，我順人背謂之黏。」這是說兩人對敵，其中亦必須分清虛實，始能變化，否則，黏走的反面就是丟頂，也就是各不相關，或兩相頂牛了。拳論中又說 ：「不偏不倚，忽隱忽現，左重則左虛，右重則右杳，仰之則彌高，俯之則彌深，進之則愈長，退之則愈促。」這也就是在對敵中為了保證兩人之間的虛實變化，而對個人的虛實所提出的要求。也就是要求對上下左右前後各方，都能應付裕如，不致發生丟頂的情況，以求「人不知我，我獨知人」，所以「英雄所向無敵，蓋皆由此而能也」。至於「不偏不倚，忽隱忽現」這兩句則值得玩味。

實際上這是一個「能動性」和「平衡性」的矛盾統一問題。拿天平來做比喻，兩頭愈不平衡則愈能動轉，故平衡與能動是互相矛盾的。但根據拳術的要求，卻要求運動中既能靈活如意，又能隨時平衡，故說這是一個矛盾中求得統一的問題。

不分虛實又會有什麼問題呢？王宗岳也說到的，他說 ：「每見數年純功，不能運化者，率自為人制，雙重之病未悟耳。」說到雙重，練過太極拳的人，大都是知道的，而且都想在練拳中竭力避免。但每見個人練拳時很講究虛實的人，逢到對敵時，卻又不免互相鬥牛起來。其形勢很像一張八仙桌子，兩個人四隻腳，齊齊對牢，搬來搬去。這還是對雙重的概念瞭解得不夠全面之故。他只認為個人練拳應分虛實，而對於兩人之間的分清虛實就認識不清了。或者雖然認識了兩人應分虛實的問題，但對怎樣來分清的問題卻還模糊。實際上，若是兩人對敵時不能分清虛實的話，那麼，個人練拳時所分的虛實，可能亦有問題。這就是對平衡性和能動性這兩個矛盾的方面還沒有統一起來。平衡時不能動，動起來就不平衡。如果兩相接觸，就會一撞而散，或是互成扭結，最後只能迸住。其實不是不想分清虛實，而只是不能分、不敢分，假如分得不平衡，就非跌即倒了。

在個人的虛實方面，總的有左右前後上下之分。分開來說，一隻手或一隻腳上應分虛實，一隻手指頭上也應分虛實，甚至每個細胞都應分出虛實。這就是「一處有一處虛實」。同時，又以丹田為主，一變百變，故又謂：「處處總此一虛實。」特別應提出，臉上也要分虛實，常見人練拳時，臉上一直帶著一副漠不關心的表情，好像冷眼旁觀自己在練拳，或過嚴肅而呈現緊張狀態，形如硬迸的練習，這都是不對的，因為全身各處都有密切的聯繫，一處的虛實沒有變化，處處的虛實變化都要受到牽制，此理甚明。

那麼，是用什麼來推動全身的虛實變化，而使「周身節節貫串，無令絲毫間斷」呢？我們且看王宗岳在另一篇拳論中說：「精神能提得起，則無遲重之虞，所謂頭頂懸也。意氣能換得靈，乃有圓活之趣，所謂變轉虛實也。」由此就知道「以心行氣，以氣運身」便是「動若江河，綿綿不斷」的根本辦法，而心意氣則就是推動虛實變化的根本動力。

又問，怎樣才能使意氣換得靈呢？這就是虛實變化的核心問題了。我們知道，人身上有許多氣脈，主要有手足十二經和奇經八脈。其中手足十二經在一般人是走成循環的，但全都繞絡內臟而迂迴曲折。奇經八脈基本上亦是通的，但一般不能走成循環。因此，既然所有的氣脈都不能走成簡捷的循環，意氣也就難以達到轉換靈活的要求了。特別是奇經八脈更為重要，它們相當於運輸系統中的幹線，或是排灌系統中的主渠，在需要迅速調動的情況下，便具有決定性的作用。但切勿誤會，必須用什麼其他方法把氣脈都練通之後再來練拳，因為練氣的功夫，如上篇所述，正是練拳程式中的中心問題。

當然，練靜坐亦可以作為準備或輔助的手段，但不能拿來代替練拳。因為首先靜坐對於任督脈的功效較大，對於其他的奇經則小；其次靜坐練成的流動強度較小，也往往不夠練拳或武術的需要。在奇經八脈練成循環之後，便能一動百動，流行無端。以陰陽虛實來說，任督主腹背之陰陽，後升而前降；蹻脈主左右之陰陽，維脈主表裡之陰陽，皆起踵過耳而復下，上行則行於身之陰，下行則行於身之陽；帶脈外環於腰，以為諸脈之溝通；衝脈由會陰而上，中出於頂，包身而下，回入兩足之湧泉而復歸於會陰，以為諸脈的綱領。

這些主經的流通，根據丹田的領導，遵循一定的規律，經由無數的細脈微絡，便對骨肉起著推動作用，這就是以氣運身的大致情況了。至於丹田氣的運轉方式，請參看後面的太極圖。

練拳時氣在經絡中的流行，既不像直流電或交流電那樣在整個回路中進行近乎均勻的循環，亦不像雷電波那樣，在一個開放的線路上以衝擊波來放電，而是同時具有交直流電和雷電的雙重特點（參看下面太極圖）。

可以設想為原來在靜的時候，在一個閉合的回路中有一個均勻的流動，類似交直流電的情況，一動起來，就在閉合的回路中，有一個波頭銜著一個波尾在均勻循環，這波頭便起著虛實變化的推動作用；又在對敵發勁時，這回路便暫時開出一個缺口，成為開放的路線，便如雷的放電。但要注意，這時的回路中仍要保持適當的流量，即所謂「勁斷意不斷」，如此方能「斷而復連」。

說到這裡，我們就要圍繞著練氣的程式，來逐步討論虛實變化的問題了。根據練氣的三個階段，把虛實變化也分為三個步驟。

第一步，這時的練氣是以練通任脈為主，也即所謂煉精化氣的階段。所練習的只是中氣在任脈中的上下運動，對於身體的左右轉變並不起推動作用。所以第一階段的虛實變化，還不能和氣結合起來，而只能利用重心向身體中心線兩側的轉移來作為虛實變化的主要條件。這就是弓腿時，重心向前腳移，坐腿時，重心向後腳移；動右腳則移於左腳，動左腳則移於右腳。這種情況便和天平相似。

初練拳時，為了提高其能動性，就要使兩側的虛實相差得愈大愈好，如一天平結構尚粗，便需兩邊相差較大時方能轉動。如總分量為100，這時的分配可能為1與99之比。但是，這樣的平衡性就差了，故隨著功夫的加深，便要逐漸縮短這個差別，直到近於49與51之比。這時便能一觸即動，而且左右亦近於平衡。最後就可達到「立如平準，動如車輪」的境界。

功夫愈大，則進行變化時所需的虛實相差愈小，即相當於天平的靈敏度愈為提高了。圖11即表示初時的虛實變化情況，相當於一架普通的天平。

根據靈敏度和平衡性的提高，後時的虛實變化情況就相當於一個裝在天平支架上的車輪，如圖12所示。不過，歸根結底，這種變化的推動力還是重心的轉移，而不是氣的轉移。重心比起氣來有較大的惰性，這就是它本質上的缺點。所以，在第二階段，我們就要放棄這種比較粗

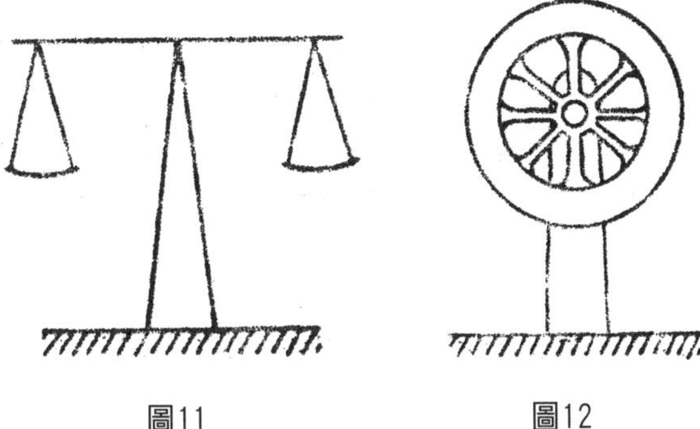

圖11　　圖12

劣的變化方式，改用較為高級的以氣運身的方式了。

第二步，這便是所謂煉氣化神的階段。這一階段裡，中氣在開時貼於背，合時貼於前腹，轉變時「左側則左晃，右側則右晃」。這時的情況，便和一個圓球裝了一半的水相似。

其能動性和平衡性的矛盾統一過程，和第一階段略相似，即初時為了提高能動性，要求虛實相差較大，後來在靈敏度提高的條件下，又逐步恢復其平衡性。

圖13所示，即第二階段的虛實變化情況。由於氣的惰性遠較重心為小，故可比第一階段靈活得多。隨著靈敏度的提高，就從初時完全的晃動，改為轉變時用轉動，蓄

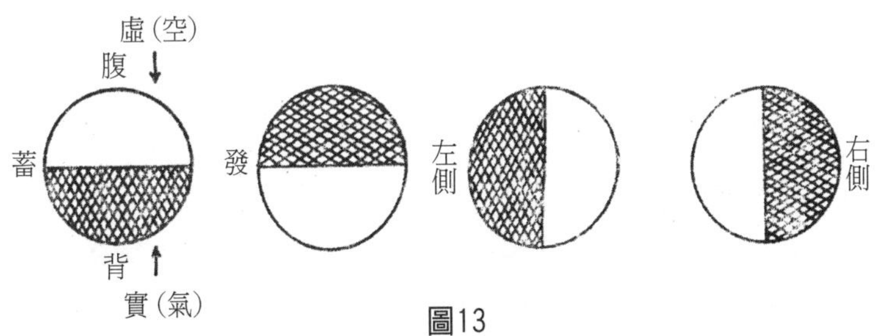


圖13

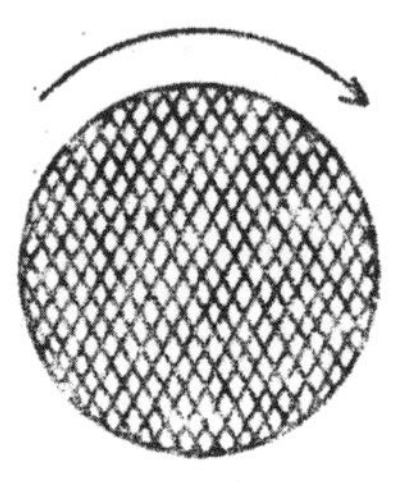 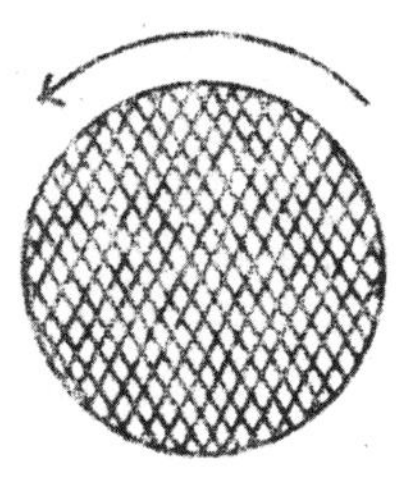

圖14

發時仍用晃動，以致最後改成完全的轉動，從而保證了平衡性。此即所謂「腰如轉軸，氣如車輪」的境界（圖14）。

注：至於什麼時候左轉，什麼時候右轉，以及什麼時候才能確定這個問題，都將在下一篇「左起右落」中討論。

但拳經說：「在意不在氣，在氣猶滯。」這就是說，氣的惰性未免還是大，不如意的靈活。意的靈活性究竟有多高呢？可以說幾乎有無窮大，因為它的惰性幾乎等於零。

第三步，也即所謂「煉神返虛」的階段。這時的虛實問題在這一篇的最初幾節已作為標準情況談過，故不贅述了。這裡只用圖來補充說明一下：

圖15即為中氣在蓄發時的平面分佈情況。有意所注者為實，否則為虛。此時之虛並非無氣，只是無意而已。至於意的立體路線，亦是走的太極圖，很像一個網球或棒球上的接合縫，圖16即為其俯視圖。

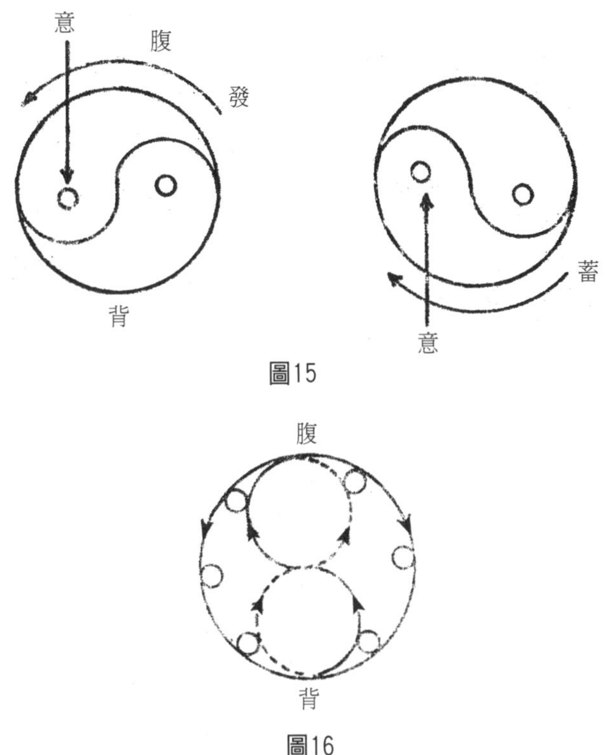


圖15

圖16

注：王宗岳說，「往復須有折疊，進退須有轉換」，圖中S形掉頭，即所謂折疊處；圓周上小圈即轉換處。實際上轉換小圈的數目並不一定，第五篇中表示纏絲勁的圓周大圈，在功夫提高後，即縮小為這裡所示的圓周小圈。

所謂意的路線，就是本篇前幾節中所述波頭的路線，由圖16可見，在每一瞬間，波頭對上或下、左或右、前或後的三個方面，都有不同程度的推動力，這種推動力，接著便傳遞到相應的氣脈中去，從而使各個氣脈也反映了和這種路線相仿的虛實變化，這些虛實變化又透過無數脈絡，最後在骨肉上反映出來。

由於意的靈活，具有無窮的可能性，而且再也沒有任何東西可以比得過，所以，實際上已不需要，也不可能再在虛實變化的策動力方面，加以任何改進了。不過，接下去若是再提高一步的話，那就是乾脆連意的策動力也一併取消。這又是怎麼說呢？孔子說 ：「從心所欲不逾矩。」便是這個境界。

歸結起來說，第一階段的虛實，實際上完全是重心轉移的問題；第二階段的虛實開始和氣結合起來了，也就是變成了中氣的轉移問題；第三階段在重心和氣方面，幾乎都可以保持平衡了，只是在心意或勁頭方面來分虛實；最後，不分虛實而自有虛實，方為最高。

比方說，第一階段的水準相當於蒸汽機的調速器（對於蒸汽機的速度，機械連杆的調整便已可勝任了）。第二階段則相當於汽輪機的調速器（對於每分鐘幾千轉的速度，機械連杆的慣性顯然是太大了，這便需要液壓裝置才行）。第三階段就相當於電力系統中的電壓電流調整裝置，它是根據電磁感應的原理進行工作的，只有電磁反應的速度才能趕得上電流電壓的變動。

至於人的心意，比電磁反應當然還可能靈活到無數倍，實際上，也沒有任何人工的調整裝置能夠趕得上。問題只是在於如何把被調整的氣和骨肉逐步跟上去。

# 第 7 篇

## 左右起落

一個螺絲釘朝右轉便下去，朝左轉便起來，這就是左右起落。螺絲釘為什麼要做成這個樣子呢？因為人們一般做事都用右手，而右手這樣轉時便覺順遂得力，這又是什麼道理呢？很多人會以為這不過是習慣，假使從小把左手用慣了，還不是一樣嗎？實際上，也確有少數人是從小就用左手拿筷子的，甚至還有用左腳踢球的呢。其實，這不完全是習慣，這主要是人身內中氣在向左或向右旋轉時，有著不同的效果所致。

男人右轉時為開為蓄，左轉時為合為發，女人則反之。使用左手左腳的到底還是少數。假使是男的，他們一定還是較不得勁的。至於踢球等等，則又和練武的情況相同，因為它們已經不自覺地把中氣的旋轉和手足的旋轉，調整到了雖然相反，但卻也得勁的地步了。

如女人要把右手右足，在較強的活動上用得很得勁的話，那就跟男人要把左手左足用到得勁一樣，也就是必須使其活動方向與身腰的旋轉相反才行。至於女人為什麼也跟著男人用慣了右手足呢？這恐怕主要和歷來都是男人做重勞動和參加戰爭有關係。

這個規律，每個人都可用簡單的試驗來證明，除了轉螺絲之外，也可以用右手或左手，反覆地抽回來和打出去，就可以明白哪隻手比較得勁了（這就是中氣的轉動方向對於用勁的性質有著絕對的決定作用。也就是左右對起落有個絕對的關係，而不是相對的關係）。但是一般人也許還感覺不出中氣的活動，也就一時難以理解身腰的轉動便帶動了中氣做同樣的轉動。那麼，還可以參考一下在下面的一個旁證。

一九五六年，李政道和楊振寧從原子物理的試驗中，發現了某種粒子的活動，對左右有著絕對的規律，從而推翻了宇稱守恆定律的普遍性。

其實，這個發現的性質，與上述人身中氣活動規律的性質正是一樣的。所以，這個發現在現代科學中，雖然要算是破天荒第一次，但在中國人研究自己身體的學問中看起來，這不過是一個早就發現的規律的一個旁證而已，雖然，也可以算是一個有力的旁證。

從中國古代有關醫療或練氣的書籍中，便已可見到「男左女右」，「男則左轉，女則右旋」等等的說法。這個規律雖然被發現得如此之早，且又記載得如此之明確，但由於只有極少數人關心到它，而且，也只有更少數的人能夠從自己的身上求得證實，所以它幾乎一直是默默無聞的。有些人偶然在書上瀏過一眼，也不過是把它當作好玄之士的附會之談而已。不過，如要教人承認這個規律，最好請他自己練功夫，練到某個程度，自然就心領神會，而不需任何解釋了。

正因為一般人都易於把左右的活動看成是完全相對

的，所以這個規律在練功夫方面就顯得特別重要，而必須加以釐清楚了。中氣在丹田內做向左或向右的旋轉時，它為什麼會表現出不同的效果來呢？這就是由於主一身左右之陰陽的蹻脈的作用。

蹻脈之所以稱為蹻脈，因為它有個與眾不同的特點。比如說中氣向前轉，會對前面的任脈起吸引作用；中氣向後轉，就會對後面的督脈起推動作用。但對蹻脈來說，情況就不一樣了。對男人來說，中氣向右轉時並不是對右邊的陰陽蹻脈都有推動力，而是根據中氣本身左起右落的自然規律，以及蹻脈陰升陽降的特點，只對其中的陽蹻有所推動；而且還不是只對右邊的陽蹻有推動力，而是對左邊的陽蹻也有推動力。同樣地中氣向左邊轉時，不只對左邊的陰蹻有所推動，同時，對右邊的陰蹻也有推動力（以上情況只在練拳到第三階段時才能自覺地完全如此；第一階段中，中氣在丹田內還不能有意識地進行轉動，即使有點作用，也只和一般人一樣是屬於自發性的；第二階段初，中氣只是晃動，一邊即時，一邊虛空，虛空的一邊，也就談不上任何作用了）。

對陽蹻的推動效果，就使得手足陽脈變實，陰脈變虛，而成為開或蓄的過程；對陰蹻的推動就使手足陰脈變實，陽脈變虛，而成為合或發的過程。練拳時，同時當然還有任督脈的（開合）作用，前面都已說過了。至於和蹻脈近於並行的維脈的作用，在此可以補充說明一下。

維者，維持調和之意，比如練纏絲勁時，在一個開或合的過程中往往有兩三個轉換或波動。由於維脈天生有一種「阻尼」作用，在「氣壓」激增時，起有一種抑制作用，而在其衰退時，則起有一種滯遲作用，這就使它可以拉平波動，而使用勁平衡起來，很像電氣回路中的濾波器的作用。中氣雖然由帶脈對維脈也有直接的聯繫，但維脈主要還是作為蹻脈的助手而進行工作的。

氣的開合情況很像一個氣球，開時「支撐八面」，如球之鼓起，對外有吸收的作用，合時「專注一方」，如氣球之放氣，對外有衝擊的作用，這便是武術上「引勁落空合即出」的原理。

接下去，我們就要討論，練拳中如何逐步配合和利用這個「左起右落」的規律了。在這個規律的配合中，主要有一個問題，就是在第一、第二階段中，為了架子的變化活動，所需分的虛實往往不得不和這個規律相矛盾；另一方面，由於練氣程式的限制，要有意識地利用這個規律，也必須等到最後「丹田氣轉」的階段才行（而要充分地發揮這個規律，則須等到蹻脈打通循環以後才行）。我們仍舊按練氣的三個程式來討論這個配合問題。

**第一步　在「煉精化氣」的階段**

在氣的方面，所練的是任脈的上下提放，這和丹田旋轉的距離還遠，故還談不上由丹田發動蹻脈的問題。在虛實方面，這時主要是重心的轉移問題。

重心的轉移只能根據架子的需要，不能根據「左右起落」的規律。若是一定要根據「左右起落」的規律來練，那麼，有時就不能利用重心的轉移來進行虛實變化了，那麼有許多架子就根本不能完成了。

比如攬雀尾的掤擠按，都是左腳在後。按照「左右起落」的規律，坐腿時蓄，應向右轉，但實際上，根據這時的虛實變化水平，卻只能把重心移到後腳，於是，難免就有些向左轉身，這樣所引起的丹田對蹻脈的自發性推動，其效果便會適得其反。轉變時左右轉身的動作更為顯著，可能發生的矛盾也就更大。如第二個右倒攆猴轉變時，往往不易站穩，就是因此而起。

**第二步　「煉氣化神」的階段**

在氣的方面，所練的是任督脈的循環和丹田的晃動。其中丹田的左右晃動對蹻脈是會有較大推動作用的，但這種作用只能為打通蹻、維脈打下基礎，還不能使蹻脈發揮正常的作用。比如中氣右晃時（其效果和右轉而開顯然是不同的），右實左空，右邊的陰陽蹻脈便會全部充實起來，而左邊的陰陽蹻脈則全都成為虛空，這顯然就不能達到開的效果。

在虛實方面主要就靠這種氣的晃動來分，其對「左右起落」的規律所造成的矛盾，也和第一階段相似。假如真的一邊全實，一邊全空，並且是百分之百的晃動性質，那麼，在左右晃動時，可以說是毫無開合作用的。而且蓄發的開合也只能全靠督任脈對手足陰陽蹻脈的鼓動作用，那就是甚至連第一階段中蹻脈的自發作用也都沒有了。實際上，當不至此。

在第二步向第三步過渡時，丹田氣便開始能轉了，從這時起方能有意識地用丹田推動蹻脈以求在開合中發揮正常作用。也可以說，從這時起才是由開合造成左右前後的活動，而不再是由左右前後活動來造成開合了（從而也就可在虛實變化中保持不偏不倚了）。

### 第三步 「煉神返虛」的階段

在氣的方面，各路氣脈，包括蹻脈在內，都逐步走成循環，丹田氣也能逐步轉成了立體的太極圖路線。在這個階段裡，丹田氣向右向下向後轉時（參看前兩篇的太極圖），對於也向下走的陽蹻脈有助長作用；同時，向後面轉時，雖然有向下的趨勢，但因尾閭不通（加以吸提的作用），故返而向上對督脈起推動作用，於是全身就造成了開。合時丹田氣向左向上向前轉時，對於也向上走的陰蹻有助長作用；同時，向前面轉時，雖有向上的趨勢，但因手足發勁，氣有所注，故任脈仍以在督脈所受的推動餘力加以陰蹻需氣的吸引力降至丹田。

至於為什麼一定是督脈升而任脈降則還有一個道理，必須補充說明，那就是丹田氣本身也有個「右開左合」的特性，它對全身的氣在開時似乎有一個撐開的作用，在合時又有個吸集的作用，所以它便成為推動督脈而吸引任脈了。

# 第 8 篇

## 練打知要

人人會打架，各有巧妙不同。太極拳的打法主張「以靜制動」「四兩撥千斤」，有它獨特的巧妙。從道理上講，這兩點並不難於理解。阿基米德說過 ：給我一個支點，我可以撬起地球。所以，只要能夠運用槓桿原理，而且運用得當，四兩撥千斤，就完全是可能的。

至於以靜制動，則主要就是走裡圈的問題，一人走外圈，一人走裡圈，走裡圈的人，便要從容得多。歸根結底，也就是要用較小的力和較慢的速度求得與較大的力和較快的速度同等的效果。由圖17可見，力臂愈大或圈子愈小，則效率愈高。

道理是這樣說，但實際做起來就不很簡單。對於一件死東西，可以用棍撬、用滑輪拉，不妨從容對付。但對

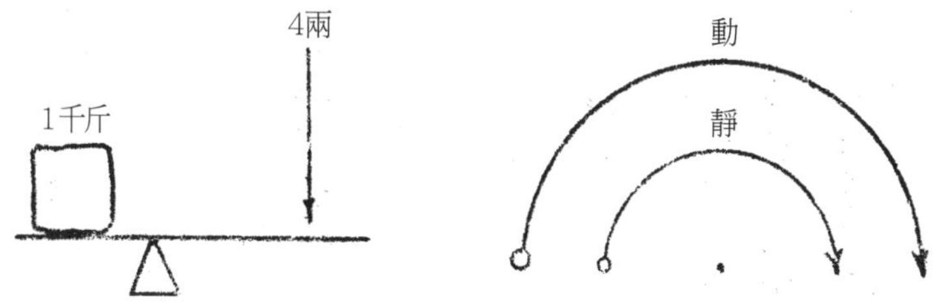


圖17

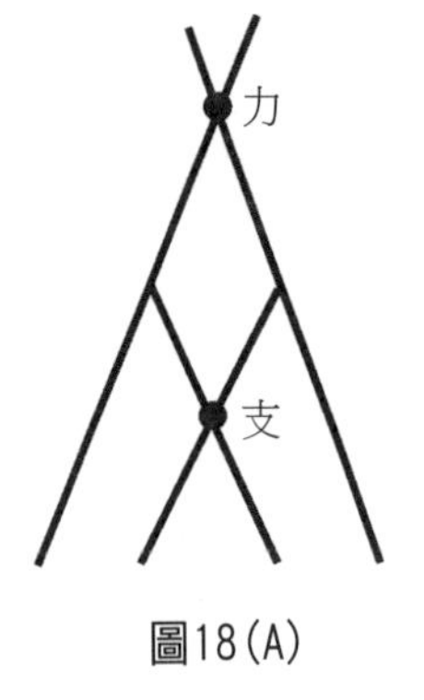

圖18(A)

於一個活人，他很快地在不斷地動，而且還在進攻你。這時要找一個支點，配一個槓桿關係，就會產生一連串的問題。

首先就是在緊張攻守活動中，如何接好槓桿的問題。這種槓桿一般有兩種接法，一種是固定連接，如摔跤中所採用的。但固定連接的結果，會在連接處產生一個疙瘩，也就必然會在槓桿關係中形成一個作用點——支點或力點。

在大部分的摔跤招式中，兩人所使用的力點和支點，都是相同或重疊的，而且，槓桿效率也幾乎相同（如圖18A所示）。於是，在兩人體重相仿的情況下，便是力大或手快的得勝。

另一種連接，是彈性連接，也就是太極拳所要求的連接方式。這種連接的性質是：黏連沾隨，不丟不頂，力氣貫穿而無疙瘩，虛實調整而能變換。

對方攻我，「空」而勿「抗」謂之「沾」，「挫」而勿「扁」謂之「連」；對方避去，「結」而勿「丟」謂之「隨」，「揉」而勿「頂」謂之「黏」。若非黏連沾隨，即為頂扁抗丟（見圖18B）。

空結挫揉即是作用於調整加減、以求黏連沾隨的。按虛實的道理講，就是彼實我虛，彼虛我實，而虛實變化的標準，就是不頂不丟，這不頂不丟的目的，就是維持兩人之間的彈性連接。看似捨己從人，實是主宰由我，人不知我，我獨知人，我之重心時時叫人難以捉摸，敵之重心時時在我掌握之中，待到得機得勢，一發即去。

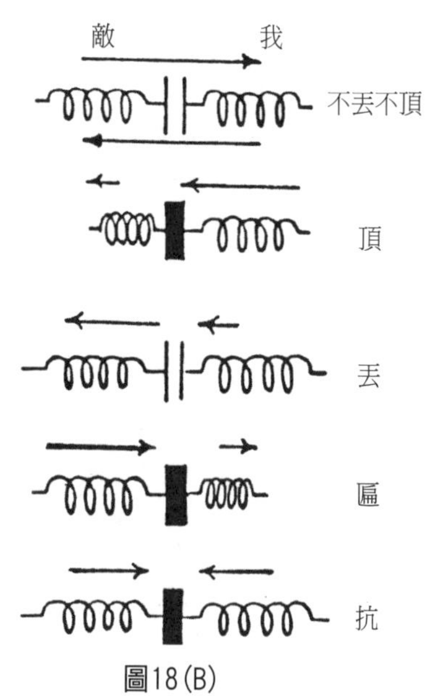

圖18(B)

由圖18B可見，如若在敵方各種強度的力量作用下，做出不頂不丟的反應，就必須使我方的彈性幅度特別大，也就是要在較強或較弱的應力下，都不至於癟掉或脫開，並要調整至適當強度，正好能掌握敵人的重心，並傳達出攻擊的發勁。

落空的圈子愈大，則所要求的強度愈低；愈是爭取圈子轉得小，則所要求的強度愈高。而在較強的應力下，進行較小圈子的引勁動作，同時也就是進行蓄或張的動作，顯然是比較吃力的，正好像拉開一張硬弓。

楊家拳圈子較大，用勁偏於鬆沉；李家拳（武家拳）圈子較小，用勁便偏於剛緊，最好是兩者兼而有之，方能萬無一失。

因為如果練成的彈簧較軟時，則不免在迴旋餘地不夠的情況下，往往被較強的壓力所壓扁；而如果練成的彈簧較硬時，則在較弱的壓力下，將會麻木無知。

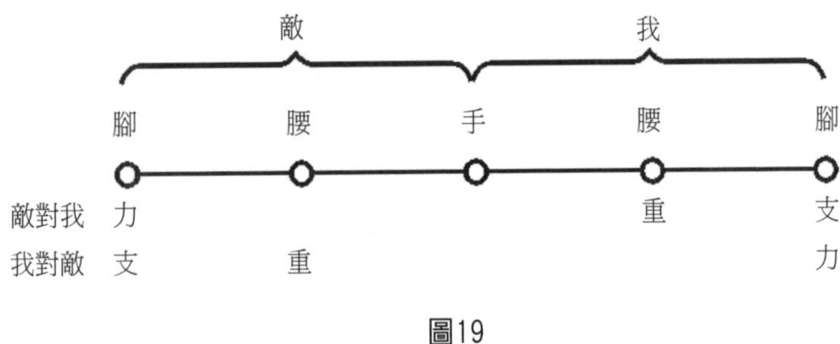


圖19

其次，就是找支點的問題。簡單地說，可以用示意圖19來表明。

敵我搭手之後，如果在連續變換中，雙方都能保持鬆開，無一處軋牢，則不產生任何作用點，即可不分勝負。但只要任何一方不能及時做出恰當的變換，則立刻就會在他的腰胯處產生軋牢現象。腰一軋住，全身不靈，接著就會在腳跟處出現一個支點，腰胯軋牢處便正好作為重點。這時，另一方如能統一用力，則其力點便亦在腳跟處，一發勁即有槓桿的效益。

在腰胯處軋牢主要有兩種情況：一是用力落空，一是被人擠住。落空時軋在前胯，前腳便成為支點；擠住時軋在後胯，後腳便成為支點。

其實，在四兩撥千斤的原理中，除了槓桿關係外，還有一個利用對方彈性、借勁使勁的關係。我們就以按為例，用圖20解釋如下：

對方推過來時，便引其過頭，使其落空，彼腰即軋在前胯上，便以其前腳作為支點，按起其後腳，如圖A所示。

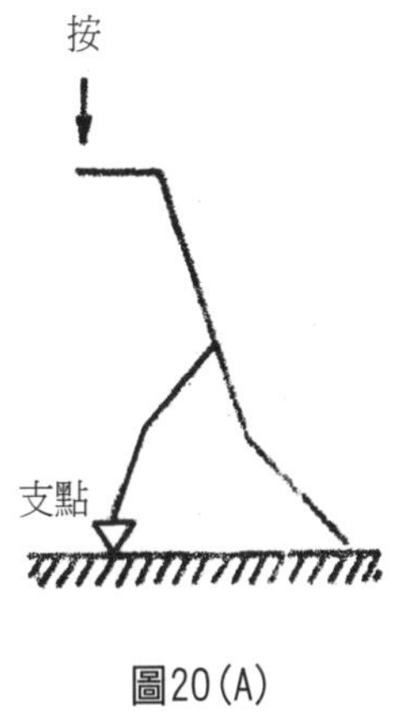


圖20(A)

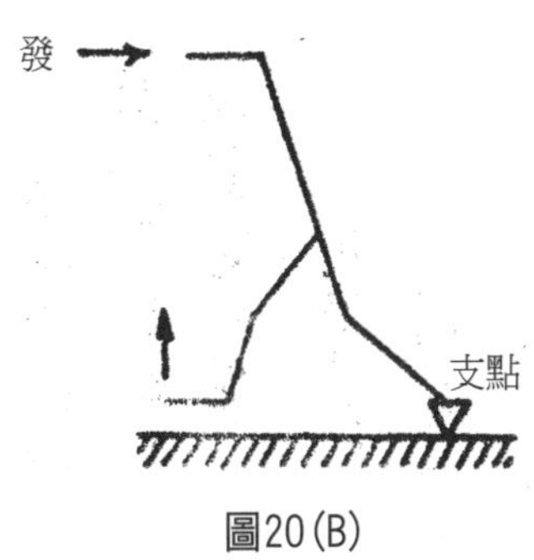


圖20(B)

接著對方一覺落空並被其按下，其自然的反應就將是往上和往後掙扎，這時只要趁勢放其起來，彼前腳必然浮起，向後彈回，而軋在後胯上，便可以其後腳為支點，順勢發出，如圖B所示。

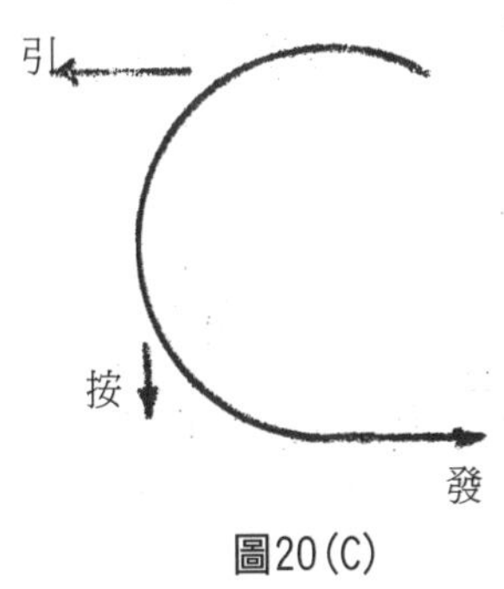


圖20(C)

自按至推，當然要順勢圓成，這就是要會轉圈，如圖C所示。

雙方都轉圈時，就要比誰的圈子轉得小了。因此，可以知道，彈性去打人時，是一個主要優點，但在被打時，也成為被利用的一個條件。

傳說楊澄甫先生將對方發出時，可把人提過一條長凳；楊露禪先生與人練習推手時，先在屋內架好繩網，一發便將人拋到網上。楊氏祖孫固然功夫絕倫，但被打者確亦彈性極佳，如一皮球。

我們亦可從踢皮球方面來談一談。初學踢球的人只會踢死球，不會踢活球，而且還可能會踢空，急球過來亦接不住；踢得熟時便能定住來球再踢了，後來又能踢落地開花球了，最後便能踢凌空球了。會踢球的都說活球好踢，而且，凌空球最能踢得急。

推手亦是這樣，推活的省力，而且還可以推得漂亮。而且人還和球不同，球動與不動，其彈性都是一樣的，但人在動時，彈性就較大，在感到不穩而急於恢復時，彈性最大，所以落空時，發人最佳。

但要記住，無論如何不可為了避免跌出而放棄彈性。身形散亂的跌出，非但不能應付追擊，而且還是造成跌破後腦、扭斷腿骨等等的主要根源。

平常，我們可能碰到的對方，不一定都是彈性很好，而且大致分為三種性質，即以三種論。

第一種：有整勁且有彈性，即如上所說的情況，其彈性範圍小於我者，即可勝之；其彈性範圍的較強一端大於我者，可伺機打之；其彈性範圍的較弱一端大於我者，不太好打，可擠住打之。

第二種：有整勁而彈性較差的，站在那裡，就像一張桌子或一個木樁，可掀而打之；其衝過來就像一支箭，則須蓄勢如弓而發之。

第三種 ：稍有彈性而整勁較差的，像是一盤草繩或一根稻草，打傷可能容易，打出去倒難。弓勁弩強，難射不直之箭。在這種情況下，比較起來還是擠住而打倒之為佳。

為了練習如何在攻守活動中，接好槓桿和爭取主動，便要練習推手，以求養成虛實變化和轉圈運動的習慣。基本的推手練習，便是掤、攦、擠、按，攻守進退，相生相剋，轉圈而行。推手首先是要糾正一般人對外力加身時的一個不合理的反應，這便是下意識地去和對方的活動取得呼應。對方用力，己亦用力；對方鬆時，己亦鬆，完全就和合理的虛實變化相反了。

要能虛實變化，首先一定要改變這個頑固的習慣。改過來之後，方能愈練愈精，否則背道而馳，謬以千里了。其次，便是鍛鍊用轉圈來完成虛實變化，轉圈比直來直去要快，圈子轉得小時則更快。

這裡我們再來分析一下推手的內容：按的勁在上面已經說過，掤的勁也與之相似，所不同者，只是一是主動進「攻」，一是反「守」為攻，故一用雙掌，一用手臂。本是人來按我，如能反過來借勁使勁，圈子轉得小，便能爭得主動而掤出之。

不過要注意，掤時雖用的陽面，但初蓄時是開勁，發人時便是合勁了，切不可練習用開勁發人。即是沾住而轉圈的「退」，黏住而轉圈的「進」。

而掤、攦、擠、按是可連續轉圈的，但如果在的過程中被人擠住，不能再轉，便可退步用採、挒；同樣，在按的過程中，如被人引空，則可進步用肘、靠。步子一動，便是活步推手，或稱「大」，可以繼續調整適當，而繼續進行定步推手，亦可連續地練活步推手。其變化關係表示

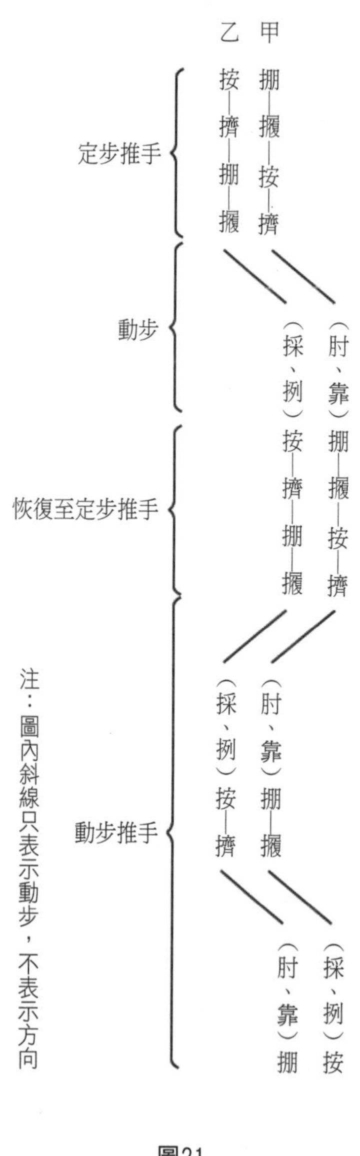


圖21

如圖21。

活步推手走熟後，便有了進、退、顧、盼、定的功夫。加上推手中的掤、履、擠、按、採、挒、肘、靠八種勁，便對太極拳的十三勢已初具規模了。太極拳中每招每式，無非都是十三勢。故能得十三勢之勁，即能得太極拳之勁，得太極拳之勁，則一舉手、一投足，無不得勁，而可以練習散打或走開打了。

推手練習所追求的目標是不丟不頂，但要知道不丟不頂，就是以丟和頂作為基礎的。不丟不頂是標準，丟頂或頂扁丟抗是偏差。丟扁是不及，頂抗是太過。丟頂是攻擊中的過與不及，扁抗則是應付中的過與不及。按一般道理，過與不及雖是根據恰到好處的標準來說的，而實際上也沒有脫離過與不及的恰到好處，問題只是如何儘量縮小偏差的程度而已。

所以，丟扁頂抗雖是根據不丟不頂的標準來說的，但實際上也沒有脫離丟扁頂抗的不丟不頂。兩人對敵中，誰的反應細、圈子小、調整快、偏差低，就能不丟不頂，而占於上風地位了。因此，推手所練習的，實際上只是逐漸縮小丟頂的偏差度而已。一般推手練習中，如果不明確上述道理，就可能發生兩種偏差。

第一種偏差是片面地發展「頂」，有些人片面地追求武術效果，急於求勝，寸步不讓，雖然暫時也能充分發揮自己的體力，但結果卻只能冒衝冒打，頂牛角力，一直停留在低級階段上。

第二種偏差則是片面地發展了「丟」，等於和第一種偏差背道而馳，這些人沉醉於所謂太極拳的「化勁」之中，你來我化，不惜丟扁，雖然似乎可以防止頂牛，但結果一直陷於被動，亦不能有較大的提高。

所以開始練習時，做不到不丟不頂，但卻一直要明確不丟不頂的方向，然後便要既丟且頂，亦丟亦頂，頂頂丟丟，丟丟頂頂，由粗入細，由淺入深，功夫到時，自然便能不丟不頂了。具體說來，初練推手時，鬥牛拉扯即是頂，閃開撲空都是丟，其中有意或無意的都有，甚至也許還是不得已而為之的。

總之，無意或不得已的，都算是功夫不夠，有意的，便要注意隨時調整，決不可以走極端。對於已經有了片面發展的情況，便要注意矯正，比如頂得厲害的，便要特別練練「丟」；丟得厲害的，便又要特別練「頂」，此即所謂矯枉必須過正。

太極拳練打，主要是推手和太極散打。這些都是規矩，「不依規矩，不能成方圓」，但亦不要被這個框子限死了。練太極拳的不但可以，而且需要向其他武術與氣功以及內功等門類學習，一方面作為滋養，一方面作為「預防針」。拳擊、摔跤、擒拿等等都不妨研究一下，只要隨時用太極勁貫穿起來，熔為一爐，而不要生吞活剝，如百寶箱。

蓋叫天在其藝術生活中有一條寶貴經驗是 ：「學起來一大片，用起來一條線」。按說所謂這「一大片」本無範圍，就是學拳也不限於各種手法，不過當然可以把學習手法作為重點。

再說，實際上如西洋拳擊或中國長拳的初步，都不外乎一閃一衝，亦就是一丟一頂，或就是不丟不頂的兩端，這和太極拳推手的初步情況，完全是一樣的。

只要是武術，它們的起點一定都相同，即大丟大頂。又只要不是走極端的武術，它們的進步路線一定亦相同，不同的主要的不在於它們的手法，而是在於它們的粗細程度，即它們偏離不丟不頂的理想標準的大小程度。而且太極拳又包含著動靜合一而成的，即所謂內功或氣功等因素與武術熔為一爐。所以，只要你善於學習，天下武術本是一家，在你前進的各個階段上，都能找到情投意合的同路人。

附：

# 《病廢閉門記》節錄

胡樸安

我在病廢以前，每日清晨六時，必練太極拳一遍，已有十七八年之久，甚少有間斷之日。三月十九日，由潘耕生介紹，認識樂奐之（幼智），奐之河南固始人，任震旦大學國文教授，其太極拳極精，能手不黏身，即將對方打出，我往時看見楊澄甫推手，打得極其乾淨，然尚見其用勁之跡，楊少候手法極好，終不如樂奐之之行所無事。嗣後時時與奐之聚晤於尤彭熙醫生家，彭熙太極拳的程度已好，但稍不及奐之。

奐之能用空勁，相隔一丈，對方即立腳不穩，我欲與奐之一試空勁，奐之不許，云：「君所練架子未準，用空勁推手，頗覺危險。」即拈手與推，不知不覺中跌出，連推四次，皆是一樣。

我往時曾與楊澄甫、孫祿堂、吳鑒泉推過手，雖一拈手即被打出，但是於有知覺之中，無法與之抵抗，不如奐之之如行雲流水，若然無所事也。

我即請問練之之道，奐之言：「君所練架子不甚準，所以雖練有十餘年，而勁終不能脫離自己本身。」並為我矯正單鞭式，且允隔三日為我繼續矯正，可惜不多日，我即犯腦溢血之症而病廢矣。

奐之為我矯正姿勢，授我開始一手云：「全身鬆開，腰幹中正，眼平視，肩下沉，肘下墜，手心相對，徐徐上舉，注意拇指下一寸之處一點，如有一線牽之，而上舉過肩，以全臂之轉動，手心向下，徐徐下降。注意手掌與臂相連之處一點，如有一線引之而降，至臂與身體成一直線，又徐徐上舉如前，五指不可上翹，亦不可下垂。如是練法，始是太極的意思，久之其勁漸漸能脫離自己的本身，此意練拳人不易領會，君當能之，而不覺言之已盡云。」言次出其手，在電燈下，撐開五指，如煙霧之氣，蓬蓬勃勃，如煙霧之氣者，即所謂空勁也。

（摘自《大眾雜誌》一九四三至一九四四年合訂本，資料來源為復旦大學圖書館。）

# 第二章 太極拳精要

# 第 1 篇

## 太極內篇

甲辰年四月

太極分陰陽，陰陽分五行，五行列八卦，八卦而六十四卦，化生之大體備矣。

人之性為太極，神氣為陰陽，五行八卦為骨肉耳目之屬。總之，愈生而愈粗，愈列而愈細。性之動為心，存其心為意，意以運神，神以運氣，氣以運動骨肉，形之全身則為拳架焉。拳之靜止為太極，動而分陰陽，開合、呼吸、蓄發、捲舒皆陰陽也。進退、左右、中定為五行，掤、捋、擠、按、採、挒、肘、靠為八卦。五行之運形於八卦，而八卦之中亦有五行，故掤、捋、擠、按、中定，亦為火、金、木、水、土。

拳中掤勁中虛，其勢炎上；按勁中滿，其勢就下；擠勁發於腳，如春樹之初長；捋勁順於上，如熔金之流珠；中定定於中，其如黏土成壘，可搖而不可移也。

人之性稟之於天，實無不全，而神氣則稟之於陰陽五行，而有偏正強弱之分矣。練拳之旨，在於弱者使強，偏者使正而已。物之不正者，補之可使正，削之亦可使正，練拳之道，補之為主焉。練拳若求大其用，則須不斷強其體，若求長其生，則不在其強弱，而在常能嗇其用也。弱者常嗇，而強者易亢，是以強者反難保其體也。夫能平其氣而強之者，則其強不亢，始能大其用而亦長其生矣。

人之氣稟，一者決於生辰八字，二者決於落地之鄉，三者決於父母親友，而生辰八字，獨能大略人之貴賤窮通者，以其全能包括其他之因素也。生而氣平者有之，不平者為多，所以不平者，其氣質偏於五行之一隅也。

氣若有偏，勁則亦然，屬火者搖晃而上騰，屬土者遲重而下沉，屬木者喜挺而多節，屬金者堅強而多稜，屬水者蕩蕩流流，善能多方而適應也。人之所稟者愈偏，則角度愈大，而其受五行之生剋亦愈急。所謂一動則有吉凶悔吝者是也。設偏於金，則遇土為吉，遭火而凶，逢水乃吝，見木而悔。此等人練拳雖招式不同，勁只一捋而已，用功多年，唯練其角度耳。其與人推手，只以捋為得勁，對於只能擠者可占上風，若遇善掤者，定為所制矣。練拳一端耳，其他方面亦莫不然也。

人能全其氣，即能平其氣，而能跳出五行之外矣。人身一小天地也。設能取法於天地之生成，即能返其本，歸其原，而能全其元氣矣。天一生水，地二生火，故男者先練水，女者先練火，練水即練下丹田，於骨肉即練腰也。

練水者，亦即練精化氣，氣足則化神，神足而能變化氣，氣能變化，即能完全，然抑或因神之偏執，而致頑固其氣也。故唯神足而能虛之者，方能通靈變化，確能完其氣矣。

神氣之足，非唯填塞之足，亦如感通之足也。練拳渾身有感覺，運動能輕靈，於是可謂神氣充足，氣通於四肢裡表，然後方能通於別人，故曰達己而達人者乃謂懂勁。神足者，非唯能變化己之氣，進亦且能變化人之氣。神全者，非唯能變化己之神，進亦且能變化人之神。而神氣者，骨肉之主也，能節制人之神氣，即能節制其身矣。如此乃謂化勁，其如仁政之化人，而非強力之謂也。

神氣者，水火也。得陰陽之輕清，為生命之所貴，練內功者，鼎爐在此，藥物在此，火候亦在此也。練拳不知水火，非內家拳也。水火者，坎離也，乾坤之用，六十四卦之生命也。坎離升降則呼吸開合，其猶櫜籥之噓吸也。吸則神（上丹田）合氣（下丹田）開，呼則神開氣合。心與神合，氣與意並者也。呼吸開合，練拳之中心也。

吸為開，其時手足支撐八面為剛，腰轉而蓄為柔，其象如離卦☲，呼為合，其時手足發勁為柔，腰挺為剛，其象如坎卦☵，然而此乃內含之剛柔，猶坎離之內含於六十四卦也。形之於拳，則有變化，故於掤則為離☲，於捋則為兌☱，於擠則為震☳，於按則為坎☵，於採則為艮☶，於挒則為巽☴，於肘則為乾☰，於靠則為坤也☷。

夫整套之拳架，盡人身剛柔表裡之變化，而能盡骨肉之變化者，即能盡神氣之變化，而能盡神氣之變化，即能全其神氣矣。若夫神定氣足，則心氣和平，氣和則能通萬物之情，心平則能達萬事之理，故練拳之道，非唯強身體，精武藝而已，且亦能盡心致性，開最高之智慧也。

上節所謂開合，皆以中氣言，若以手足之氣言，則為相反，即蓄為合而發為開，如是其卦象亦相反。手足之氣者，即對外之發勁，故對外之勁與丹田之氣，實乃相反相成相鍛相制者也。

總而言之，蓄時吸，吸則心神合而意氣開，於是手足之勁收，收時其勁自腕借掌（手與腳同）之力而收回，由腕而至腰，發時呼，呼則心神開而意氣合，於是手足之勁放，放時其勁自腰借腰之力而放出，由腰而至手，勁收而氣開故不匾，借勁而蓄故不丟，接勁而回收故不抗，借腰（不借地）發勁故不頂。可知不丟不頂者，絕非機巧之事，而乃水到渠成之事也。

昔人云：動之則分，陰陽相濟，即此之謂歟。對敵之理，基於推手，推手之變化，本人以相生為原則，掤火生中定土，中定土生捋金，捋金生按水，按水生擠木，擠木生掤火，於敵則以相剋為原則，即掤火剋捋金，中定土剋按水，捋金剋擠木，按水剋掤火，擠木剋中定土，對方當亦按相生而變化，其能相錯一式而式式相剋者，五行有「子報母仇」之理也。中土籠絡四方，故掤捋擠按亦皆含中定之勁。觀於下圖，當可更明。

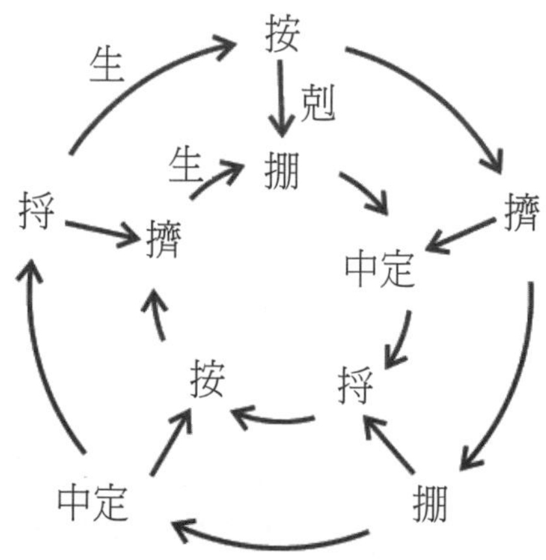

推手初分五行，推到細時，便分八卦，非能強分之者，其以五行相生，自然便能列出八卦也。以上所指推手，乃是定步推手。人皆知活步推手中有採挒肘靠，而不知採挒肘靠之勁，實已含於定步推手之中也。觀於下圖可知：

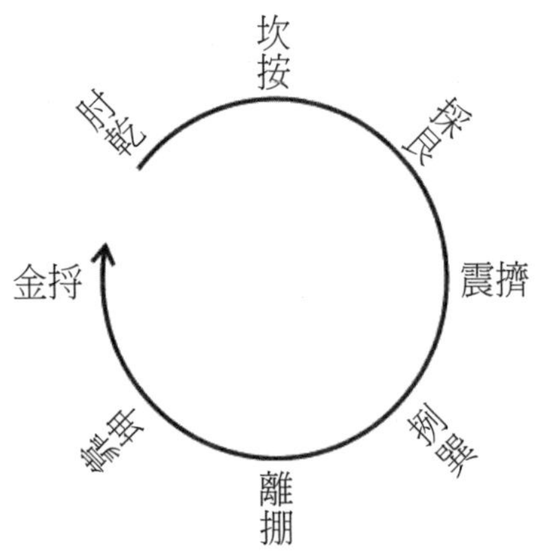


金以乾剛生水，水依山而生木，木以風生火，火生土，土以至陰而生金，此陰陽五行相生之理也。或問金如何生水，此即堅冷之質可以凝結水汽之謂也。故謂掤捋擠按為四正，採挒肘靠為四隅。

四隅者，即在四正之間，非另有四隅可得也。得四正，即得四隅，微四隅，無以成四正也。

練拳貴能變化，能變化即能生生不已，而應變無方矣。氣質偏狹者，常拘一隅，不思變化，乃自為人制耳。常人或能一變再變，三變者少矣。

練拳者能上下三段分剛柔，即可定五行八卦。上下六段分剛柔，即可定六十四卦。上下無數段分剛柔，即可應變無窮矣。專氣致柔者，為能盡其變，故日極柔軟而後極堅剛也。可知太極拳招式雖多，不外八卦之變，勁別雖繁，不出五行之外。是以練拳至無形無跡，方能通其變，跳出五行之外，方能神其化也。

所謂整勁者，神氣用勁相反相成之謂，而非借地來回，一順用勁之謂也。一順勁者去之則丟，來之則頂，挨打之勁也。然則以敵手言，整勁固難打，散勁亦不易打，唯一順勁為好打也。骨肉不順者，不能發之如箭，氣不順者不易擒縱其氣，神不順者難以變化其神焉。故欲制敵者，必有以致敵於一順勁之道。

敵勁整者，則須小其圈子，高其調門，陷敵於丟頂之地，然後乃可制之矣。若乃調門低，不足連其頂，節奏難明無以隨其丟，尤須旁引橫挫，重加協調牽動搓撅，務使合範，然後發之跌之皆可矣。至若勁散者，較難入調，然終不出丟頂之途，如上制之亦可也。

然而緩隨易得，急應難求，其故無非節奏不明，從人不協耳。人之一拳一腳有如一詞一曲，必有其開合之規，迴旋之律，且功夫愈深，則規律尤殊，觀夫歌者舞者可明矣。人一動，視其肩，隨其起落，合乎其節，若唱者之和人，舞者之律己，於是乃可擊其退截其進，萬無一失矣。

神氣之於拳亦至要矣，然則一時以練之，十時以壞之，而欲使其充實和平不亦難乎哉。故於練拳之外，必有以養神服氣之道，其道無他，讀書以明理，淡泊以守己而已。孔子曰：明理則不懼，克己則不憂。從容於不憂不懼之地，則何患乎神氣之不修也。

。

氣者骨肉之主，神者氣之主，神氣者，水火也。水火相和則相濟，不和則相剋，故須有土者居間以調停之。土者意也，火之所生，水之以剋，火勝水時，意以消之，水勝火時，意以剋之，如此方能心平氣和，相攜而進也。

意者，意境，境界之謂也。陶冶於文藝之中，涵養於心胸之內，及其雍雍而退，則若杜甫之沉鬱，揚揚而進，亦如李白之開朗，開合法詩詞之平仄，轉運合歌賦之迴旋，飄然王逸少，端凝九成宮，唯其高明合道，所以觸類旁通，法古人以法自然，極精微而極高深也。

然則人有重於機巧者，有耽於物欲者，有泥於一境者，類皆神意氣之有所偏勝也。三者不和，心身失調。神愈旺而心機愈重，氣愈足而物欲愈多，意愈盛而性情愈執，直若吞刀止痛，滅火加薪，必致耗神傷氣，望一失二，載起載蹶，無以能成。由是觀之，豈不深惜耳。

至若修煉之道，雖乃平直，而途中境界甚為曲折，凡吾同好不可不知也。神氣之於人，時時皆在散逸，而散逸之途，上下三出，人之有生，耗神散氣而已矣。故欲養其神氣，求其完足而虛靈者，必先閉塞其兌，鞏固根株，此乃由通而閉以求完足也。神氣既足，脈解心開，此乃閉而復通，歸於勝初也。

此理於拳也然，先練規矩，以破散亂，並欲著熟，以求相連，既得相連，務求勁斷，勁斷乃能離身，離身乃能發人也。由斷而連，連而復斷，由斷至斷，二斷不同，故老子有復歸自然之說，西方有否定之否定之理，不約而同，豈虛誕哉。

# 第 2 篇

## 太極外篇

練太極拳者，務識體用之義。體在練拳，而用在練打也。練拳主在太極陰陽，練打主在五行八卦。太極者，浩然一氣也，陰陽者，神氣、開合、虛實也。陰陽一判，自然化出五行八卦。五行者，前、後、左、右、中之身法也，八卦者，掤、捋、擠、按、採、挒、肘、靠之手法也。身法固不止五，而五為大體已備，手法之八亦然。

八卦為陰陽之變，而以陰陽為其體，八手為開合之變，亦以開合為其體，其體一也，而各有其變，故有口訣曰：「掤要撐、捋要輕、擠要橫、按要攻、採要實、挒要驚、肘要衝、靠要崩」。

八卦加中定為九宮，每宮之變盡於九，九九八十一，故拳有八十一式。以拳為體，則用之變已在其中矣。以打為用，而拳之體亦不離其間也。體用原為一致，渾然何以能分，其唯悟有先後，學有淺深，故練拳主在練體，而欲貫穿一氣，練打主在練用而欲生剋變化也。

換言之，練拳務求貫串，故不宜意隨式變，而練打務求變化，故不可滯於意氣也。

茲將拳架按手法身法分類如下，手法之分類，係按各式主要之勁，不論其轉變何如也。再者，列於擠類者，未必純是擠勁，而為擠之變格也。

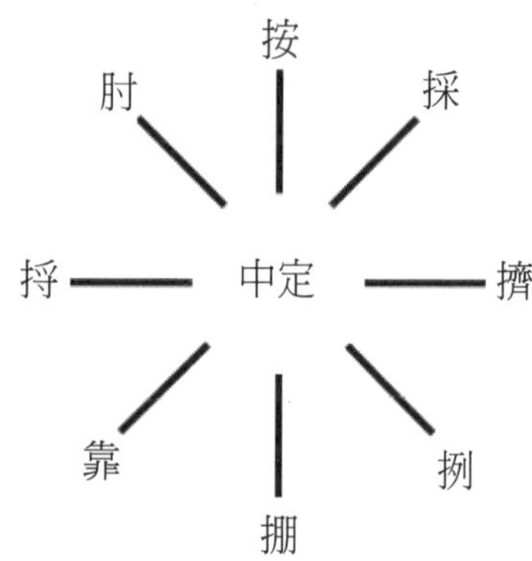


| 按 | 採 | 擠 | 挒 | 掤 |
|---|---|---|---|---|
| 按式<br>（倒攆猴）<br>（抱虎歸山）<br>（撇身錘）<br>左右摟膝拗步 | 倒攆猴<br>（海底針）<br>單鞭下勢 | 擠式<br>（撇身錘）<br>（分腳）<br>單鞭 | 白鶴亮翅<br>左右摟膝拗步<br>抱虎歸山<br>雲手<br>（高探馬）<br>玉女穿梭<br>（金雞獨立） | 掤式<br>扇通背<br>攬雀尾 |
| **靠** | **捋** | **肘** | **中定** | |
| 斜飛<br>野馬分鬃 | 捋式<br>（左右分腳捋式） | 轉身蹬腳<br>左蹬腳<br>右蹬腳<br>回身蹬腳<br>白蛇吐信<br>金雞獨立<br>穿掌<br>進步搬攔錘<br>進步栽錘<br>進步指襠錘 | 單鞭<br>提手上式<br>手揮琵琶<br>如封似閉<br>十字手<br>肘底看錘<br>（上步七星）<br>退步跨虎<br>高探馬<br>玉女穿梭 | |

| | | | | |
|---|---|---|---|---|
| | | 擻身錘 | | |
| | | 海底針 | | |
| | | 左右打虎 | | |
| | | 雙風貫耳 | | |
| | | 十字腿 | | |
| | | 彎弓射虎 | | |
| | | 轉身擺蓮 | | |
| | | 單鞭下勢 | | |
| | | 上步七星 | | |
| | | 左右分腳 | | |

| 前 | 左 | | 中 |
|---|---|---|---|
| | 前 | 後 | |
| 摟膝拗步 | 雲手 | 撤步右蹬腳 | 提手上勢 |
| 進步搬攔捶 | 攬雀尾 | 玉女穿梭 | 手揮琵琶 |
| 進步栽捶 | 左分腳 | 十字腿 | 單鞭 |
| 進步指襠捶 | 野馬分鬃 | | 十字手 |
| 扇通背 | 玉女穿梭 | | 肘底看錘 |
| 上步攬雀尾 | 左打虎 | | 如封似閉 |
| 轉身蹬腳 | | | （上步七星） |
| 上步右蹬腳 | | | 右金雞獨立 |
| 雙風貫耳 | | | 退步跨虎 |
| 穿掌 | | | |
| 上步七星 | | | |
| 左金雞獨立 | | | |

| 右 | | 後 |
|---|---|---|
| 前 | 後 | |
| 雲手 | 斜飛 | 倒攆猴 |
| 彎弓射虎 | 抱虎歸山 | 海底針 |
| 白鶴亮翅 | 玉女穿梭 | 高探馬 |
| 擻身錘 | 右打虎 | 回身蹬腳 |
| 右分腳 | | 單鞭下勢 |
| | | 轉身擺蓮 |

| 野馬分鬃<br>玉女穿梭<br>白蛇吐信<br>左蹬腳 | | |
|---|---|---|

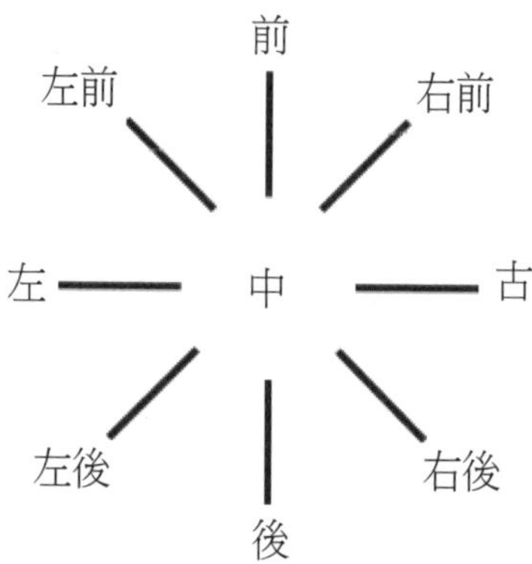


五行八卦，所謂十三勢也，其變化皆基於陰陽，所謂意氣開合也。能十三勢者，為能盡己之變化，於打猶未能也。太極拳對敵之特點，在於小力打大力，慢手打快手，其故無他，為能敵我之間分順背也。所以能分順背者，本身能分虛實也。所以能分虛實者，神意氣勁之間，為能呼吸開合，相反相成者也。氣勁能相反相成，則能一隻腳支持全身，則能閃進而無損於黏連，於是順背立見而勝負立分矣。順背者，亦一陰陽也，故知敵我變化，亦不寓乎陰陽之道也。然則知此便能打乎，恐猶未能也。此僅理耳，於事未嫻，終如胡越。然則依理而熟打之可乎，曰：可則可矣，尚須有法。

常見心中有理，身上有功，打之久而未能懂勁者，無法而已焉。前輩曰「著熟而漸悟懂勁」者，決要盡於斯矣。若能謹事斯語，依法而熟打之，何患勁之不懂乎。練打亦如練字，其要在於用筆，而起手在於結字，用筆擬於懂勁，結字擬於手法也。故謂旁涉書畫，未嘗無益，可於羲獻之門，印證書術之功，其非過言歟。

手法者，拳法之帖也。臨之久熟，自然生巧。凡推手、大捋、散手，以至其他手法，無非帖也。皆須認真臨之，不可亂打，捨臨帖而求用筆，則若緣木而求魚也。或問練拳亦臨帖也，何不同？曰：練拳若執筆書空，著紙尚未知也，故須對打，以明感覺，以神反應焉。

太極散手凡八十八式，甲乙各四十四式，其用法口訣如下：

太極拳法妙無窮，掤捋擠按雀尾生。
斜走單鞭胸膛占，回身提手把著封。
海底撈月亮翅變，挑打軟肋不留情。
摟膝拗步斜中找，手揮琵琶穿化精。
貼身靠近橫肘上，護中反打又稱雄。
進步搬攔肋下使，如封似閉護正中。
十字手法變不盡，抱虎歸山採挒成。
肘底看錘護中手，退行三把倒轉肱。
墜身退走扳挽勁，斜飛著法用不空。
海底針要躬身就，扇通臂上托架功。
撇身錘打閃化式，橫身前進著法成。
腕中反有閉拿法，雲手三進臂上攻。
高探馬上攔手刺，左右分腳手要封。

轉身蹬腳腹上占，進步栽錘迎面衝。
反身白蛇吐信變，採住敵手取雙瞳。
右蹬腳上軟肋踹，左右披身伏虎精。
上打正胸肋下用，雙風貫耳著法靈。
左蹬腳踢右蹬式，回身蹬腳膝骨迎。
野馬分鬃攻腋下，玉女穿梭四角封。
搖化單臂托手上，左右用法一般同。
單鞭下式順鋒入，金雞獨立占上風。
提膝上打致命處，下傷兩足難留情。
十字腳法軟骨斷，指襠錘下靠為鋒。
上步七星架手式，退步跨虎閃正中。
轉身擺蓮護腿進，彎弓射虎挑打胸。
如封似閉顧盼定，太極合手式完成。
全體大用意為主，體鬆氣固神要凝。

推手易學而難精，以其圈子小也。散手難學而易會，以其圈子大也。故學從推手始，會由散手先。推手散手皆由拳架中來，然又不同於拳架者，以其緊湊靈活，注重生克變化，而不求自成文章者也。

推手散手固為必臨之貼，然猶過高過細，若無階梯，恐如緣壁捉風耳。階梯者何，凡摔角、擒拿、長拳皆可也。長拳以散手代之亦可，而摔角、擒拿則為基礎必修之課。若無措於抱扭之間，則何當於黏連之分，粗之不通，細何由會，況乎精微之理，必博大而可得，黏連之道，捨丟頂而無由，兩端之未執，中道不可求也。

凡學摔角、擒拿者，學其手法，勿學其勁，其勁粗硬，令人雙重而筋短，徑用自勁足矣，諸如手揮琵琶、撇身錘，高探馬、肘底看錘、捋式皆擒拿勁也。而所有拳架皆可作摔角勁用也。應知擒拿為封閉之門徑，摔角為黏連之階梯，兩手用力若拿不住人，一手輕輕絕無奈人何。

再如初能開合黏連之際，借勁分量必重，貼住部分必多，如是則十三勢皆為摔角勁焉。是以手法不厭其多，用勁務求其精，所學不厭其雜，門路必求其純，於是乃能用人之長，補己之短，掇珠拾玉，一以貫之矣。常見彷佛右軍者，究竟薄弱，埋頭苦幹者，亦若塗鴉，此其皆學無所本，盲修瞎練者歟。

自粗力以至懂勁，必有法以為階梯，以力練法，以法找勁也。至其應用，則常須以力補法之不足，又以法補勁之不圓。譬若盡心致性，儒有六藝，明心見性，釋有六波羅蜜也。然則，法者，筏也，由之而不可輕之，修之而不可執之也。

臨敵之時，心欲定，意欲活，身欲靈，氣欲斂，以攻為主，閃即是進，得勢即攻，失勢即走，攻走之間中定為守，人皆知習攻，不知習守，或習守矣，未能習走，或習走矣，又不知走即攻而攻即走也。

以攻為事者，乃是「捨己從人」，人不動己不動，人一動己先動，所謂先動者，後動而動在其先也，其要在於化勁，化勁者，借勁而開之勁也。「擎起彼身借彼力」，練拳時能借雙手之勁而開，動手時便能借人之勁而開，初會時借勁重，或至數十斤，練得熟時「四兩撥千斤」，及其愈練愈細，則能「一羽不能加，蠅蟲不能落」矣，尤須注意身如圓球，滾來滾去，忽歛忽放，不著一跡，接勁必在圓面，化勁先於胸腹，亦即兩手兩腳交叉支撐，中心在腰，其餘無物。

接勁如接球，勿避而須迎，內則已化，外觀若頂。已化則人亦化，閃開即是前進，既有虛實，乃分順背，令人即不能逃，又不能抗，進於此境，斯為得手矣。雖謂開即是蓄，常須開之又開，故謂「收到身前勁始蓄」也。於是呼吸之間，一歛一放，歛欲緊湊放須鬆脆，腰不充實，則手無分量，腿不配合，則勁不深長，所謂「鬆開我勁勿使屈」，「放時腰腿認端的」也。

以上為李家拳用法，專能寓柔於剛，楊家則不同，專能以柔制剛。故其用法口訣可擬作「牽動彼身借彼力」，其中有接勁，乃橫勁打直勁，必要時尚可轉換，「彼勁空時腰先疊」，其中主要為折疊換腰，換腰時歛神提勁，李家即所謂「勁始蓄」也。

「運起全身攻其虛」，其中有身法，「留得一分則謹密」，其中可轉換，以求身形不亂也。

故連化帶打，凡有四勁，一化、二蓄、三整、四發，所謂化勁整勁，非別有勁，而即蓄發間之折疊小圈耳，指出此小圈，為在練時注意，練到熟時，自可不必在意矣。

楊家傳下「全力法」口訣曰：

前足奪後足，後足站前蹤，前後成直線，
五行主力攻，打人如親嘴，手到身要擁，
左右一面站，單臂克雙功。

# 第 3 篇

## 太極懂勁（圓勁）

乙巳年秋述

道不遠人，人之為道而遠人。太極拳亦然，或見懂勁者舉重若輕，出手神妙，遂謂太極勁奧秘艱深，絕無蹤跡。好之者探討一世，人稱畫鬼，實幹者流汗三車，奈無訣要。然則太極勁果空泛若此乎？曰非也。

嘗見穿弄堂磨剪刀者乎，弓腰垂肘，穩而有力，其即太極勁也。再如老屠割肉，好手作書，功夫到家，熟則生巧，其於一刀一筆之間，莫不合於太極勁之妙理，雖其茫不自覺，且亦不能擴而充之，而於日用之間，確能實受其惠焉。是故太極勁者無他，熟練規矩，則水到渠成，既非畫鬼，亦無秘訣，苟未得之，必於規矩求之也。

循規矩而練拳者，必先得其圓勁，久而又得方勁，然後內外相合，乃得太極之勁。所謂「進退須有轉換，往復須有折疊」「腰如轉軸，氣如車輪」，此即圓勁也；「有上必有下，有前必有後，有左必有右」「立若平準」「靜若山岳」，此即方勁也；方中寓圓，圓中寓方，方圓相成，動靜相因，此即綿綿不斷之抽絲勁也。然後提起精神，轉換意氣，一動無有不動，一到無有不到，開如游龍騰空，合如鷹隼斂翼，皆是活動，不許搬移。

練到此時，則必「主宰於腰，發之於腿，其根在腳，形之於手」，如此則愈練愈細，與日俱進矣。既謂太極勁隨處可見，規矩了然，然則若是之易乎？曰否。

其尚有三難：一曰拔筋，二曰養氣，三曰悟勁是也。人自少年練拳，舉手投足，已未必合於規矩，故須認清規矩，久久練之，流汗酸痛，至為艱苦；至若忽略規矩，徑求意境，搖頭晃腦，自謂舒服，則其懂勁之難，實如登天，古蜀道之難猶未介此也。拔筋之時，又須養氣，以太極用勁最重神氣，神氣不足，筋骨亦僵。

今人身心繁忙，神氣不免於散亂，況又標準難高，易盈易虛，顛播一世，依然故我，此其尤為可悲者也。神氣清爽始有悟性，大匠只能授人以規矩，巧則須人自悟，規矩不熟不能悟，神氣不足不能悟，規矩可練也，神氣可養也，然則始終不悟者，其必在意識之間矣！如何謂鬆，如何謂得勁，十人言之，十人不同，認識高低自屬功夫先後，而旁門左道則必謬以千里矣。

練拳之事，首在認識，認識對路，唯練而已。神氣腰腿，皆是功夫，功夫進步，認識亦長，然而所貴不在功夫，而在認識者，功夫小猶可練，認識錯則枉費矣。然則如何而使認識正確，則非練拳之所能為矣。

# 第 4 篇

## 太極本末

古人云，「學有終始，事有本末」，學太極拳，一大事也，豈能無其終始本末乎。

練太極拳，始於強身，繼於懂勁，終於明心，前已明之矣。至其本末，則論而未詳，今且試為道之。

前輩曰「時刻留心在腰際」，又云「主宰於腰」，又云「腰為纛」，又云「功夫皆在於腰」。腰也者，其為拳之本歟。

所謂腰，非即腰脊之腰，人皆有腰脊，何以皆無腰，然亦不離於腰脊之腰，人若無腰脊，則何以能有腰。故謂練得其腰，乃若淘沙而取金，沙中本有金，然不淘不練，終不得之也。

初練太極拳，只是學規矩，久久而練之，一旦即能有其腰。古人云，「是集義所生者」，豈不然乎。

腰初生時，只如三寸之嫩芽，夫唯有此一點靈苗，則他日之頂天立地，決可與期。古人云：「君子務本，本立而道生。」其本已立，其道一日千里焉。前之規矩，只是務末，而其務末，即為務本。本者立而不變，末則隨時而移，本既已立，此理猶然。太極拳之「十六關要」，即此時之末者也。

郝為尊云：「初練如人在水底，再練如人在水中，最後如足踏水面。」此其入門後，三易其境界也。

十六關要練熟，腰亦漸長，上及於頂，下及於踵，即此便是人在水底境界。

此時練拳唯須注意「其根在腳，主宰於腰，形於手指」，以及「往復須有折疊，進退須有轉換」，此數事雖為末，本亦在其中矣。

真腰未生以前或已生之後，皆須挺掌坐腕，以為用力之支點，及腰漸長，下伸及踵，便覺腿腳鬆開，腰與踵以勁相連，而有弱柳迎風，其根柱地之感。於是乃以足跟代替手掌而為支點，轉腰以作往復折疊，如此則腹內鬆淨、氣勢騰然，內勁自手臂以充於手指，靈勁而動，吞吐自如，以前外勁，則如僵殼而去矣。

及腰成長，更於折疊轉換之間，運用純熟，借勁使勁，借勢用勢，以至足跟之為支點，漸可不必依重，人之行於勁內，頗若游於水中，初猶載沉載浮，繼則騰然而不復履於地矣。此即人在水中之境界也。

勁能如水，已極流動，勁能如氣，虛靈可想，其所以能虛靈至此者，根本亦在腰也。先覺腰如彈棉花之弓，貼背而轉，雙手則繃懸於其上，鬆而且沉，不久又覺腰脊勁挺而靈動，如虎豹疾行，駿馬奔馳，背脊微微聳動，拎起全身，莫不輕靈而得勁。

此時腰脊復又接於踵，唯靈便多了，即此便是足踏水面之境地也。

故曰：本者腰也，末者規矩也。練規矩而得其腰，練腰亦不捨其規矩也。或云：本者勁也，末者手法也。練手法以找勁，得勁而用手法也。易此言之，亦無不可。體用之間，更無二途也。

如今之人，但言太極拳，無不極口而言鬆，唯恐絲毫有力焉。不知拳之能鬆，乃如水到而渠成，固非偶然而至者。譬若明珠朗潤，則能輝映於其外，水木清華，自然流韻而無窮。若乃知鬆而鬆，其若鍍金飾鐵，似鬆非鬆，終期老而無功。

老子曰：「人知善之為善，斯不善矣；人知美之為美，斯不美矣。」嗚呼，願吾輩好鬆之士，聞此而有悟焉。

# 第 5 篇

## 太極拳關要

甲辰年初述

「太極者，無極而生，陰陽之母」，「陰不離陽，陽不離陰，陰陽相濟，方為懂勁」。「陰陽」二字，太極拳之大要也。

萬物萬事，莫不含有陰陽，太極拳亦然。初學拳，手足生硬，有其生硬之陰陽；練錯拳，旁門左道，亦有其左道之陰陽。唯正確之太極拳，一身內便分陰陽，一式內亦分陰陽，表裡相成，開合相連也，以其相成相連，故無時而不得勁焉。

細言之，開為陽，合為陰，一開則一合，此運動之陰陽也。中氣為陽，勁氣為陰，一出則一入，此一身之陰陽也。運動無開合，勢將間斷，用勁無相成，身則散亂，故曰：「若要四兩撥千斤，必先捨己從人，若要捨己從人，必先得機得勢。」若要得機得勢，必先表裡相成，開合相連也。

然而開合易辨，表裡難明，是以惑剛惑柔，偏表偏裡，剛者練得其骨，柔者練得其皮，僅有數前輩，始能棉中裹鐵，剛柔相濟焉。

至於開合表裡者，亦其大略耳，如何才能練到此地，則尚須再明十六關要之說，試為解之：

一、「靈敏於頂」

精神提起，於腰轉動之際，先變於神，頭頂上乃有一具體而微之小圈，然此皆在內，不是搖頭晃腦，試看蛇身鶴頸，彷彿有此靈意。

二、「活潑於腰」

「時刻留心在腰際」，蓄則自腰鼓盪而出，行氣九曲，纏綿如絲，發則自腰振動而出，曲中求直，百煉如鋼，蓄則右轉，發則左轉，折疊轉換，S為圈也。腰又如何能轉，神意所使也，精誠所至，金石為開，而況腰乎。

三、「神通於背」

腰一轉動，有氣夾脊上行，由背至肩，由肩而至臂。方其至於肩也，隨腰作一橫S形鼓盪，如覺肩背下有氣騰然，微振若驚鳥之翼，左右貫通，兩臂弓連矣。

四、「勿使氣聚於頂」

以上三事，須記中心在腰，稍微上移，則氣聚於頂而病矣。

五、「往來於腿」

既得神通於背，即可知神亦通於胯，欲動腿，先動腰，腰一轉動，亦有氣下行，至於尾閭，分注兩腿，由是鼓盪之間，兩腿亦貫通而弓連矣。向左轉，則先轉右足，左腿自然左抬，如有彈簧作用於其間而然；向右轉，則先轉左足，右腿亦自然右抬。至於前進後退，無不如是。

六、「蹬之於足」

蓄時中氣自腰轉至足，外纏於小指，足乃吸著於地。

發則中氣自足轉至腰，內纏於大指，足乃踏平於地。然而無論蓄發，足跟皆以轉勁蹬入，否則無根。至若精氣不足，則足跟必浮。

**七、「運之於掌」**

氣運於掌，一如於足。

**八、「足之於指」**

手指亦如足趾，蓄則有氣微脹，自手揹運至小指，挺足；發則有氣微鬆，自手掌運至大指，微沉。未足於指，不可換式，而李家拳於掌指尤為注重。

所謂微脹，渾身及丹田皆微脹，氣貼於背，擎引也；所謂微沉，手足與丹田皆微沉，天柱微直，鬆放也，重勁也。（足之於指，甚難練得，往往指似乎挺足，而其他僵化矣；蓄發之正確與否，在本項中可驗證之，未能足之於指，則蓄發皆不到頭）

**九、「斂之於髓」**

腰一轉，有勁如鋼絲行於背脊、手足之中央，如纏絲勁之內芯然，此即斂之於髓也，（或稱練勁入骨），然非靈靜空虛不能得，稍涉浮躁沉滯，則殆矣。

**十、「達之於神」**

上述皆是求己功夫。迴光返照，練久常使人縮。其故在不明外達。一蓄一發，皆有在外之焦點，自其而蓄，向之而發也。董太老師曰 ：「務使我之重心，對方不可捉摸，而對方之重心，時時在我掌握之中。」即為此意（然練時尚須高遠）。然而，「達己而後達人」，神如何則能外達，有意者試思之。

**十一、「縱之於膝」**

引滿之弓，縱之在弦，待發之槍，縱之在機，蓄足之勢，縱之在膝也。常見縱之在腰者，身必散亂。而放鬆全身者，尤為不可矣。

**十二、「息之於鼻」**

後天呼吸以鼻，務求深長。

**十三、「呼吸往來於口」**

口內須放鬆，蓄發之間，有氣升降其中，即亦開合之中氣也。口若閉緊，則將湧溢於胸面之上矣。

**十四、「凝之於耳」**

腰頂不虧，則自覺兩耳尖上有勁上提。

**十五、「渾噩一身」**

一動百動，動而猶靜之整勁也。

**十六、「渾身發之於毛」**

關要練到，則發勁時自覺有勁自毛孔齊出，此所謂圓勁也。如此則意在何方，勁自何方而發出矣。

十六關要時時在念，自然便能表裡俱到，剛柔相輔。古人云：「腰脊為第一主宰，丹田為第一賓輔；喉頭為第二主宰，手掌為第二賓輔；地心（會陰）為第三主宰，腳掌為第三賓輔。」此即表裡兩個系統也，主宰系統為鋼絲勁，斂之在髓；賓輔系統為纏絲勁，行之在表；而此兩個系統之中即包括各關要處，而以為重點者也。練拳時「刻刻留心在腰際」。蓄勁時，纏絲勁自腰發出，故注意者為纏絲勁；發勁時，鋼絲勁自腰發出，故注意者為鋼絲勁。然而兩勁相輔相成，固無時或離者也。

練到丹田，即有纏絲勁，防守便有根底；練到腰，即有鋼絲勁，乃始有發勁。王宗岳云「行氣如九曲珠，無微不至，發勁如百煉鋼，無堅不摧」，即為此兩勁寫照，功夫未到，切勿譏為白髮千丈焉。

腰脊主命門，火也；小腹主丹田，水也。初之挺腰，火起水騰也，後之挺腰，水中火發也。火起水騰，猶是練精化氣，水中火發，即是練氣化神。神之本在髓，髓之海在腦，精氣足而後髓滿，頭角嶸而後神靈。古人云 ：「心為令，氣為旗，腰為纛。」神不足無以令氣，氣不足無以使腰也。是以「靈敏於頂」其為關要之首也歟。

然而氣足而後神壯者，固自然之理，而氣足未必神壯者，則必練之未合也，必神氣之有所散亂耳。或問 ：如之何則合矣，仍以十六關要反求諸己也，豈由他哉？是以關要雖多，務使連貫，博而約之，乃有四勁，擎引鬆放之間，而求靈斂靜整之意也。

十六關要練時，可連貫注意之。自發而蓄，其始則發勁初了，背尚微俯，故先須拎得腰直，乃自「靈敏於頂」始，「活潑於腰」「神通於背」。此時著意腰胯之間，而「勿使氣聚於頂」，自頂至腰，一線中轉，兩胯盪開，兩臂亦然。如欲移步，即以此開勁，帶動全身，轉實腿，抬虛腿，一轉動間，上下相隨，此即「往來於腿」也。

中線之轉即腰之轉，乃以下式為準，向左向右皆然。而且氣之轉則以勁之蓄發為準，此時氣則向右，以其為蓄也。拎起勁與圓轉勁之間，務須圓轉相續，拎空即轉到，否則不靈矣。「腰如轉軸，氣如車輪」，信然。

纏絲勁一轉，皆「蹬之於足」，其勁頭自腿繞至足，而「運之於掌」「足之於指」，蓄勁則往外轉，則運於掌背，足於小指，渾身脹足，意在收斂。其時應覺神凝氣騰，如浮踏水面，亦如臨空而立，脹足時，腰脊必已後貼於背，乃更向後振腰，如拉風箱掉頭意；同時，「縱之於膝」，意欲靜，氣欲沉，挺腰以鬆勁，如放風箏然。接著氣一轉換，運於掌心，足於大指，四梢五行皆要合全。此時應覺腿臂內臁鬆沉若繫箏之線。

其他如「息之於鼻」「呼吸往來於口」「凝之於耳」「斂之於髓」「達之於神」「渾噩一身」，皆是統一要求，在上已解，此則不贅。至於「渾身發之於毛」，是按應用講，練時仍須專注一方。

發而復蓄，其始則腰背脊微俯，故起則如提起釣竿。待中線拎直，則如驚龍回首，中線（腰）直轉至下一式之中線位置，向左向右皆然，唯氣之自轉皆向右，以其皆為蓄也。拎起勁與轉動勁之間須圓轉相續，起而即轉，否則將轉不動，轉過擺好，應即是蓄勢，乃開足著落在腳跟。同時每須有圓意，乃可折疊以鬆，然後四梢五行合全，專注一方，天柱微直，腿臂內臁皆有重墜意。

中線之轉，腰之轉也。是為轉軸。隨人之所向而轉，乃是直來直去。氣之轉如車輪，隨勁之蓄發而轉。故曰「腰如轉軸，氣如車輪」，切勿倒置。

所謂擎引鬆放：

擎起彼身借彼力（靈），引到身前勁始蓄（斂）。

鬆開吾勁勿使屈（靜），放時腰腿認端的（整）。

其中靈斂靜整之意，亦有一訣：

靈如驚龍掉首，斂如猛虎負隅，

靜如重擔卸肩，整如童子拜佛。

而且：

擎鬆是巧勁，引放有氣功，

巧勁與氣功，陰陽不分宗。

照著擎引鬆放練去，久之拙力漸去，靈意日生，渾身鬆淨，只覺當中一線，自頭頂以至腳跟，先通至地心（會陰），中正光明，有而透空，由是心意腰三者相合，無分其為令為旗為纛矣。老子曰 ：「三十六輻共一轂，當其無，有車之用。」常見功夫極大而不能用者，其唯不能中虛乎。此根中線肯定有，因其能主宰也，此根中線亦肯定無，因其無掛礙也。只要自己拎直，別人無由制住，一動皆動，隨意而變，此即練神返虛也。練得功夫到家，行止坐臥，不在意而自然拎住，便能應機而動，不慮而中矣。昔許宣平先生有詩云：

無形無象，全體透空。

應物自然，西山懸磬。

虎吼猿鳴，水清河靜。

翻江播海，盡性立命。

# 第 6 篇

## 太極旁通

乙巳年冬述

練太極拳皆知欲轉圈，轉圈則連綿不斷。然則是圓規所畫之圓圈乎？

練太極拳又知欲方正，方正則支撐八面。然則是四角見方之方正乎？曰非也。

所謂方圓，非純依規矩之方圓也。以唐詩中之七絕最能說明之:七絕四句，各為起承轉合。流水讀來，正若拳中之一式。其他詩格，非無起承轉合，終不如七絕之長短氣勢，正相契合如此也。

至於書法畫藝，其理亦然。起承轉合即是一圈，起承轉為蓄，合為發。一蓄一發相反相成即是一方勁。（舉例如：楊花落盡子規啼，聞道龍標過五溪。我寄愁心與明月，隨風直到夜郎西。）

四句中每句又皆成一圈，而一詩之中，四句之圈必相似，上句如為平平仄仄仄平平，下句則為仄仄平平仄仄平，上下句之間跌宕之勢必相拗，此又即方勁也，又一句中之跌宕波折，又即圈也，而平仄相對又即方勁也。故一處有一處圓圈，一處有一處虛實，而所謂圓圈者，其能流動，而所謂方勁者，其能平衡也。

又所謂動若江河者，必以蓄發相生，而靜如山岳者，必以跌宕相成。故又謂動中有靜，靜中有動也。以拳論詩，乃知詩有拳理，以詩學拳，亦未嘗無助於懂勁。

練拳最難是發勁，所以發不出，是不得勢。其勢如之何，起承轉合也。有發勁矣，又苦發不遠，所以發不遠，是無轉換，轉換則如何，平平仄仄仄平平也。

又方正之人，練拳常苦滯塞，當常念詩中大圈小圈，必有幫助；而靈活之人，常苦不穩，當常念詩中正反平仄之意，非無助益也。或謂嘗練擎引鬆放之勁矣，其與起承轉合則如何？擎引鬆放亦起承轉合也，唯擎引鬆放從對打中來，其標準有異，故分段不同。如以轉換折疊小圈為準，則可別之為下：

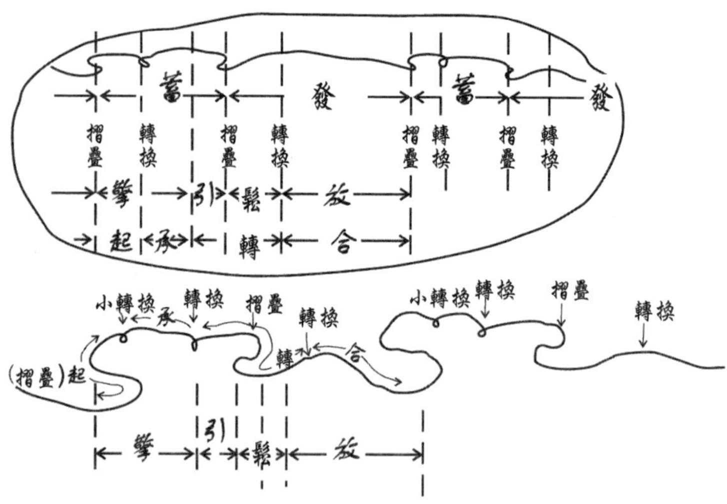


若以詩學拳，必先懂詩。如若懂詩，必先讀詩。七絕中以李白為跌宕悠遠，最能得拳之氣勢。凡偏愛一人詩，

性格之相近也，讀之則利於鑽研，即得門路，又當讀性格相反之詩，如此則利於糾正其所偏。

如輕靈者可讀沉厚之詩，厚重者可讀輕快之詩等。平時讀得極熟，於轉圈方正之意領會無礙，則練拳自能逐漸上路；若練拳仍有隔閡，亦不妨意存詩句，隨勢練去，久之亦能合轍也。

讀詩練拳，誠為捷徑。然則熟讀唐詩皆可懂勁矣。事實亦不盡然。所謂如能懂詩，必能懂拳，然若讀詩既久，終不能懂詩中之勁，則於拳中之勁，亦無所補矣。

然則詩為捷徑，亦不過法門之一耳。天下萬事，理路相通，各人事事，必有所工，一事之深入，亦一理之深入，觸處生情，其留意焉。

## 樂亶先生所選唐詩

少小離家老大回，鄉音無改鬢毛衰。
兒童相見不相識，笑問客從何處來。

朝辭白帝彩雲間，千里江陵一日還。
兩岸猿聲啼不住，輕舟已過萬重山。

寒雨連江夜入吳，平明送客楚山孤。
洛陽親友如相問，一片冰心在玉壺。

渭城朝雨浥輕塵，客舍青青柳色新。
勸君更盡一杯酒，西出陽關無故人。

月落烏啼霜滿天，江楓漁火對愁眠。

姑蘇城外寒山寺，夜半鐘聲到客船。

淸明時節雨紛紛，路上行人欲斷魂。
借問酒家何處有？牧童遙指杏花村。

故人西辭黃鶴樓，煙花三月下揚州。
孤帆遠影碧空盡，唯見長江天際流。

朱雀橋邊野草花，烏衣巷口夕陽斜。
舊時王謝堂前燕，飛入尋常百姓家。

獨在異鄉為異客，每逢佳節倍思親。
遙知兄弟登高處，遍插茱萸少一人。

一為遷客去長沙，西望長安不見家。
黃鶴樓中吹玉笛，江城五月落梅花。

初聞征雁已無蟬，百尺樓高水接天。
青女素娥俱耐冷，月中霜裡鬥嬋娟。

千里鶯啼綠映紅，水村山郭酒旗風。
南朝四百八十寺，多少樓臺煙雨中。

雲想衣裳花想容，春風拂檻露華濃。
若非群玉山頭見，會向瑤台月下逢。

煙籠寒水月籠沙，夜泊秦淮近酒家。
商女不知亡國恨，隔江猶唱後庭花。

# 第 7 篇

## 太極準繩

【甲】練太極拳，貴在入門，不在功夫大小。所謂入門，即能自掌準繩，不再練錯之謂。

準繩者，有理論，有實驗，他人經驗，其他參考等。

前人理論，大多經驗總結。然頭緒紛紜，見仁見智，說法不一，似牛似馬。要能去其蔓雜，得其核心，約有以下幾點：

**一、盪開**——常人喜說鬆，不若盪開較切。不但左右前後盪開，即上下亦盪開。北方某地稱太極拳為綳拳，很對，唯須練出方圓勁，方能盪開，唯有盪開，方能統一。

**二、動之則分**——無論「引」「放」皆自中心一分為二，其路線以摟膝拗步為典型，故此式重複為多，此為用勁之陰陽。練「擎」時，把「放」勢格外一盪，趁勢把勁拉回，同時動步轉身，即能支撐八面，此則走動之陰陽。練折疊時氣貼於背，胸腹間廓然一清，空然後能靈。

**三、折疊轉換**——蓄發陰陽皆正反兩面，稱為方勁，然無圓勁不能成立。折疊轉換即為圓勁關鍵。方者靜，圓者動，故謂動中有靜，靜中有動。

**四、用意不用力**——以意運氣，以氣運身，先練骨肉，再練氣，再練意。練意得勁，再以意練氣，以氣練身。由外而內，又由內而外。所謂用意，非無力之謂，內外整勁，乃真有力。至於練意練氣，其路線與練骨肉者皆同。

【乙】個人實踐最為重要。用之有效而不合理，將局限進步，似乎合理而不實用，則未必合理。一般問題，乃有以下幾點：

**一、只練拳不練打**——若求會打，必須練打。功夫基礎，皆備於拳，然膽略經驗，非打不得。若謂成功，自然會打，試想陸上能練會游水否？或謂一打就粗，全非太極味道，試想不會拈針，竟會繡花否？又有只練推手，不練其他者，則對方亂打，亦以推手敵之歟？

**二、稍會打則不復用功**——有人天賦較為力大身輕，有記把「拿手」，用之屢效，即不肯多練規矩，則亦不再進步。

**三、追求速效，忽視基礎**——找捷徑，抄小路，專練「拿手」，做小手法，不知「特長」與「特短」一事兩面，極有關係。當以基本功為主，練其所短，用其所長。捷徑小路，絕走不得。

**四、追求境界**——前人境界，可供參考，非供練習與玩賞者，否則必以虛幻自誤。

【丙】練打基礎則有以下幾點：

**一、引勁落空**——此乃太極用法入門。練拳中「擎」勁，即其基礎。人勁來，即以盪勁貼之，隨即橫向轉開。初練時，用勁以能掤住對方為度，不可自作輕靈。熟極生巧，自能愈練愈輕。

**二、發勁**——此乃太極攻法入門。練拳中「放」勁，即其基礎。所謂合勁，不是合二為一，仍是一分為二，皆如摟膝拗步「放」勁意，此亦謂「臨空勁」。一般習慣，撳住再推，即「不臨空」。對方設已落空，一撳之下，又成相頂。

**三、節奏**——引勁落空合即出，用之應有節奏感。此須於折疊轉換、擎引鬆放間求之。

**【丁】**他人經驗，乃指他人練拳境界及應用事蹟。如郝為真言「初練如在水底，再練如在水中，最後如在水面」，乃境界一例。練到自知，不可虛擬。又如楊露禪與楊班候試槍，一黏後楊班候即不能動，乃應用一例。自思與之差距幾何？尚有問題幾何？更須與周圍練拳者比，與別種武術如摔跤、長拳者比。對方快有辦法否？對方力大有辦法否？設有辦法，其為太極拳之辦法歟？知己知彼，兩俱不易，切實自知，亦不自迷。

其他參考，乃指其他各種藝術，如書畫、戲曲、詩詞、醫道、兵法等。其與練拳，皆脈絡相通，理路一致，設有一門入門，定能融會貫通。所謂貫通，在於道理。至於功夫，各門各練。

練拳若無準繩，是盲修瞎練，然若無感覺，亦終難自得。準繩雖可貴，若非自得，難以致用。感覺雖親近，不合規矩，亦易落外道。千遍萬遍，熟能生巧，乃能漸合規矩，乃能自掌準繩。唯略有所得，常以自縛，初生境界，又樂而忘返。故謂功夫無底，境界無窮。穩步精進，是所望焉。

# 第 8 篇

## 太極一得

一、人們練拳常易挺在錯誤之支點上，如胸、肩、胯、腹等處，拳乃不會進步。必須挺在腰脊上。

二、腰脊處為支點，亦為主宰。脊椎為一身主幹，故首須脊椎拎起，連住腳跟，腰脊與手掌、腳跟三點相反相成，運勁如開弓。脊椎本身先練拳，擎、引、鬆、放，節節貫串，然後手足配合運動，如游龍在天，是腿長在腰上，不可腰長在腿上。

三、渾身皆須盪開，不可有絲毫縮勁，蓄勁是開勁，亦不是縮勁。若有縮勁，一無是處，胯節最難盪開，一旦盪開，處處盪開。胯若撐住，肩亦不開，胸腹之間，結成一塊，不能運化。故渾身各處皆應呈張力狀態，即在足腕處亦如此要求。

四、擎、引、鬆、放，須從「意」上練起，而後到氣，到腰，到勁。能擎、引、鬆、放，故能不斷。意欲僵住，氣亦不通，但求骨肉變化，勢必斷斷續續。

五、有不得勁不得勢處，必於腰腿求之。而得勁得勢之感覺，須從練打中得來。每於手之前節，常能得機得勢，則腰腿尺寸，自亦合於規矩。若專注於腰腿，不問手上足上得勁得勢，則腰腿往往亦錯。力強者手前節常過硬，弱者手前節過軟，鬆而有力，俗稱軟硬勁，方對。

六、前輩理論上都已道盡。懂理論不難，唯懂勁為難。練拳須懂自己勁。有凹凸處否？有斷續處否？有缺陷處否？一一能體認明白，始能逐漸上路。不破不立，破字當先，於拳亦然。練打須懂對方勁，見其強則見其弱，見其實則見其虛，強可側而制之，實可引而竭之，神而明之，只在熟而生巧耳。練打時只跟對方勁變化，自己隨時得勁，須不言而喻，否則心分兩用，決難有效，唯有問題，仍須反求諸己，於練拳時解決。

七、太極拳妙處全在引勁落空，此勁即在「擎」「鬆」兩處練得。能盪開，能拎起，能連續，始能有效。太極拳得勁處，則全在開合有整勁，即在「引」「放」二處練得。能渾身配合，曲中求直，始能有效。雲手一勢，乃開合勁運動路線之典型，務必領會。

八、太極拳能用得輕鬆，固與巧妙有關，然與實力更有關。本錢大，用得少，自然輕鬆。本錢小，用得巧，亦可以弱勝強，但未必輕鬆，每人實力，常受天賦限制，然於提高效率求之，亦前途無限。

九、練拳不迷不能成功，然亦須與其他方面求得平衡，否則更不能成功。

十、太極勁，說到妙處，常是難以形容，若說得平常，亦可謂人人都會，雖人人都會，唯不自覺，故難以發揚，然亦唯決不玄妙，故決能練會也。

# 第 9 篇

## 太極意形

昔人云：「不質無以立，不文無以行，文質彬彬，然後君子。」今之練拳者，誠有矯枉之誤，專求腰腿懂勁，而不論一招一式之意形，長此以往，其將流於粗野乎。

董太老師云：「練拳一日至少三遍，第一趟練開筋脈，第二趟校正姿勢，第三趟再加意形。」意形者，即拳之文也。故今追溯前賢，挹取精要，凡各式意形，皆加論注，欲以一得之愚，用作他山之助，則吾之本意也。

董太老師又云：「純熟之後，一出手便有意形，則進步更速。」如此境界，則已文質相融。故知知行合一，體用相彰。專務浮文，固為捨本求末，偏重實質，亦猶鼓瑟膠柱。今之君子，其將文質並重，而為彬彬者乎。

一、太極起式——混沌一氣，緩緩轉開，乃分陰陽。

二、攬雀尾——只是立個門戶，而兩手如合撫長尾之意。

三、掤——練掤勁，法火之離卦。

四、捋——練捋勁，法金之兌卦。

五、擠——練擠勁，法木之震卦。

六、按——練按勁，法水之坎卦。

七、單鞭——左手如長鞭揮出，鬆而挺。

八、提手上式——兩手上提，寓上揭意。

九、白鶴亮翅——試觀白鶴揚頭張翅之時，由裡而外，舒暢之至。

十、摟膝拗步——一般走路時，手足左右交出，是為順步，此時故為拗步。

十一、手揮琵琶——兩手收回時，左手如扶琵琶，右手指輪轉如捻弦意，以截取對方來拳也。

十二、摟膝拗步如前。

翻身搬攔捶——前後要渾然一氣，而翻身、搬、攔、捶四勁又須交代分明。

十三、如封似閉——封住對方手腳為封，閉住自己門戶謂閉，此式如封似閉，故名。

十四、十字手——兩手交叉，形如十字；又如在十字路口，或前或後，或左或右，變動自如，故謂之也。此乃承前啟後之手。

十五、抱虎歸山——此乃豹虎歸山之訛，俗傳豹虎回洞，皆倒退而進，時有戒心也。

十六、捋、按，同前。

肘底看錘——此亦承上啟下之手，或云立個門戶。李式練法則攻人。

十七、倒攆猴——猿猴極輕捷之物，能倒退而攆之，則輕捷而有威可知。

十八、斜飛——如鳥展翅，斜身飛去之意。

十九、提手上式、白鶴亮翅、摟膝拗步皆如前。

海底針——海底極深，針物極微，故須直下無底而辨別細微。

二十、閃通臂——身體側閃而兩臂有通連意。

二十一、撇身錘——有句云：撇開時萬事都休，即此撇意。

二十二、翻身搬攔捶、上步攬雀尾、單鞭同上。

雲手——兩手運動如畫雲頭，見國畫中雲頭筆意乎。

二十三、高探馬——烈馬脫韁，則先捉其絡頭，後拿其嚼環，此式似之也。探捉來勢猛烈之拳也。

二十四、左右分腳——勁在腳背，勢在身法。

二十五、左右蹬腳——勁在腳跟。（以後蹬腳同此，身法不同。）

二十六、左右摟膝拗步——在此乃青龍出水之傳訛，騰挪伺察而進，寓追趕意。

二十七、進步栽錘——栽錘朝下打。

二十八、撇身錘、翻身搬攔錘同前。

左右打虎勢——一手抓虎尾，一手打虎頭，此式原不能打虎，只借其勢耳。

二十九、雙風貫耳——風為鋒之誤，鋒鏑之鋒也，勁在拳之食指節尖上。

三十、如封似閉、十字手、抱虎歸山、斜單鞭同上。

野馬分鬃——野馬鬃長，理順而披拂兩邊，即其意也。

三十一、攬雀尾同上。

玉女穿梭——兩梭左右交穿，往復相連，巧如玉女也。

三十二、攬雀尾、單鞭、雲手、單鞭同上。

單鞭下勢——貴能下而不散，退而能進。

三十三、金雞獨立——獨立之勢，無過於金雞者，故以之。

三十四、倒攆猴、提手上式、白鶴亮翅、摟膝拗步、海底針、閃通臂、撇身錘、翻身搬攔錘、上步攬雀尾、單鞭、雲手、單鞭、高探馬皆同上。

白蛇吐信——蛇之對敵，常用一捲一舒，此式得之。

三十五、十字腿——或稱單擺蓮，左手右腳交叉擺擊，而人身立如十字，故名。

三十六、進步指襠捶——擊人小腹，唯擊上亦可。

三十七、上步攬雀尾、單鞭、單鞭下勢皆同上。上步七星——兩拳交架如七字，故名。

三十八、退步跨虎——俗稱騎虎難下，故此式務須渾身靈警，伺機即下焉。

三十九、轉身雙擺蓮——擺腿時單足立地，全身若蓮花之擺曳。

四十、彎弓射虎——用其勢，而非用彎弓之勁。

翻身搬攔錘、如封似閉、十字手皆同前。

四十一、太極合式——陰陽復合，歸於混沌，定於一點。

鳶飛戾天，魚躍於淵。

執形以求，失之千里。

# 第10篇

## 太極知病

乙巳年冬述

拳術功夫，首貴上路，既上路祇需多練，一遍便是一遍功夫，一遍便有一遍境界。孫過庭云：人書俱老，於書法如此，於拳亦然。

夫拳合陰陽，勢兼蓄發，一張一弛，其道甚明。唯用功之人，甚欲其上進，有空則練，練之必工，其於練拳之事，反不合張弛之道，如是乃有病焉。

一勢之張弛，關乎透氣，練拳之張弛則關乎身體也。初練幾年，練在筋骨，一酸二痛三麻而已，能知酸加痛減麻停之理，為戒已足。再練三年，僥倖上路，練在神氣，再不知進退則病來矣。

有先發禿者，有易渴者，有大便數者，有易感冒者，有血壓高者，不一而足，究其根本則一也。

所謂神氣，動為風火，相互助長，上燃於清空之肺。凡肺稟不足，或練之過度（或升降不調），肺不能制其風火，則受薰而熱。

夫肺主皮毛，肺熱則皮毛枯焦，故毛髮脫落，肺為上焦，肺熱故上消而渴，肺與大腸為表裡，熱不傳則大便數；肺熱則皮毛開張，遽受冷則寒包火，故易感冒；風火上騰，金不制木則血壓高，故云病症不一，其因則一也。

見病一二，則應知已過，須知糾正之法：

一為遍數戒過；二為調其升降，即務使升少降多，一勢之中，只「轉」處一升，他處盪開而已；（須知升易降難），凡降氣未順，先須過此一關，否則決不可練氣。又練至將停，升勢即須逐漸降低；又停後勿遽起，應候氣勢自行衰減；三為退火，練後可以緩緩散步，搖肚皮（即大搖功），抱腿等，緩緩散火，未涼之前，謹不可吹冷風，觸冷水；四少練李架多楊架；五注意睡眠；六以食物或藥物調整；七夜晚練拳只可略舒筋骨氣息，不可強練，以違天和；等等。

肺久受熱，非但傷肺臟之陰，且亦傷一身之陰，以肺陰急迫，必捉取他臟之陰以救之也，如此積傷陰分，久而必肇消渴中風之疾。男人用陽，中風常在右，唯練拳者常在左，是傷陰之故也，諸練拳者，宜所慎諸。

# 第 11 篇

## 樂宣先生關於五行生剋之論述

一動則有吉凶悔吝者，水遇金則吉，逢土則凶，生木則吝，剋火則悔。

掤捋擠按為四正，其象為離、兌、震、坎，採、挒、肘、靠為四隅，其象為艮、巽、乾、坤，故掤勁中虛，按勁中滿，震勁發於下，兌勁順於上。

離、兌、震、坎為火、金、木、水，而土為中，故八卦中即有五行。

掤、捋、擠、按練推手時順序為擠、掤、捋、按，即木、火、金、水之序。掤、捋之間有中定，即火、金之間有土，按即相生之序也，對手變化，則互為相剋，如掤對捋，中定對按，捋對擠，按對掤，擠對中定，即火剋金，土剋水，金剋木，水剋火，木剋土也。其中之妙，在於子報母仇之理。

金依乾剛以生水，水依艮山以生木，木依巽風以生火，火生土，土依坤柔以生金。故捋、按之間有肘勁，按、擠之間有採勁，擠、掤之間有挒勁，掤、捋之間先有中定，後有靠勁。火生土，歸於中，故能生生不已。

火性之人長於掤，遇按則凶，逮捋則剋之而悔，見擠則吉，對中定則生之而吝。

（此圖為後天之卦也。）

又火性之人見水性認受剋，見土性則生之，見木性則吉，見金性則剋之而悔。

又火性之人一動則生土，受剋者反剋之，剋之者反生之。再動而生金，三動而生水。常人再動多可，三動不易矣，因其性之偏滯也。

太極拳招式雖多，不外八卦之變。練拳者勁別雖眾，不出五行之外。故練拳至無形無跡，方能盡其變，練拳者跳出五行，方能神其化。

練拳者走逆路，故火性者先變成木，然後變成水，逆數一周，然後能盡其性，常人走順路，如金、水、木、火、土是也。

後天以水為先者，如氣為旗，腰如纛之例。

壯火食氣，氣食少火。

一開一合，一呼一吸之間，即有一周天之流行。即有六十四卦之變化。每一式視合至何卦擺出即為何卦。

一個人可能五行平衡，其生之年、月、日、時四種卦位必須在圓圖之對稱四角上。

剛柔相濟，即是開合，坎離之開合，其為典型，亦為過程。

上下三段分剛柔，可定八卦。

上下六段分剛柔，可定六十四卦。

上下無數段分剛柔，即可定無數卦，亦即變化無窮矣。如即所謂極柔軟而後極堅剛也。

爹爹曾言：非練頂低的樁，不能出最大的功夫。

太極拳能印證參同契（易理）。其上篇中所謂「天地頂位而易行乎其中矣……故推消息，坎離沒亡」。

練拳中坎離為開合之本，而招式皆坎離之變化也。

火生土，土為水鬼，金生之水，不得而下於丹田，水終不得而盈也。故欲虛其心。火不用則土不為害也，水不用則不虛其虧乏也。

# 第12篇

## 太極經解

《王宗岳行功論》

行功即練拳也。

**以心行氣，務令沉著，乃能收斂入骨。**

一由先天，一由後天也。以心行氣與以神使氣不同。神使氣，則氣橫胸膈，筋肉弩張，後天之外勁也；以心行氣，則氣沉丹田，收斂入骨，斯為內勁矣。此為內家拳入門途徑，務須著意。

**以氣運身，務令順遂，乃能便利從心。**

第一須腰為主宰，腰、手、足之間配合得勁。第二須氣如飄旗。其中關鍵在往復進退之間，轉換得勢；（收即是放，斷而復連，則氣勢順遂而身乃順遂。）。第三須意在勁先，所謂「在意不在氣，在氣則滯」，絕不可意落身後，而如一路摔跌，氣急敗壞矣。

**精神能提得起，則無遲重之虞，所謂頭頂懸也。**

所謂提起精神，驚鹿駭顧是為典型形象，其意則在折疊轉換時著重練出。拎腰即提神也。

**意氣須換得靈，乃有圓活之趣，所謂變化虛實也。**

練拳之得勁得勢，先求純熟，以致不言而喻。（第一須精神能提得起，第二須腰能拎得起，第三須會收即是放，斷而復連。）然後加以意形，或如虎踞，或如猿蹲，或如白雲出岫，或如倦鳥歸山。開合而陰陽完，一氣之流行焉。（氣如大旗，往復折疊，則其虛實如太極圖。）

**發勁須沉著鬆淨，專注一方。**

力由脊發，則能沉著。拎得起，換得靈，意在勁先，則能鬆淨。到此則出勁有凌空之意。（若意在勁後，勁必散亂。）

**立身須中正安舒，支撐八面。**

腰拎得起，氣盪得開，則雖後坐極低，不致有前空後促之感。（一蓄一發，則按腰如軸，氣如輪，曲中求直而練之。）

**行氣如九曲珠，無微不到。**

氣養得足，筋練得長，則行氣能透，能圓，能轉。（而主宰於腰，且須得機得勢。九曲珠者，行氣能圓、透、足也。筋須拔長，腰須有力，氣須充足。）

**運勁如百煉鋼，無堅不摧。**

內外勁俱到家則臻此境。「氣以直養而無害」，則至大至剛，且骨肉復鍛鍊有素，則極柔軟而極堅剛，內外相合，則無堅不摧矣。（則出手如鋼矣。）

**形如搏兔之鵠，神如捕鼠之貓。**

移步換形，如蒼鷹盤空。蓄勢發勁，如靈貓捕鼠。

**靜如山岳，動若江河。**

神內斂則如山岳，氣鼓盪則如江河，此乃動中有靜、靜中有動者也。（而非動而復靜，靜而復動者。）

練勁入骨久之，則在腰脊轉動之中心，出現一至大至剛至虛至靈之力量，初只如一線，及其壯大，則能動如江河定如山岳。

**蓄勁如張弓，發勁如放箭。**

拎腰時意注腰脊而用力，即如拉弓。發勁時拎住腰脊漸合漸送出手掌，即如放箭。（可見不是撐勁，不是頂勁，而是發勁。撐勁不出去，渾身屏成一塊。頂勁先須頂住對方，前後如一根棒，而發勁則中心在腰，可淩空而發。）

**曲中求直，蓄而後發。**

有云 ：「其根在腳，發之於腿，主宰於腰，形之於手。」其用勁系統為腰如轉軸，直立於足跟，氣如車輪，橫向而盪開，右開而左合，形於手則為蓄發之勁。勁之反作用力集中於腳跟，垂直向地，如螺絲鑽地，左起右落焉。所謂左起右落，乃指男子而言，女子則相反。（弓腿時根在前足，坐腿時根在後足。如認為弓腿時後足為根，前手出勁則誤矣。腰與氣之關係，如旗杆之於旗面，往復搖動時，或齊動或分動，故以為軸輪一體者非，以為軸輪相對者亦非也。）

**力由脊發，步隨身換。**

按用勁之中心言，力自脊而發。按用勁之路線言，則自腳跟（而腿）通於腰脊至手發出也。至於轉身換步，皆屬開勁，實足隨腰轉動，虛足隨身開合，故稱步隨身換也。

**收即是放，斷而復連。**

如井中吊水，吊起之前，先放落少許，透氣搖動，再行吊起，此即「收即是放，斷而復連」之意也。唯斷則勁能出去，唯斷則勁用得足，唯斷則氣換得靈。試觀書法及唱戲皆然。又如持旗往復搖動，在兩端返回之前，必加以揚放之勁，任旗面飄至盡頭，再用勁轉回，則旗面順遂，不致扭結。然又須轉意不斷，其中有一個小圈，否則旗面又將鬆落矣。而旗之往復，兩端相同，而拳之往復則有輕重，故自開而合則一拎，自合而開則一盪。同是欲收先放，而有張弓放箭之異也。（手以盪開而收勁，折疊時勁斷意不斷，斷則勁能出去，唯斷上勁放足，下勁得勢，則勁能用足，唯斷則氣換得靈。）

**往復須有折疊，進退須有轉換。**

至若開合往復時，應如搖旗往復，用折疊之勁。前後足進退相換時，用轉換之勁，即略加頓挫意也。凡折疊轉換之圈，抑揚頓挫，自成節奏，不受姿勢之影響，故如單足立地之姿勢，亦有發勁之轉換，而變換身法複雜者，亦只轉換一次也。

陳家溝始能折疊轉換，較少林拳為能連貫矣。然若練得不對時，勁扭結不斷，不能出去，故須勁斷意連，以求出者。然方法尚屬次要，腰能鬆開最是要緊。

**極柔軟而後極堅剛，能呼吸然後能靈活。**

僵勁練盡，內勁自現。比如生鐵，百煉成鋼。柔軟在於拔筋，筋長則順遂由心。用勁渾整又百煉成鋼，能使極柔。又百煉之鋼能繞指柔，雖繞指柔，無堅不摧。（渾身整勁，鋼之性質，剛柔如意，其質純，其力均也，其性剛也。或先求均，放鬆粗力即可。又柔軟則能懂勁。懂勁後，再以內勁為基礎，加以外勁。內勁愈大，則外勁愈能加多，以不致僵硬。）故均即內勁，而能懂勁。按此均意，所加外勁，調和內外，平衡一身，久而成百煉鋼矣。如僅能柔軟，則如婦人小兒，內勁雖大，終無用處。至於呼吸，隨蓄發轉換等勁走，勿與勁拗，亦不可以呼吸為主。呼吸純熟可助換勁，而資靈活也。

**氣以直養而無害，勁以曲蓄而有餘。**

氣以直道養之，而無害之，能愈養愈大，愈養愈剛。或以為嗇而不用，豈不更佳？不知微有嗇意，氣已餒縮。然則浪費之，則尤為不可也。（發勁務令曲中求直，不可挺而快意，否則氣傷矣。）至於用勁，皆須（其根在腳，主宰於腰，形之於手）曲中求直，蓄而後發，往復無窮，豈但有餘。

**心為令，氣為旗，腰為纛。**

若有舉動，則以心行氣，以氣運身。氣一動，務令沉著，乃以轉腰，拎腰蓄勁也；腰一拎，斷而復連（腰一轉換，渾身之氣如纛旗招展，同時一晃而回。凡一蓄一發，必先收斂在脊，主宰於腰，然後以氣運身），復以轉氣，合身發勁也。故氣蓄在丹田，勁蓄在脊骨，相輔而行，剛柔相濟焉。

**先求開展，後求緊湊，乃可臻於縝密矣。**

比如寫字，必先寫大楷，求橫平豎直，勾勒分明，後學行草，雖變化飛舞，不失規矩。又如太極拳應敵，功夫平常者，先須用捋，然後用擠；功夫較進，則一手引空，一手一拍即出；功夫到家時，連引帶打，只需一劃足矣。

附：太極拳精要手稿　太極內篇

太極內篇

太極分陰陽，陰陽分五行，五行列八卦，八卦而六十四卦，化生之[illegible]

人之性為太極，神氣為陰陽，五行八卦為筋骨皮毛之屬，大体備矣。

愈生而愈粗，愈列而愈細。

性之動為心，存其心為意，意以運神，神以運氣，氣以運[illegible]骨肉，形之於身則為拳架焉。

拳之靜正為太極，動則分陰陽，開合，呼吸，蓄發，卷舒皆[illegible]陽也。進，退，左，右，中定為五行，掤，捋，擠，按，採，挒，肘，靠為八卦。五行之運形於八卦，而八卦之中亦有五行，故掤，捋，擠，按，中定亦為火，金，木，水，土。拳中掤動中[illegible]，其勢炎上，按動中滿，其勢流下，捋動著於腳，其一如春雷[illegible]，擠動[illegible]如西風過草，中定定於中，則如高山峻拔而不可移也。

人之性稟之於天，無所不全，而神氣則稟陰陽五行[illegible]有偏正強弱之分。練拳之旨，在於弱者使強，偏者使正[illegible]物之不正者，斜之可使正，[illegible]

[illegible]其氣而陰之，則陰而不亢，以能去其用而無去其生矣。

金以乾剛而生水，水依山而生木，木以風而生火，火燃物而生土，土以為陰而生金，此五行相生之理也。或謂金如何生水，此即[illegible]之質可以凝結水汽之謂也。

[illegible]無以成五行也。故練拳貴能變化，能變化則能生生不已[illegible]方矣。氣質偏狹者常拘一隅，不思變化，自為人制耳。

練拳者能上下三段分剛柔，即可定五行八卦，上下八段分剛柔，即可定六十四卦，上下無數段分剛柔，即可應變無窮矣。專氣致柔者為能其變也。故曰極柔軟而後極堅剛者，以其[illegible]得動也。

[illegible]

所謂整動者，神氣骨肉相合也。相合相成，是謂相合，一順而動，非相合也。人誤以一順而動為整動者，去之則去，來之則擠，此拔打之動也。然則以形言，整動固不易打，[illegible]動亦不易打，唯一順動為好打也。骨肉不順者，不能容之[illegible]前，氣不順者，不易攜挫其氣，神不順者，難以[illegible]其神[illegible]

神氣之於拳亦至要矣。然則一時以練之，十時以悟之，而欲求其充實，不亦難哉。故於練拳之外，必有以養神明氣[illegible]道。[illegible]讀書以明理，淡泊以守己而已。孔子曰

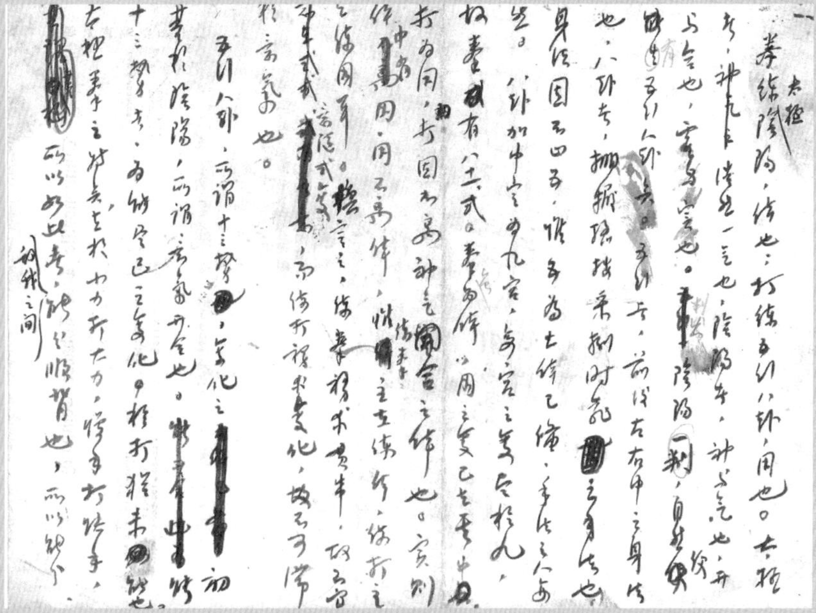

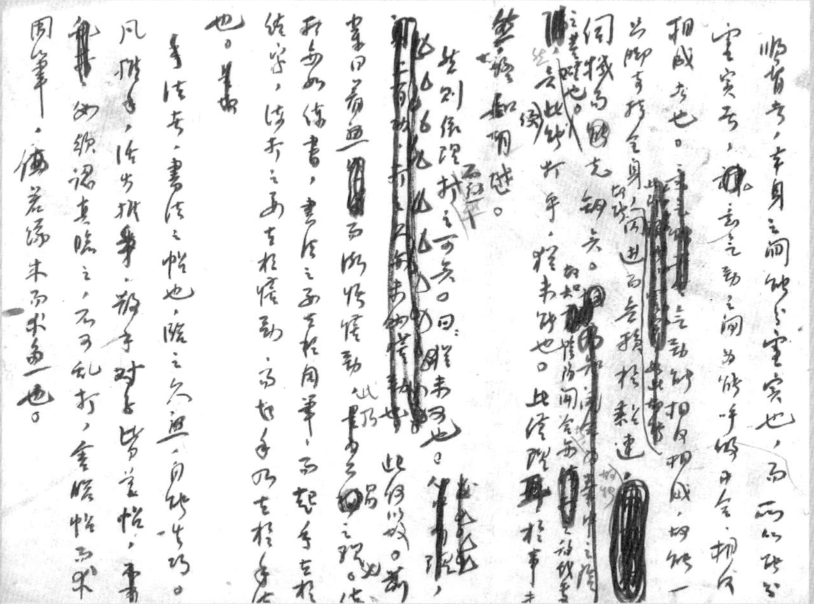

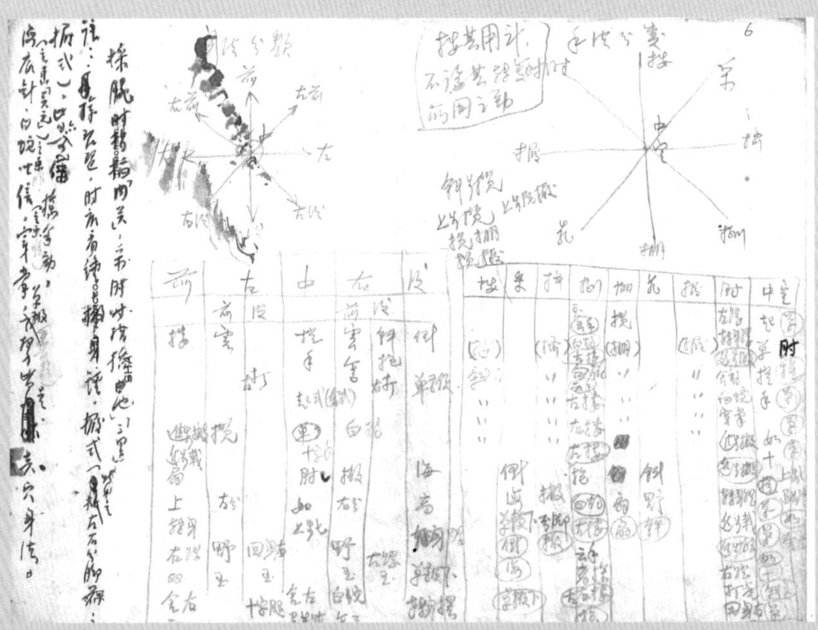

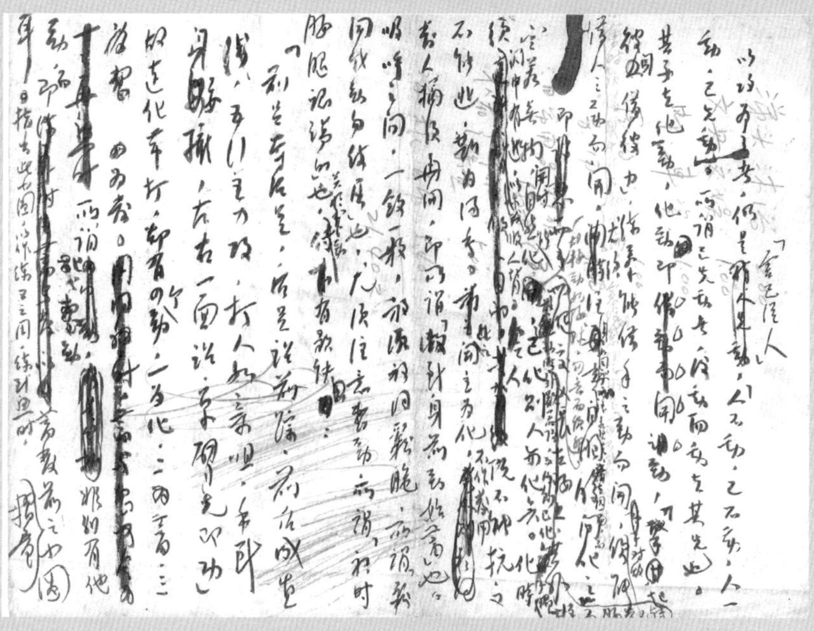

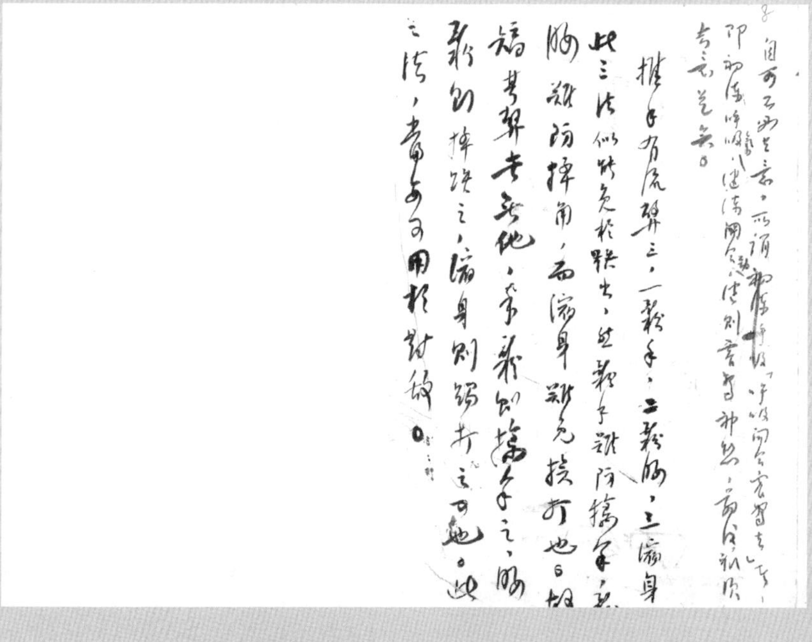

# 太極外篇

太極外篇稿

1\. 修太極拳者，務瞭解用之義。修之練拳，用之演打也。

「掤要撐，握要輕，擠要橫，按要攻，采要實，挒要

肘要沖，靠要崩」

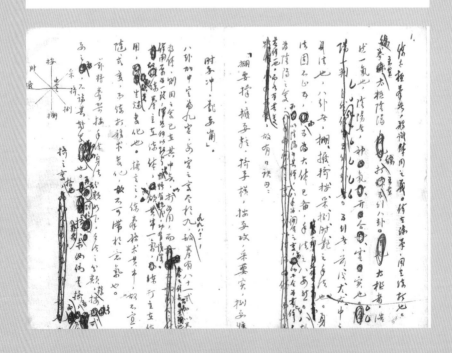

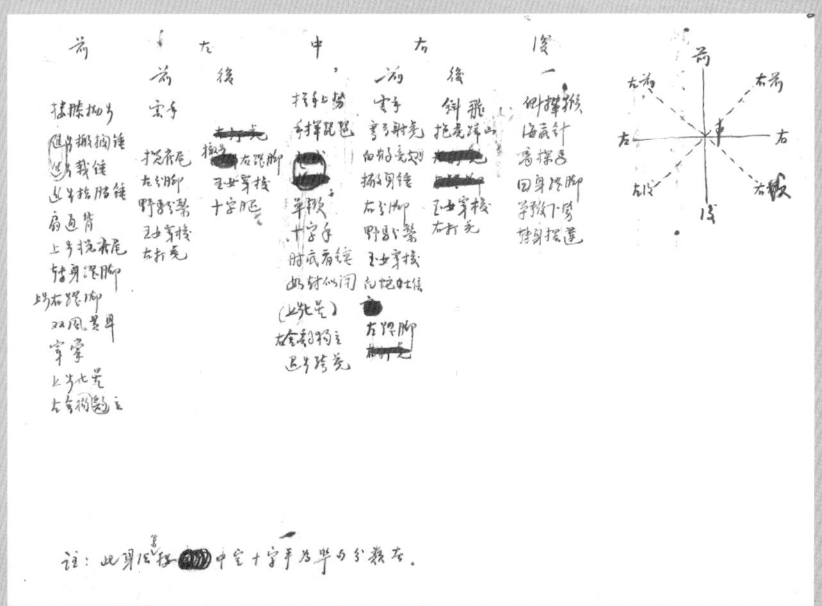

即八卦，即十三勢也。其變化甚於陰陽，亦謂之[illegible]

故十三勢者，[illegible]能[illegible]已之變化，於打[illegible]未能也。太極拳之[illegible]

[illegible]在於[illegible]力，非在[illegible]力，得手於快手，以其故無他，[illegible]

在順背也。所以能分順背者，本身能分虛實也。所以能分虛實

者，神意在[illegible]之間，當能呼吸開合，相互相成者也。

氣動，能相[illegible]相成，則[illegible]一舉一動，[illegible]全身，則能開能合[illegible]

[illegible]於粘連，[illegible]矣。[illegible]

變化[illegible]，則知此便能打手，[illegible]未能也。此便[illegible]

理耳，於事未明，如胡說唔。

然則依理而[illegible]之手，[illegible]中有理，身[illegible]

功，[illegible]動[illegible]著[illegible]而[illegible]

情[illegible]動[illegible]於斷矣。[illegible]而[illegible]

[illegible]

手法者，[illegible]之帖也。臨之久熟，自然生巧。凡[illegible]手，[illegible]

[illegible]須認真臨之，不可亂打，[illegible]

即不用筆，[illegible]若練[illegible]而求其魚也。或問：練拳如臨帖也，

何也？曰：練拳若執筆書空，[illegible]須對打。

以明感覺，以神[illegible]

太極拳手凡八十六式，重之爲四十六式，其用法口訣如下：

太極拳法妙無窮，掤捋擠按[illegible]尾[illegible]，[illegible]腿[illegible]。

[illegible]提手把着封，海底撈月亮[illegible]，挑打軟肋不留情。

摟膝拗步斜中找，手揮琵琶穿化精。貼身靠近橫肘上，

護中反打又稱[illegible]。進步搬攔肋下使，如封似閉護正中。

十字手法變不空，抱虎歸山采挒成，肘底看錘[illegible]中手。

[illegible]倒攆猴，[illegible]斜飛着法用不[illegible]

[illegible]。海底針要躬身就，扇通臂上托[illegible]功。撇身錘打[illegible]

式，橫身前進着法成，腋中反有閉[illegible]，雲手三進臂上

攻。高探馬上攔手刺，左右分腳手要封。轉身蹬腳

腰上[illegible]，進步栽錘迎面沖，翻身白蛇吐信變，上[illegible]

[illegible]雙[illegible]，右蹬腳上軟肋踹，左右披身伏虎精。

[illegible]打[illegible]肋下用，雙風貫耳着法靈。左蹬腳踹右蹬式。

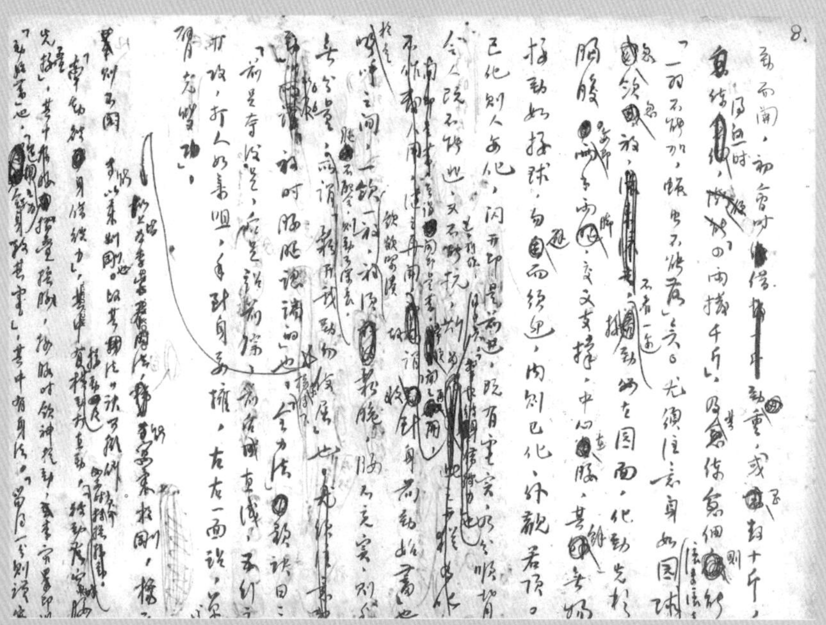

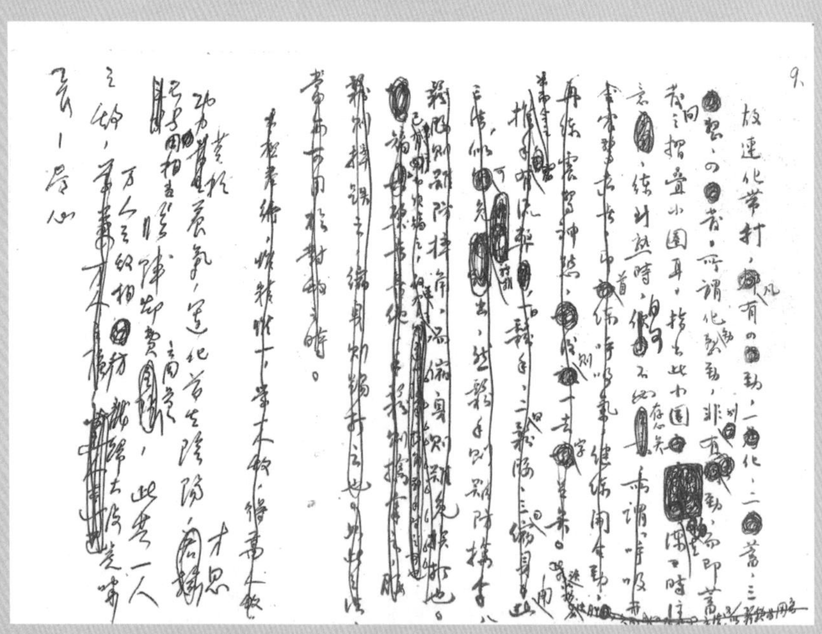

# 太極拳關要

一、「靈敏於頂」：精神提起，於將動之際，先要凝神，頭頂上乃有一無形而微之小圈，並此皆出內，不要搖頭晃腦，試看蛇頭，彷彿有此意。

二、「從揉於腰」：呼吸留心在腰際，蓄則自腰向遠而出，纏綿如絲，引氣九曲。發則自腰振動而出，曲中求直，可以如鋼。蓄則左轉，發則右轉，折疊轉換，S為圓也。腰如何似轉，神亦隨從也。精識而已，全不可聞，而況腰乎。

三、「神通於背」：腰一轉動，有氣夫背上，則由背至肩，由肩而

因中氣為陰陽，運動分虛實，一出則一入，此一身之陰陽也。運動分開合，勢無間斷，開勁合相成，身則散亂。如曰：「四兩撥千斤」，蓋要鬆纏繞勢，必先捨己從人，若要捨己從人，必先得勢得機，若要得機得勢，必先表裏相成，開合相連也。然而，開合易辨，表裏難明，是以意剛或柔，偏剛偏柔，剛者得其骨，柔者得其皮，僅有數病。如似棉中裹鐵，剛柔相濟，至於開合相[illegible]，陰陽相成者，[illegible]其大略如[illegible]，則易頻再明十二要點，試為解之。

至臂，方其至於肩也，隨時作一小形鼓盪，如覺肩背下有氣時生，微振若鷙鳥之翼，左右舒直，而臂易達矣。

四、「勁從元聚於頂」：以上三事，須記中心在腰，稍微上移，則氣聚於頂而扁矣。

五、「終來於腿」：既得神通於背，即知神亦通於胯。欲動腿先氣腰，腰一轉動，而有起下行，至於尾閭，分注兩腿，由足跟之間，兩腿並貴直而易達矣。向左轉，則先轉左足，左腿須自然左指，如有彈簧作用於其間而然。向右轉，則先轉右足，右腿亦自然右指。至於前進後退，無不如是。

六、「踩之於足」：蓄時中氣自腰轉至足，外停於小指，足乃及着於地，發則中氣自足轉至腰，內停於大指，足趾踏平於地。至若轉足而無論蓄發，足跟皆以轉動踩入，要則無根。至若轉足不足，則足跟必浮。

七、「運之於掌」：氣之達於掌，一如於足。

八、「足之於指」：手指亦如足指，蓄則有氣自手背運至小指，發則有氣自手掌運至大指，微向[illegible]。亦是於指，[illegible]而書家寫字，指尖為活動，所謂微勁，渾身各處皆微勁，手足各指皆微勁，要在[illegible]直，意動也。

九、「斂之於髓」：臨一時，有勁如鋼條行於脊骨之中，即斂之於髓也。（或稱練勁入骨）。然非靈靜空虛不能得，稍涉浮躁沉滯，則難矣。

十、「達之於神」：上述皆是求己功夫，迴光返照，練久常使人縮。其始先也，不明外達始也。一蓄一發，皆有其外之焦點，自其而蓄，向之而發也。其先意、神曰，須從我之意心，對方不可捉摸，而對方之重心，時時在我掌握之中，即為達之於神。（此練時當須意遠）……意達之而後達人，神如何則外達，須諸君試思之。

十一、「縱之於膝」：引兩足之弓，縱之在腰，蓄勢之鍵，縱之在機，蓄勢之機，縱之在膝也。常見縱之在腰者，……全身散亂，而……者，尤為不可也矣。

十二、「吸之於鼻」：緩長呼吸，以鼻，務求深長。（以上長呼吸）

十三、「呼吸往來於口」：口內須緊，……之間，有氣升降於其中，即所謂含之中氣也。口若閉緊，則將滯溢於胸而不上去。

十四、「溉之於耳」：頭頂不動，則自覺兩耳奔上有勁上提。

十五、「渾噩一身」：一動百動，一動靜之整勁也。

十六、「渾身出之於毛」：其氣練到，則發勁時自覺有勁自毛孔發出。

此所謂周身勁也。如此則意在何方，勁即自何方而發出矣。

十六其要時時在念，自然能表裡俱到，剛柔相輔。「腰脊為第一主宰，丹田為第一賓輔；頭頂為第二主宰，手掌為第二賓輔；腳掌為第三主宰，……為第三賓輔」。此即表裡而內外也。主宰係從為鋼條勁，斂之在髓之賓輔……

[illegible]

「水中火發」

練到丹田，即有纏絲勁，時守在於根底，練到腳即有鋼絲勁，始有發勁。王宗岳云「行氣如九曲珠，無微不到，發勁如百鍊鋼，無堅不摧」，即為此而勁發出，功夫未到，切識為白費千丈焉。

腰脊之命門，火也；小腹之丹田，水也。初之提腰，水起小腸也；後之提腰，水中火發也。火起小腸，終是練精化氣；水中火發，即是練氣化神。神之本在髓，髓之海在腦，精氣之靈隨兩……而神靈。心為令，氣為旗，腰為纛。

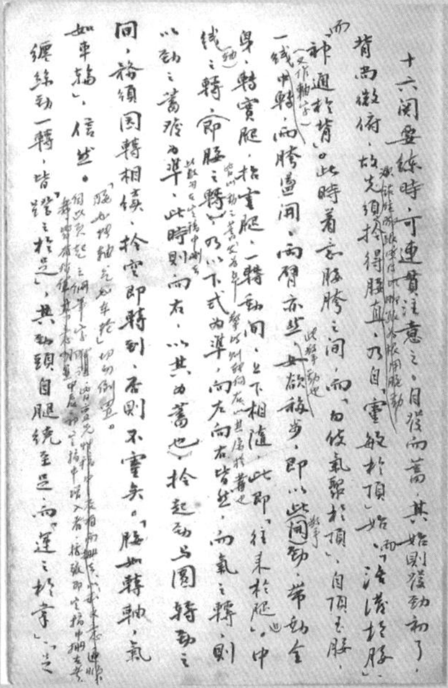

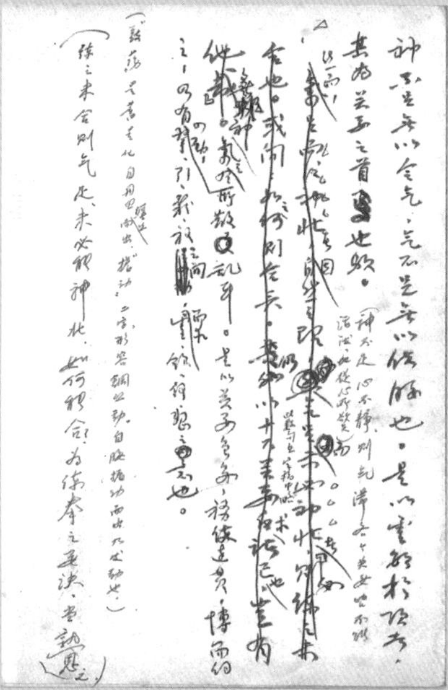

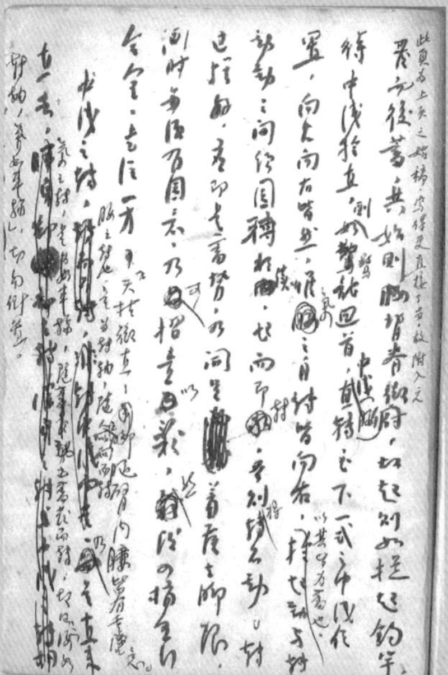

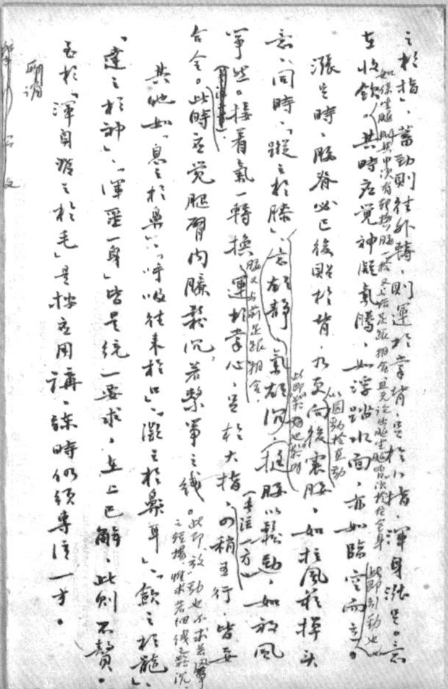

此段出教訣語

照着擎引鬆放練去，久之拙力漸去，靈意日生，渾身鬆淨，祇覺當中一綫，自頭頂以至地心（會陰），中正光明，（有而）透空，由是心意腰三者相合，無分其為令其為旗，其為纛矣。老子曰：三十六輻共一轂，當其無，有車之用。常見功夫極大而不能用者，惟其不能中實也。此根中綫肯定有，因能主宰也，此根中綫亦肯定無，因其（無）掛碍也。祇要自己拎直，別人無由制住，一動皆動，隨意而變，此即練神返虛也。練得功夫到家，行止坐卧，不在意而自然，拎住，便能應機而動，不慮而中矣。

最近練拳感到在此動里也要有[illegible]，一出手一分為二，要有陰陽虛實，這要以不停不死，拎也動，中鋒動，含住動等多方面去領會，練拳祇要有股勁動，加以方法對頭，定有收獲。重久書於67年11月24日。
九十人一起練，多研究，即不易錯。
練拳的問題，有些問題不要看死，什么東西都是辨証的發展的，比如手足和腰的关系，總的調以宰于腰，形之于手，其跟在足，一動百動而又相反相成。关於幅度問題，也是定於“先求开展后求緊湊”。关于摺疊動多善于借勁彼動以机以勢，精神要提得起，意气要換得靈，若[illegible]時弛，乃練拳甚美，脊椎尤須有一張一弛，拎起放下，放下時莫不鬆懈。[illegible]
第二階段所謂人在水中練習，[illegible]之間運用沉勁，借勁依勁，借勢用勢，以至足跟之力，[illegible]漸可不必依靠，人之行于動內，頗若遊于水中，[illegible]
第三階段足踏水面練習，[illegible]至此者，根本都在腰也，先覺腰如彈棉花之弓，[illegible]且沉不久又覺脊勁挺而能動，如虎豹疾行，[illegible]全身，莫不[illegible]而動，[illegible]即如足踏水面練習。

所謂：
擎起彼身借彼力（靈）　引到身前勁始蓄（斂）
鬆開我勁勿使屈（靜）　放時腰腳認端的（整）
其中靈、斂、靜、整之意，亦有一訣：
靈如擎能拎首　斂如猶鬼貫竅
鬆如重担卸肩　整如童子拜佛。
而且：
擎鬆是巧勁　引放有氣功，
巧勁與氣功　陰陽不分宗。

不慮而中矣。昔許宣平先生有詩云：
無形無象　全體透空　應物自然　西山懸磬
虎吼猿鳴　水清河靜　翻江攪海　盡性立命
癸卯冬臘月將[illegible]述。

丙午夏，童兄南沙，送至東[illegible]，臨別不勝依依，童兄指所著拳說，併錄以賜。此稿為陳式之精髓，且申字完整，甚可寶貴，當寶之而細玩之。然高童兄五載有余，今[illegible]歲又[illegible]陳[illegible]，至今尚未達此境界，路高甚遠，當自勉之。郭太探　辛亥十六關至陰蹺，陰分斷後，上及手腕，下及於踵，即以任督，人如水底行走，此時練拳，惟須注意：（其根在腳，主宰於腰，形於手指，以及往復須有折疊也，進退須有轉換。）　十六關無是陰法，其用而是陰出其腳，腳皆人皆有之，惟沙裏淘金乃練得有其性之其腳。　直腳未生以前或已生之後，皆須推尋出腳，以為用力之本矣。及腳斷後，下伸及踵，便覺腳部錯開，腳與踵以動相連，而有若楊柳迎風，其根於地之感。於是乃以足跟代手掌而為主矣。腳腳以盡也。此則腹內鬆淨，氣勢騰然，內動由手腳以充於手指，雲動而動，吞吐自如。以前不動，則如糠殼而去矣。（太極拳之鬆乃練之而得者，非則緊或者，非短以言鬆，惟從無毫用力而能得鬆。）十六關無乃至目前之練法階段，余練拳之初，先練得用意，至今年斷練得腳，但未能下伸及踵，腳部未能鬆開，手掌尚不能起運，故明白太極拳之道理與大功階段之練法，自可悉心體認，依法練去，不患不深得得受用也。辛亥秋初記）第三關以上之境界詳前矣。

今年夏練習至本上如古矣，但腰綾挺，腕綾弛，手腳較前靈便，但腿部仍未鬆開。自以虛古先生，習少林拳以來，步法穩，出拳於腿得勁，漸明拳之用法，去年更以來又常以黃師教誨，並亦有收穫。

# 太極準繩

太極準繩

練太極拳，貴在入門，不在功夫大小。所謂入门，即能自尋準繩，不再練錯之謂。

準繩者，有理論、實踐、他人經驗、其他參考等。

前人理論，大都經驗總結，絕少玄想空談。然頭緒紛紜，見仁見智，說法不一，難得其道。要能去其蕪存其菁，得其核心，總有以下數矣。

一、鬆開——常人喜說鬆，不若鬆開較切。不但左右前后鬆開，即上下亦鬆開。北方某地稱太極拳為繃拳，很對。惟需練方圓動，方能鬆開。惟有鬆開，方能統一。

二、動之剖分——無論何動，皆自中心一分為二，其路線以摟膝拗步為典型，向後則倒攆猴，此七式重複為多。

摺疊時氣貼於背，胸腹間郭然一清，空然後能擎，擎時把勢撐作一盤，趁勢挂回，即動步轉身，即能支撐八面。故用動有陰陽，往動有陰陽。陰陽相成，有無相生。

三、摺疊轉換——蓄發、陰陽皆互反兩面，稱為方動。然為圓動，不能成之。摺疊轉換，為圓動之關鍵。方者靜，圓者動。故謂動中有靜，靜中有動。

四、用意不用力——以意運氣，以氣運身。先練骨肉，再練氣，再練意。練者得勁，以意練氣，以氣練身。由外而內，又由內而外。所謂用意，非無力之謂，內外整動而有力。至於練意練氣，路線皆同。

個人實踐，最為重要。

圓。用之有動而不合理，將局限進步；似乎合理

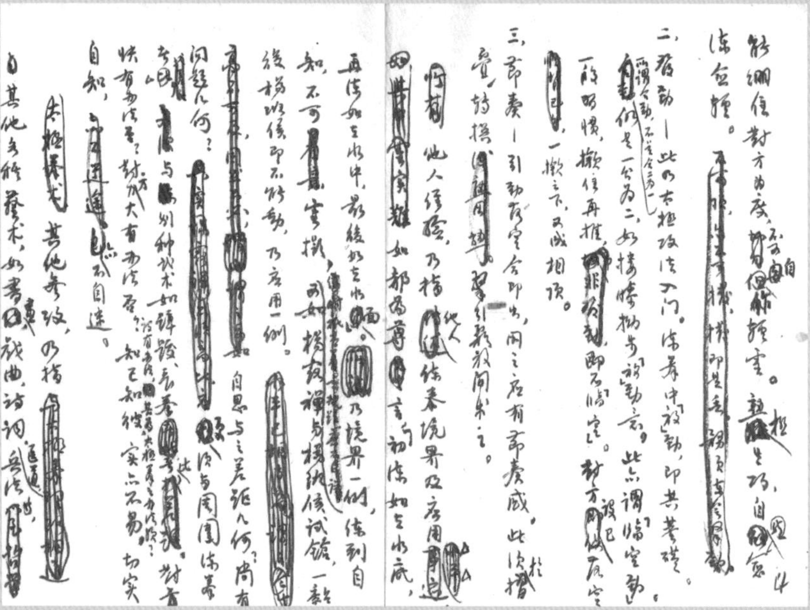

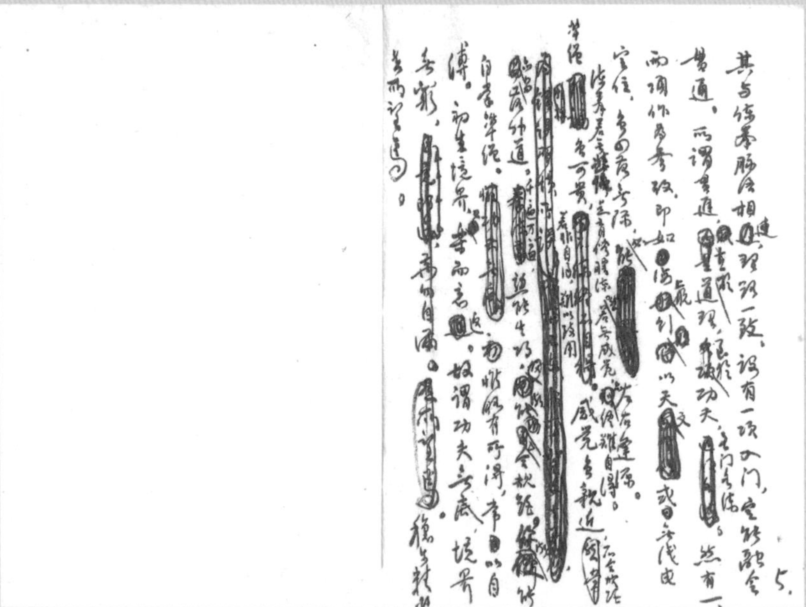

# 太極意形

1. 太極起式——渾然一氣，動靜、開合，分陰陽。
2. 攬雀尾——祇是主个門戶，而兩手如攬長尾意。
3. 掤——即練出掤勁，練火之離卦。
4. 捋——練回捋勁，練金之兌卦。
5. 擠——練擠勁，練木之震卦。
6. 按——練按勁，練水之坎卦。
7. 單鞭——左手如長鞭揮出，緊而挺。
8. 提手上式——兩手上提，中窩上擱動。
9. 白鶴亮翅——試觀白鶴搖頭張翅之狀，由中而外，所引斷伸，舒暢之至。
10. 摟膝拗步——一般左腳，奮足交出為順步，此時手出則為拗步，惟須摟膝進步，故用拗步也。
11. 手揮琵琶——兩手收回，左手如扶琵琶，右手指勾轉動如撥弦意，以截取對方着鋒也。
12. 翻身撇捶(摟膝拗步之前)——撇捶一着，要渾然一氣，而翻身、撇、捶、鍾四動須交結分明。
13. 如封似閉——封住對方之手謂封，閉住自己門戶謂閉。此式似封似閉，即名之。
14. 十字手——兩手交叉，形如十字。又此式如在十字路口，或前或後，或左或右，行動自如，故謂之也。此乃承前啟後之手。

昔人云：不質之拳以立[illegible]
[illegible]或有錯根之誤，[illegible]
[illegible]而不掉一招式之意形。[illegible]
[illegible]云：太極拳仰云，練[illegible]
[illegible]之文也，不可不知，不可[illegible]
不信者也。故今[illegible]精者也，[illegible]
[illegible]
一個之無，[illegible]
[illegible]以云，從起之除，一出手須有意形，則進而至速。
[illegible]知行合一，[illegible]相彰，[illegible]序文，因為捨本
求末，偏重實質，而忽略精髓，[illegible]
[illegible]
[illegible]之實質，[illegible]質並重，而為形之
者乎。

〡〥、抱虎歸山——此乃豹虎歸山洞之傳訛。倚豹虎歸洞，當側退而進，猶有警心也。須按此意演。

〡〦、肘底看錘——（撇、按同前）此乃承上起下之手。李宗演法則為改正。

〡〧、倒攆猴——猿猴攀援之勢，能倒而攀之，則攀援

須道之矣。

〡〨、斜飛——如鳥展翅，斜身而飛去之意。（摟手式、鳥展翅、摟膝拗步皆如前）

〡〩、海底針——海底極深矣，針物極微矣，取物須直下至底而辨別細微。

〢〇、扇通臂——身體側開，則右臂伸出而隨有通達意。如右臂前進而左臂伸者是。

〢〡、撇身錘——有句云：撇向時高手肘休，即此撇開意。（白鶴亮翅、摟手、撇身錘、上步攬雀尾、單鞭同上）

〢〢、雲手——兩手運轉，如畫雲頭。因回旋中有雲頭筆意，試察之。

〢〣、高探馬——以馬比錘，則先撫其鬃頭，後拿其嚼環。此式似之。探撫事勢稍似之象也。

〢〤、左右分腳——點左腳背。

〢〥、轉身蹬腳——左腳蹬。（以後蹬腳皆同，轉身法皆同）

〢〦、左右摟膝拗步——此乃青龍出水之傳訛，膝腳拗而同家進，有進疑意。

〢〧、進步栽錘——上兩步即此進步，栽錘朝下打。

〢〨、右打虎勢——（撇身錘、翻身撇捌錘同前）如一手抓虎尾，一手打虎之勢，實不能打虎，祇借其勢打人耳。

〢〩、雙風貫耳——風者如鋒，鋒鏑之鋒也，動左拳之尖指節尖上。

（如封似閉、十字手、抱虎歸山、斜單鞭皆同上）

〣〇、野馬分鬃——野馬鬃長，理順之而後撫摩進，其意也。

〣〡、玉女穿梭——兩梭左右橫穿，往來即織，意四隅攬連。（攬雀尾同上）

〣〢、單鞭下勢——（攬雀尾、雲手、單鞭同上）意往下而不散，下而能上。

〣〣、金雞獨立——獨立之勢，無過於金雞，故名之。

〣〤、（倒攆猴、斜飛、摟手式、白鶴亮翅、摟膝拗步、海底針、扇通臂、撇身錘、翻身撇捌錘、上步攬雀尾、單鞭、雲手、單鞭、高探馬同上）

〣〥、白蛇吐信——蛇之吐信，常是一卷一舒，此式須得其卷舒意。

〣〦、十字腿——或稱單擺蓮，右手左腳交叉擺出，而人身

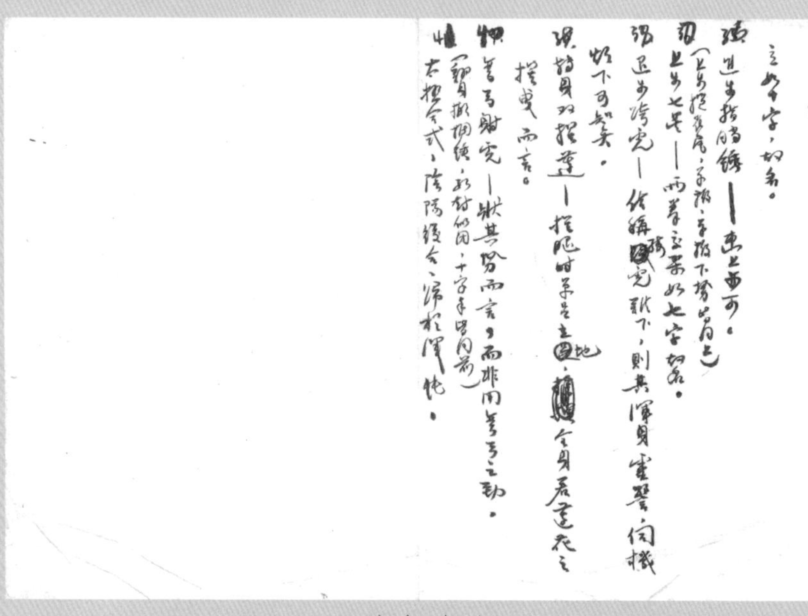

太極經解

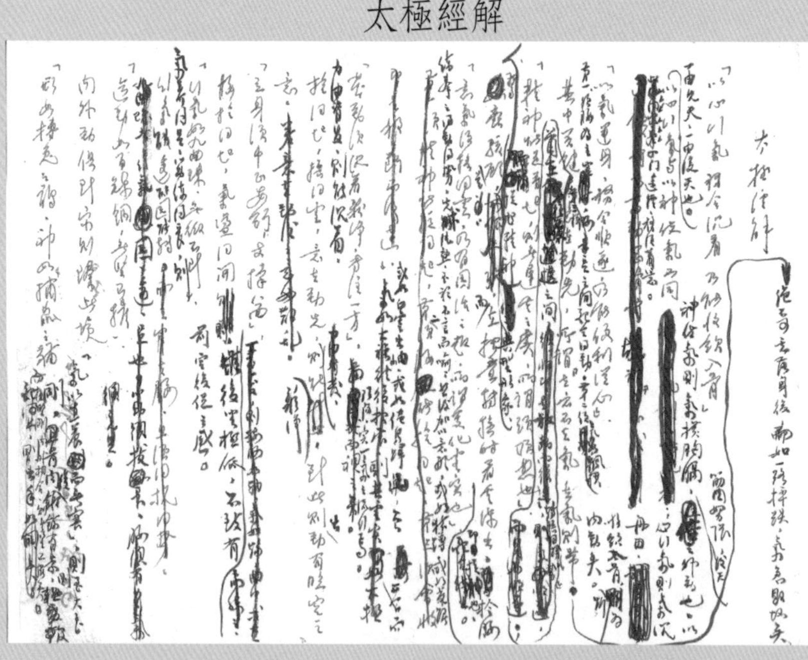

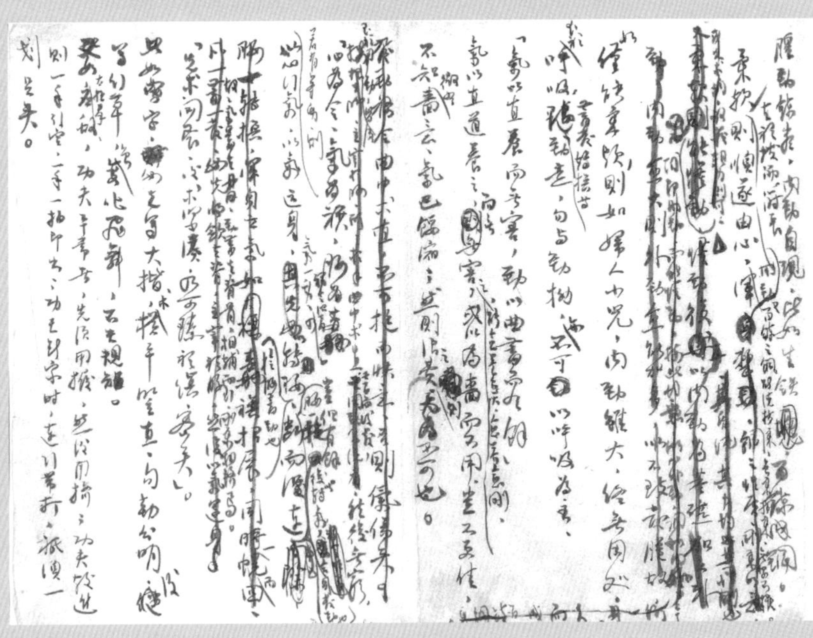

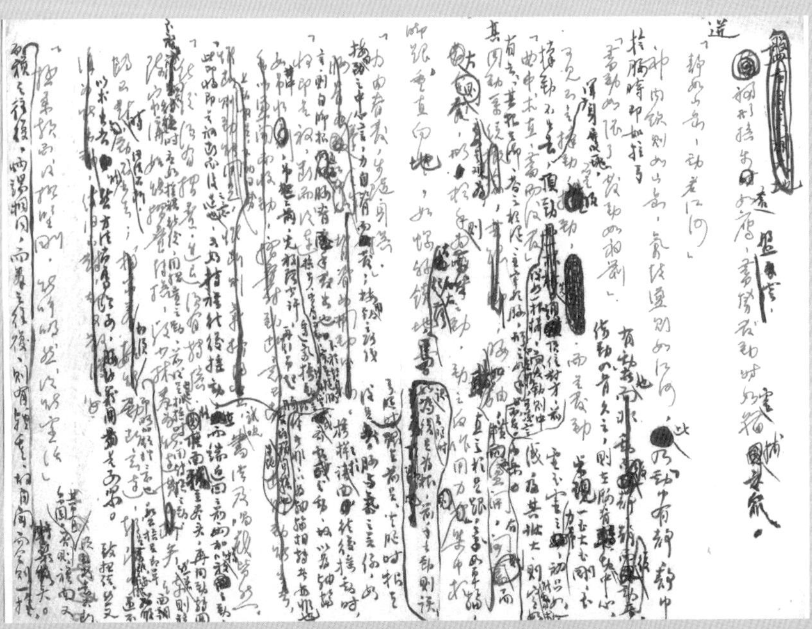

# 第三章 太極拳心悟

# 第 1 篇

## 樂亶先生拳論與練拳筆記

腰要直，掌要平，兩手捲舒如行雲。沉其腕，鬆其肘，左顧右盼精神抖。丁字步，慢起落，收腿出腳走直角。頭容正，尾閭直，前俯後仰不可使。既下樁，勿輕起，忽高忽低勁不齊。凡弓腳，足尖齊，出手高約如眉，鬆開全身勿使屈，放時腰腿認端的。練拳者，如習字，橫平豎直為起始，習萬遍，乃通神，殷勤不斷功自成。

無論練拳練字，都要以意以腰方能擒縱如意。

一、混沌一氣；二、陰陽虛實；三、精氣神；四、精氣神意 ；五、五行（足踏五行，懷抱八卦）；六、精神、意氣、骨肉；七、頭、肩、胯、肘、膝、手、腳；八、八卦；九、九宮；十、十方。

下面的力量要練到上面。下面勁下得去，上面勁出得出。

出勁常偏在兩個方面，一是憋住，一是散掉，要合得住，要一到都到，要會利用勢，在活動中去找勁。

要練得快，快了才好利用勢。

不管外面動作簡單複雜，裡面都是一樣的過程，氣的活動也是一樣的。

練拳要裡面有一套活動，外面與之配合，或者說裡面表現到外面來。

要能想一套拳，內勁要相當大，不想拳，依靠慣性練是不行的。

單鞭不是打人，是休息，是調整。掤捋擠按四個勁打對拳便練對了。

均勻和虛實是不矛盾的。

過去強調練腰，也稱練中心，現在應該強調手掌勁，手掌無勁，腰腿力量不能發揮。

應該在活動中坐腿，不然坐不下，力氣越大越坐不下，要鬆長，氣也要鬆。

腕不斷，腰與腕相連。

蓄不但於勁，且亦於勢。

蓄勁時，足應重於手，才能保證氣不積於頭。

蓄時意注腳腕，發時意注手腕。

腳踝節鬆開，不頂住，轉得動，則人如踩棉花中。

練太極拳貴在入門，不在功夫大小，最後是尺寸問題，歸根到底是功夫問題。

得機得勢，中心在腰，喉頭鬆開，勁乃出去。

精神提起，氣貫於手，不致滯於喉。

挺腰，首先骨肉挺，其次氣挺，再其次勁挺，最後意思挺起來。

腰挺起，勁始長，根漸深。

人前面有虛的半個圓，還有一個點，相當太極之魚眼，常在手上，或說在手腕上。

前面一點是白色，腰上一點是黑色（後又改成深藍色）才靈才得勁。

意氣欲換得靈，手剛到中心換到後，蓄剛滿意思即換到前。

擎、引、鬆、放，擎須拎起，引須輕巧，鬆須一氣呵成直至轉換完，即膝鬆換過，放須氣勁合一。

用意不用力，乃鬆而有力，游泳亦然。

發時伸出一隻手，爹爹言：像一個皮球滾來滾去，打人時伸出一隻手。

綿綿不斷，「綿綿」乃形容意之綿綿，並手、腰皆用意，勉強做作不得。

時刻留心在腰際，變換在腰，用意不用力。

氣在丹田，人穩而沉，神內收，勁斂而整。上下兩者相連，自然練到上下相通。

出手腰手相連者，要有相互張力，此亦可謂之腰為弓。

觀察人受表揚氣往往一鼓，受批評不是一癟就是一頂，所以人都管不住氣。

練拳對與錯在空間、時間上相差不大，僅幾寸和幾秒之別，可是拳卻有天壤之別。

練拳要注意三相空間，指襠捶到攬雀尾應渾身翻騰。李家拳全是此等，拳中手似龍爪，必須有腰到頸背這一段拎住。

手要像武器，瞄準再外送。

一動就從腰到指節，快為整勁，慢為九轉珠，兩種練法意思不同。

謝問：何為拎空？

答 ：先在感覺上找，也就是在拎足時渾身無一處軋住，或說渾身無一處能感受到。這要求精神最充足，體能最高限度集中，可逐步做到。先在拎足時能感到能鬆、能通氣、能活絡，又能調得動身體各部分也算可以了。「空」比「鬆」更高。

出到頭弓足、手高、掌挺、面昂、眼看遠，缺一不可。

練我們的拳會打人是附產品。

用太極拳解其他疙瘩，太極拳這個疙瘩怎麼解呢？

伸筋拔骨解骨肉疙瘩，盪開解氣的疙瘩，轉圈解意的疙瘩。

練拳動機要正確。

到了共產主義，每一個人都是一個積極因素，太極拳也是這個意思。

手上來覺得只有一條路好走就對了。將來覺得隨便哪條路都好走，條條道路通羅馬。

先有圓勁，再有方勁。盪開是方勁，轉圈是圓勁。

裡面有一個動作帶動外面。（以內勁帶動外勁。）

對待成績要看有怎樣的氣度，容器有多大，裝多少東西。

曾到公園裡對許多練太極拳的人講，要頭容正直。

要去掉撐勁和撐的習慣。

顧方濟老師曾對樂先生講自己練拳修道精神力量不夠，樂先生叫他看《米拉日巴傳》，又講 ：「不一定真的照米拉日巴做，太苦，照孟子的『勿忘勿助長』去做。」

顧方濟先生在一九七七年的某一天對樂先生講 ：「我覺得外面的身體是假的，裡面還有一個真的我。」

樂先生講 ：「練拳就是要解放這個真我，現在你可以不要宗教了。」

白首窮經是不對的，應不求甚解，如禪宗的「終日吃飯不曾嚼著一粒米」。

意思高遠勁到手，一定出得去。

李家拳練來像天馬行空。

太極拳要二分法，不可一順勁。做人要拘謹，做文章要盪開，倒過來就糟了。

盪得越遠越好，手也盪開，腳也盪開，手盪出去時好像不要手一樣。

（「盪開」二字是樂先生講的，拳經裡無此二字，只有「有左必有右，有前必有後」。）

開合在腳跟上，活動從腰和手開始。開勁不在小指，而在合谷穴，這是抽絲勁的勁頭，也即開是抽絲勁，合是鋼絲勁。

收放都在同一路線，收為放服務，都在一大的圈子裡。（都在轉圈中完成）

中節不明，全身都無。（中節即腰）

總要想辦法練到下面六七十，上面三四十。

先得圓勁，後得方勁，再方圓結合是另外一個圓勁。

圓勁流動也，方勁上下左右前後平衡也。陽數一，轉圈是第一義，不存在雞生蛋，蛋生雞的問題。

為道日損，損的是浮躁之氣。

父母活著時養他們，是孝。父母故後能光耀他們，大孝。而大孝之大孝是練功夫度脫他們。

凡是可以感覺到的東西都可以一分為二。

只有當你身體周圍其他東西都鬆了，才可能顯現出這根中脈。

有一位練拳者守住身體中心一線，沒有念頭，樂先生講他實質在練氣功。

眼睛也要有蓄有發，不能一味用眼神逼人。

人之心為太極，神氣為陰陽。

以梳頭髮、咬硬糖來比喻合勁，不但有勁，旁邊有氣勢。

我們的拳是練神氣的。故於練拳之外，必有以養神服氣之道，其道無他，讀書以明理，淡泊以守己而已。孔子曰：明理則不懼，克己則不憂。從容於不憂不懼之地，則何患乎神氣之不修也。

前期三套拳（指每天三遍拳）的練法分別是 ：撐筋骨、糾正姿勢、練意思。（此意思區別於骨肉和氣）

進一步三套拳分別是 ：糾正姿勢、找勁、練意形。（在練拳前先練單架子，以伸筋拔骨。）

意形更突出藝術性。

以鬆、長、正為得勁，後又講鬆、長、正、圓。

挺腰，首先骨肉挺，其次氣挺，再其次勁要挺，我們現在要把意思挺起來。

到後來沒有什麼弓腿坐腿，只有開胯合胯。

意思本身好打人，意思可以變成物質力量。

當功夫成為包袱時，多少有點停止不前了。

浩然之氣在中脈管，浩然之氣就是光明。

整個一套拳沒有一個地方是移動的。

與其說練拳是練身體，還不如說是鍛鍊思想。

九九歸一，手掌勁一直保持均勻，拳便是練好了。

全身任何一處特別得勁（包括腰）都是錯的。

人練拳都手軟、腳硬，故要坐腕挺掌，腳似踏在棉花上。

能夠客觀地看自己練拳，可以達到一個理想境界——無所住而生其心。

愛因斯坦不能把時間和空間統一起來，太極拳能，轉圈和盪開，轉圈是時間，盪開是空間。

練拳為了兩點，一是把氣聚起來，二是從頂上出去。

練拳時精神全部提起來，平時要顯得比一般還要癟些。

應懂得外面沒有一定的尺寸是找不到整勁的，應當明白這點。

練拳就是要解放裡面的「我」。

太極拳之妙在於一個「斷」。

楊家拳手掌帶三分勁，李家拳帶十分勁。

功夫無底，境界無窮。

會拎腰才能盪開，另一方面也要借盪開來拎起。

蓄勁時越拎越鬆；蓄勁如風火，出勁如地水。

太極拳道理千條萬條，只有一條，引勁落空合即出。

真話可以不全講出來，而講嘛要講真話。

蓄不得勁在發中找原因，反之發不得勁在蓄中找原因。

每一式到頭勁都要收得住。

挺腰—拎腰—轉腰—拔腰，腰把腳跟勁拔上來，這才叫「腿」。

「靜如山岳，動如江河」，除了一般的意思外，樂先生解釋：靜時當中有一根很細的東西，總是不動的，動的時候即拳式的變化。

曾有人問樂先生：為何要轉圈？

答：轉圈是為了盪開，盪開才能分陰陽虛實。

太極拳與其他拳只有一個區別，就在於圈子。

腰同身體透開謂之鬆腰。

練拳是圓，一方，出角，打人。

拳總要練的空靈才行。

先學來回勁，再學四只圈子。（多年後又講）腰本身要盪開。

專門練腰練僵掉，專門練氣氣要散，必須相輔相成，腰為主宰。志噎則動氣，氣噎則動志。

退轉進圈都要腰與手足相對用力，渾身掤緊，乃能無缺陷處、散亂處。

借勁使勁則可泰然練低樁，雖吃力但從容。

從容但須拎起，否則成懶勁。拎起尤需得勁，否則脫空。得勁之要，在於借勁使勁。能借己手之勁，便能借人之勁。

蓄時意在手足，發時意在腰。

實則虛之，掤、捋、擠、按。

虛則實之，採、挒、肘、靠。

「急則急應」者，接勁，截勁也，形未接而意已接，如中途之加入合奏，胡琴之托起演唱。

接者如順接來球，截者如橫擊飛球。

渾噩一身者，全身氣通，身隨意走，不言而喻也。

敲如打鐵，勁欲斷，意欲到錘端。發勁如爆炸，如鍋爐爆炸。故曰極柔軟而極堅剛，運勁如百煉鋼，無堅不摧也。

蓄時腰收兩手入，發時放出。

蓄初心欲軟，發初掌欲剛，可練鋼之剛性也。楊澄甫老師傳下曰：心要軟。

如轉換折疊得靈活，則借勁使勁，無有缺陷。腰一直處於拎空狀態。

發勁末須挺呱，始能全力以赴。

練神氣須平和，練打須機靈剛狠。

學得他家手法，須研究拳中何式之勁可以配之，即以其勁用之，否則不得融會。太極拳功奪造化，勁路極全，無有手法不能用者。

掤捋擠按之外，中定尤為至要，如初學對陣，先須立住陣腳。

太極拳架皆不能用，以其過大，亦皆能用，以其大得充分也。

腳不能只當樁用，亦當手用。故須一條腿支援全身，於是漸能渾身有解數矣。氣不通者即不能以輕巧勁對付；無架子者（腰挺不住者）不能以發勁對付。勁縮者可引之出（震之、搖之），可擊之，可拎起摔之。

一記無腰，身便散亂，有如敗筆。所謂刻刻留心在腰際也。

克敵在分清順背，分順背在兩腳分虛實（即一隻腳支持全身活動），分虛實在勁氣相反相成，勁氣相反相成在中氣呼吸開合。

練拳不能僅照打人意練，恐忽略開合內勁故，亦不能僅按內勁練，恐失去架子故。

練打須多打，練出感覺和反應。打時先須臨帖，不可亂打，先臨粗的，如摔跤扳子、擒拿，其中非無虛實，即在快慢先後身形順背之間也。繼則練推手，活步、散手等。漸求用勁分虛實，便能靈巧。

臨帖、背貼，方能漸悟懂勁。

寫字要在用筆，然先從結字入手，練打要在懂勁，然亦先從手法開始。

身如圓球，一開一合，則一斂一放，腰實則手重。

手腳交叉呼應，自能圓滿。

練內家拳營養要緊，以其陰面活動大，而陰面皆軟弱。

腰跟勁走，氣跟腰走，此呼吸之原則也。

腰如樹苗之狀，又如彈簧之意，且動且轉，且彎且挺。

爹爹曾說 ：「越打越輕才對。」此即內勁也。又說「總比人大一點，快一點，不夠時一要就有」，此內勁也，可作印證。

學孔然後能立，學老然後能變，學佛然後能空。所謂能空，即既不泥於原則，亦非浪以變化也。能立故能挺腰，能變故識虛實，能空即能應變無方也。

於轉折之處，意在勢前，即能得勁得勢。

練拳意境須大，練出內勁方大，否則如元曲宋詞，範圍終小耳。

貓伸懶腰，乃是內勁。

董太老師（董英傑）蓄得足，楊老先生（楊澄甫）發得足，而爹爹化之於無形。

腳落地即已蓄足，即腰已拎足，於是便能快，圈子便小。

以腰主宰者，渾身活動自腰始，終於四肢之末，乃得鬆圓靈空之趣。

開至四肢之端，合至丹田。

合時架子擺正，則氣沉丹田，頭略抬，任脈通，腹內鬆淨，是為主要。

勁與氣，手足與腰，時時互相用勁，如絞手巾意，即纏絲勁。

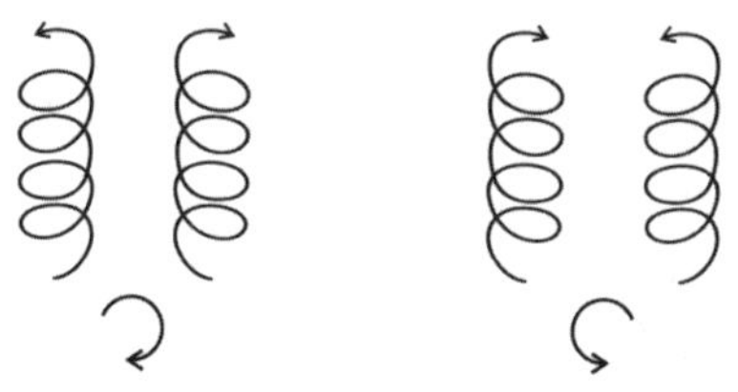

精神提得起，意氣方換得靈。意氣換得靈，乃曰意氣為君骨肉臣，意氣轉換皆走纏絲勁。

孟子論勇一節，論功夫淺深，可與拳對比，極為精深：

北宮黝　　頂勁　　　　　　　　裂眥必報

孟施捨　　有椿勁　　　　　　　守氣

曾　子　　懂勁　　　　　　　　自反而縮

告　子　　手法與勁不結合　　　不得於言　勿求於氣

靈敏於頂，即提起精神；活潑於腰，即留意在腰；神通於背，上行於肩，下行於胯，重點則在胯；往來於腿，無論動步與否，其意則一；「運之於掌」，「足之於指」，皆以意運氣，勿使拙力，運足時，腰一彈即作「S」形回頭，其時「縱之在膝」，將發足，以意運之於掌，足之於指。

拔背則含胸，含胸則拔背，然蓄勁主在拔背，發勁主在含胸。

蹬之於足跟，轉腰拎至腳跟為法。

其根在足，發於腿，主宰於腰，神通於背，形於手指，是同一時間事，不可分開。

董太老師所謂「氣如半瓶水晃來晃去」，開時晃到陽面，合時晃到陰面。開時如提氣上騰，合時如禦風下降。拳練完，站半刻莫急動，腹內可覺有二物相爭，漸爭漸縮小，有火自腹四注骨肉，直至指尖。

腰著力，手著力，腰與手之間有一圈較輕靈，由小圈得力而來。董太老師所謂「手前節著力也」，於是手掌乃漸得力。

腰、手、腳跟三點互為支點。手先鬆，故腰先能借手勁，及腳鬆，亦能借腳跟勁。

得方圓勁，較開合勁為靈動，方須存一，圓欲去四。氣以直養而無害，存一也，勁以曲蓄而有餘，去四也。方勁以腰以中，兩足兩手為四角。

挺腰應如提虎頭蛇尾之魚竿。弓腿先動手，尤先挺小腹，坐腿先坐腰腿，尤先退腰背，設想全身如皮老虎之移動，終須不使壓扁而是盪開。

半瓶水，退沖後腰，進撞小腹。所謂生角者，挺腰而氣張四肢之端也。蓄則「立身而支撐八面」，發則「發勁而專注一方」也。手能出角，然後可練氣身出角。練拳多年而無發勁者，不能出角者也。

陰陽虛實而不離中，此寫字、唱戲、練拳之正則也。陰陽虛實易，中不易。中，方能陰陽虛實，跌宕往來也；陰陽虛實，方能中，不泥不偏也。悟此，方能存乎體而應於用。四時行，萬物生，不離此理。

頭要時時調正，否則神散。

立如平準，兩手如天平之兩盤，腰如立柱之意。

一九七八年四月，小腹內有球滾動。後蓄則先拎空，球前上旋處空中，然後撞後腰內壁；前發亦先拎空，球前上旋；然後撞小腹內壁。球前上旋者，含胸拔背之拎腰也，得逆行小周天之效。

一九七八年四月五日，從老西門下車，見濟公活佛像悟，拳大變。

氣足方足以運身，腰如轉軸。氣足則神足，前後左右中顧盼定，向後氣在後，向前氣在前，如此方能含胸拔背，鬆肩墜肘。轉時即虛靈頂勁。氣養不足，終在外面。

楊家拳中有半陰半陽的練法，而李家拳則全是哼哈開合。

半陰半陽，乃左晃右晃也，如下：

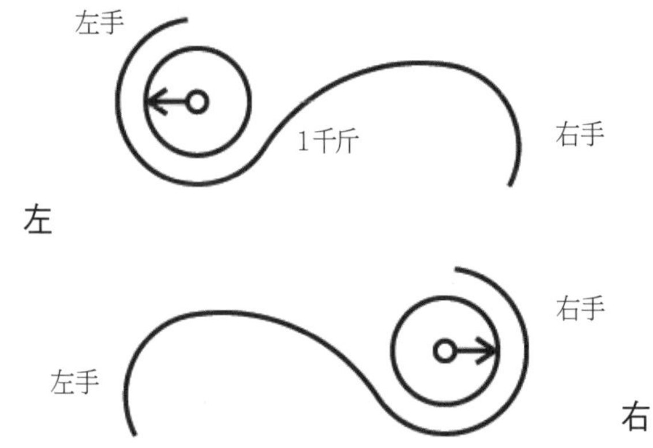


陰陽虛實順背。

李家拳無半陰半陽者，只哼哈開合，如下：

而半陰半陽在楊家拳中亦只在轉變中也，蓄發中仍是哼哈開合也。

腰、兩手、兩足五點相應，手腰腳轉圈呼應即可相應，不然勁縮回至肘或肩，或腳上踏實不活。總之虛實要分清，用勁要左右相稱，上下相隨。

頭容時時調整，否則神散。往復須有折疊，進退須有轉換，勁將展未展，似鬆非鬆。

手掌勿鬆，肘鬆。

楊家拳以左右之陰陽虛實為轉變之法，李家拳則以氣如車輪為轉變之法，其象為：

上述三組圖中大圈為丹田，小圈為氣球也。

故李家拳較楊家拳為高者，拎得起也。

氣足不思食，如今有些體會，憚悅為食也。

營出於中焦，衛出於下焦。營衛者，精氣也，血者神氣也。血之與氣，異名同類焉。中焦亦並胃中，出上焦之後，此所受氣者，泌糟粕，□（已漫漶）精液，化其精微，上注與肺脈，乃化而為血，以奉生身，莫貴乎此，故獨得行於經隧，命曰營氣。

經絡兮，行乎肌表，唯脈絡有以相通，故氣得從心而至。

陽維陰維主一身之表裡，開合練之矣。

陽蹻陰蹻主一身左右之陰陽，轉變虛實練之矣。

督、任、衝脈主前後之陰陽，蓄發練之矣。

帶脈主橫束諸脈，運氣練之矣。

衝脈主十二經脈之海，開合練之矣。

正經猶溝渠，奇經猶湖澤，正經之脈隆盛，則溢於奇經。

蓄發於丹田者，溢於任督衝脈之氣也，手足之氣則仍走營衛之正道。

蓄則開而陽衛於表，發則合而陰發於手足。手心為勞宮穴，屬手厥陰心包絡經。足心為湧泉，屬足少陰腎經。發時陰脈隆盛，氣從勞宮湧泉皆發出，其他四陰經之盛氣通過絡脈亦由此出。

蓄勁時，足要抓地，否則足心湧泉穴開，漏氣，漏氣則蓄不足。

動腳轉變即有陰陽虛實，左晃右晃，切記意守丹田，不可晃到肩上去。

合前抿嘴挺胸最忌，舌舔上齶可消取之。

哼哈可設想為給陰脈或陽脈打氣。氣換不轉，勁一定換不轉。

恰恰用心時，恰恰無心用，恰恰無心用，恰恰用心時。看話頭用心也，悟禪機無心時也。

物無自性者，對待方見其性也，火不自燃，水不自溢。與物能相含，則兩不相傷。

一生二，二生三，三生萬物。還元者，逆而行之者也。

轉變時一晃腳就要動，收腳出腳不見腳，所謂步隨身換也。

練拳時，大指靠攏，腳掌踏平，虛靈頂勁，所以閉合谷、湧泉、會陰穴也。

神收斂後，拳有進。

投壺非著意非不著意，莫知其所以然而中，此神之所為也，但教每事如此。

內勁，用意運氣，以氣運身，出手時，手中氣勿使屈撓，胸中便亦鬆淨。

有一點外裝之力即外勁，即外裝之意亦不可有。

凡收腳出腳，皆須找到腰與腳跟間相成勁，不依重心移斜而動始得。

動手失勢，全體透空，一反應間，中心復直起。用意卻不可得，必滯也。

支點在腳跟，或腳跟有支持意，有柳樹迎風意，尚是站在水底練拳。

支點在腰上，能借勢換勁，勿使腳跟有支持勁，即腳跟與腰之間之軸，亦已抽去，乃可懸在水中練拳矣，換勁稍失勢，即復落水底。待腰勢如蛇，乃漸出水面，其勢如□（已漫漶）逕離水入空中矣。

橫勁打直勁，即是挒勁之用也。

擠用震驚抖動，肘靠勁皆擠之進也。

捋用陰陽勁，走勁，或寓走意。

按是波浪勁，或直勁。

掤是浮勁。

採是秤錘勁。

爹爹所謂「手掌勁」者，即楊澄甫老先生所謂「我們的拳都在腕子上」。

屏氣為開脈管。

今日練拳，氣球轉時，遍身有陰陽隱現感覺，乃悟「忽隱忽現」一語。

練拳程式要緊，先開合呼吸升降，後在丹田中四面榥，後轉磨，後轉車輪。升降時注意勿升過華蓋穴，過缺盆則害。開時氣後撞故不前升而後升，穴開推上也，合時前撞，迎而下還，鍛鍊丹田氣也。

丹田、腰、手腕手掌、腳腕腳掌。

得拉弓放箭勁，前僅偶爾得之者。前面虛空有一點。

往復須有折疊，進退須有轉換。

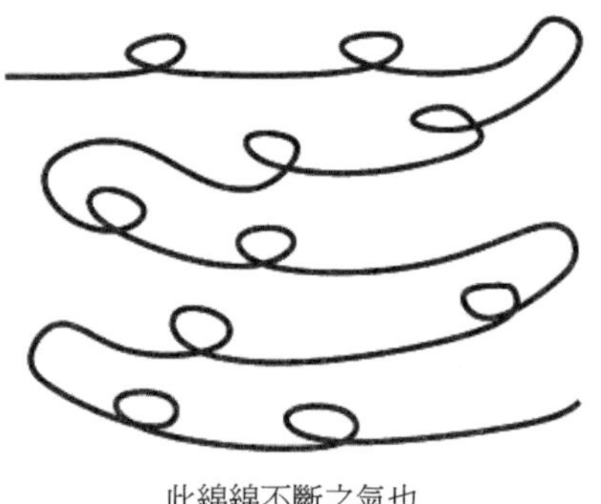

此綿綿不斷之氣也

廓然無聖，是真刀法，是真拳法。

初練氣要拿在丹田，四處或撞或碾，總要貼住，不然便浮起，腳便亦浮起。

無所住而生其心是佛境界者，凡夫既無所住，便不能生心，才無所住，便視而不見，聽而不聞，才見才聞，便有所住，此八識用事也。

腰如轉軸，龍舞滄海，鶴出青天。

氣貼於背，牽動往來。轉變、走、黏皆氣貼於背。牽動往來者，走、黏而已。

能呼吸然後能靈活，意氣要換得靈，然後有圓活（折疊）之趣。意氣換時，即折疊時也，轉換時也。蓄發之呼吸與轉換之呼吸又有不同，轉換呼吸不若蓄發呼吸之強也。轉換時，吸只氣貼於背，而蓄時直須無微不至（仍氣貼於背），前者開一半，後者全開也。轉換時，呼只是換氣，揚身時為之，否則，揚身而吸則氣將上衝，發時則專注一方，如向前則前撞也。

習《蘭亭序》忽得發須得勢，蓄亦須得勢。發即為蓄蓄勢，而蓄即為發蓄勢也，前蓄之須二三之者，不得勢也。然與腰勁有關。

蓄發之動若江河，江河之動，波浪所成，浪之動，上至顛即有下意，下至若又有上意，故蓄勁為發勁之蓄，發勁為蓄勁之蓄也。發之蓄，固已熟知者矣，蓄之蓄，未曾留意者也。蓄之蓄如何，如人之開弓，先必作勢，否則吃力不討好也。

楊家拳、李家拳皆可練鋼絲勁。

地心永不拋，則喉頭亦永不拋，喉頭永不拋，地心亦永不拋。

有方勁始能打人，唯有圓勁方能有方勁，所謂曲中求直也。走開打，引而蓄時，腰不能軟，始蓄始發，腰必一拎，連蓄帶發，只是一圈，唯圈中有小圈，曲中求直耳。

梅聖等人來練拳，梅聖謂夢見老師比一個李家拳出手給看，並說：「腰一拎，這不就出去了嗎？」

練拳得流行於氣，任運自然之意。

腹有餘氣，午睡中出。可見餘氣終要解決，亂竄則動志。

練拳得喉頭與尾閭連接勁，頭於是不得亂動，否則散亂。

練拳得自腰至喉至地心，以及兩手兩足，無令頃刻絲毫之間斷。

李家拳蓄時氣聚丹田，發時自腰至喉至尾閭，再至足至手，足之於指，發之於毛。

楊家拳中以手法為勝者：

1.海底針接閃通背——對付擒拿，用通臂掌，韓湘子橫吹玉笛。

2.翻身搬攔捶（撇身捶）——對付迎面、身側、身後來拳，用掌或拳打面或肋，漢鍾離跳出紅塵。

3.左右打虎——對付抓勢，用拳打頭或頸，呂洞賓劍斬黃龍。

4.雙風貫耳——對付雙撞掌（拳），用拳打太陽穴，曹國舅擊鈸傳酒。

5.回身鴛鴦腳——進攻虛中套實，用腳蹬小腹，李鐵拐回頭望月。

6.玉女穿梭——對付多人，用掌打胸、肋、面，藍采和八面散花。

7.下勢接金雞獨立（七星捶）——對付來勢朝下兇狂之撲打，用膝衝小腹，何仙姑懶睡牙床。

8.退步跨虎轉身雙擺蓮——對付踢腿掃腿，用腿擺打腰、肋，張果老倒騎毛驢。

一條腿能轉腰，勁方能不斷。手捲舒不斷，腿亦然。

寫字要有呼吸。

轉小圈時即寓下一手意，則下一手便得勁。

手未到底便須轉，否則便斷。

尾閭中正極要緊，否則樁便散亂。

腰覺中脊轉動得三寸長許，腰勁長得多。

昨晚謝榮康來練拳，虛飄飄的，眼圈發黑，是足底漏氣，陰蹻脈開故，教其收，並說八脈會頭後便最後關住。

練拳手掌切須平，注意掌勁即平，氣乃能貫至指肚。

翻身搬攔捶、擺腿，皆是先向右發條絞緊，然後向左一翻即成，不是一順勁。

十字手翻轉身、撇身捶、倒攆猴變斜飛等，都要轉「S」形腰，這個動作先右後左，其中有個轉換處不易形容，或說如鯉魚打挺相似。倒攆猴與雲手都是折疊勁，要連續寫「∞」字。

練拳要秀潤，勿忘勿助長也，所謂神氣要到，秀潤天成。開合要足，自起自到，神氣要緊，完全是用神氣貫足。譚鑫培唱戲不高到頂下不來。

開勁至足尖時，正好落地，便是邁步如貓行。

丹田氣轉稍得自起自落之感，現在始知爹爹說：「要最低的樁才能練出最大功夫。」因為若不如此，則氣運身不動耳。

要拎空蓄發，交叉張弛。腰真能拎空時，周身定無有軋牢處。

偏筆取勢，始得中鋒。

五行生剋，水宮為先，故極柔軟而後極堅剛。

練拳如飛鳥凌空，振翅而遊。

圈轉得越小，勁越細越長。

昨練拳得「S」腰。

神氣有顧盼開合，乃以心行氣之意。

腰隨轉隨拎起，即拎轉合一，於是隨時空靈。

蓄則氣從督（脈）升，發則氣從任（脈）降。

內勁如開弓將射之圓滿，猶皮球有氣充之。

呼吸者，吸能提得人起，呼則從脊內發出。全身之勁，放得人遠矣。

渾身輕靈，剛裡之勁，在於手指，如純鋼鬆軟之條，上有鐵□，向前一彈，所向披靡。

須在將動未動之時，意未起形未動之間，爭此先著。

一要性心與意靜，自然無處不輕靈 ；二要遍體氣流行，一定繼續不能停 ；三要喉頭永不拋，問盡天下眾英豪。

各種神氣俱要表現出。

背漸不鬆，神通於背之謂也，沈家楨所謂背上皮膚終無鬆時也。

行坐住臥，皆可行功，其生以心行氣而求知覺。

得蓄勢如開弓，發勁如放箭意。蓄發前皆有頓挫。

得一動百動化勁，則輕鬆。

與張保慈推手，初甚重，因其勁不出來，後即屢摔之，漸鬆，乃輕。可見對手有三種，一種是橡膠，一種是麵條，一種才是箭。橡膠與麵條皆難得其支點，故其支點在腳，須摔之倒，又或置支點在己身，以拳腳擊之。

蓄時支撐八面，發時專注一方，如吹鼓氣球或氣球放氣。

氣在轉變時須耐心，待氣先轉再運身，則圓滿，否則易斷在肩。

轉變時開合要帶凌空勁，方才俐落。

眼睛神氣亦須有蓄發意。渾身描太極見下圖。

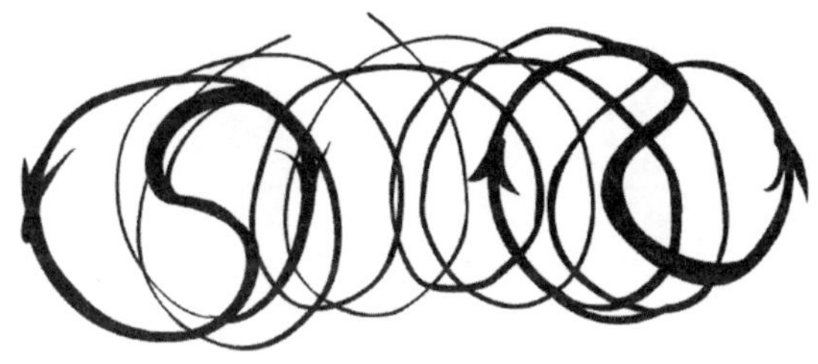

渾身氣通，即是整勁。

虛實在兩足有轉換，且在一足亦有輕重變化。

誦老杜（指杜甫）詩，練拳得蒼挺勁。

笨力是本錢，鬆軟是用法。

爹爹曾說：學佛是練功夫，非不可捉摸之事。

有人練拳未能進步，不是技術問題，可能是境界問題，但境界又難提高者，是氣質問題，將研究氣質問題，以期提高拳之境界。

前日起手求平，今日起腳欲平。倒攆猴、雲手圈子皆減略。

一九七九年二月十三日，今日初見金絲籠，喜證中脈通地天。（經請教佛教界有關人士，中脈通即是成佛。——樂雍注）

二月十七日，午後忽覺頭部氣通。（此與中脈通有關聯，祖父說過：丹田練好武功到頂，……最上面練好，什麼都好了。——樂雍注）

腳跟著實，調子乃不走失，如讀詩然。

丹田氣能壓住胯，發時左胯與手相呼應，蓄時右胯與手相呼應。

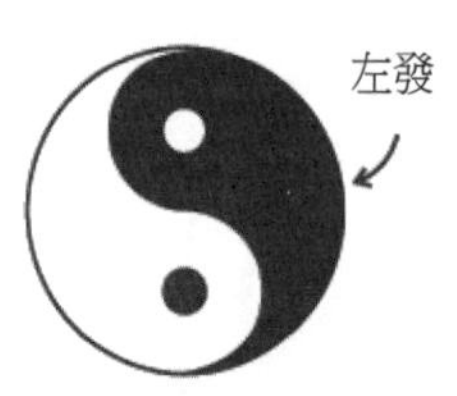

黑者為實，白者虛，回轉於腰胯之間。蓄時手足勁在陽脈，發時勁在陰脈，感覺顯然。

直接指揮腰動，便能漸得尺寸。

練拳緊湊後，便漸能時時鬆開。

幾日來練凌空勁，手足掌應要正。

一年前後瞭解方圓勁是開方合圓，如今瞭解方圓勁是：開合是方勁，轉動是圓勁，轉動中有開合，開合中有轉動，即方中有圓，圓中有方也。

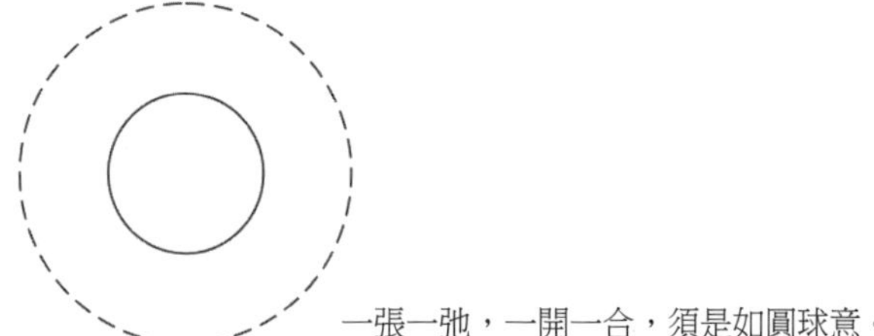

一張一弛，一開一合，須是如圓球意。

一條腿支持全身者，可在梅花樁上練拳也。

返神內照為養氣，神守丹田為結丹，神氣合一為溫養，練神歸性為了道。

呼應關係須隨腰之轉動而轉動，便能連續不斷。

孔子曰，「吾三十而立」。此「立」字今日方懂，即不需人扶意。程子告其弟子說，你自己且站不穩，左扶時右倒，右扶時左倒。

靜而後能安，安而後能慮，慮而後能得，學貴自得之。

運氣如九曲珠，無微不至。

上下通氣，彼此通氣，有感覺即通氣，通氣然後有感覺。虛虛實實，使其通氣而已。打活的，亦通氣而已。

中、巧、合自然。

氣亂看（佛）經自平。

食蒜、韭菜令人氣亂，兔肉亦不宜多食。

玄之又玄，眾妙之門。愈基本的太極勁愈不著跡，圈子愈小。

先是大圈子，後是小圈子，再是呼吸之間，再是神氣之間，即是玄之又玄的功夫層次。直至練神返虛，方入眾妙之門。不過，用時總須著跡耳。

氣為旗，腰為纛，退圈容易進圈難，腰難拎直也。董太老師所謂倒捌大纛旗者，趴腰是也。

折疊轉換。折疊即「S」腰，轉換即頓挫。折疊轉換只是要跟著勁走。王羲之所謂跟著筆走，即是此意。

腰能轉動後即能解放出一種新的力量。

如能一直拎住腰，掤勁圓球勁即不鬆。

每修法後即無力，心氣平故，無力後練拳即要高一等，接近爹爹意。

無力後純是內勁，此內勁即如爹爹所說：要多少有多少。

練拳如「大鵬凌空」，即是虛靈頂勁。

練拳如轉陀螺，實足即陀螺尖。爹爹所謂「滾來滾去」即此之謂乎。

手足與腰或為支撐。蓄發時手足以腰為支樞，轉變時腰又以手足為支樞，故蓄發時腰須挺住，轉變時手足又須挺住。如毛蟲之前後段，相互為挺住，腰與手足是也。

腰如一直能拎住，即能運如鳥飛。如此手掌勁便能不斷，開合呼吸便能得心應手。

練拳時既要依乎規矩，又要任其自然，其中依幾分，任幾分，則視得勁與乎為定也。

楊家拳隨時能挺住腰。

注意腿則腿輕而手重，可見氣足則身輕也。

接勁要活練，即恰要開始蓄發時，腰正轉到合宜處。

爹爹過去謂「歐陽修文章做平了」，此平字即復歸於自然，今日方懂。

腰先是在折疊轉換時，有汽車踏離合器換擋意。後即能時時在擋，這時須腰與手足之運用順遂方行。

手足與腰以前得互相支撐意，猶未連續也。連續時腰與手足時時相反相成，空間時間上都能完整一氣矣。

忽想起《紅菱豔》電影中芭蕾舞基本訓練之一勢，亦屬震地發勁之一種，雖然支點可能在胸上，練震勁也。

腰拎空，手掌腳掌交叉相應，全體透空，便能增強內勁。

本身氣質無偏，則能應用無方。風則風，水則水，地大亦能用相當。否則易為人制。

練拳初打人虛處，後即打人勁，即橫勁打直勁也。欲人無整勁，總有彆扭處，便打彆扭處。

蓄勁時，勁自足心手心吸入，發勁時，勁自足心手心呼出，即在手心足心皆開口者也。蓄時足蓄得勁，則有騰空意。

氣足則能運用骨肉，故武功可練好；神足能運用氣，故能變化。神足時，能變化五行，不滯五行之一偏，便能知人而不為人知，制人而不為人制。

人氣各有質，屬五行之一偏，其勁必亦如此。屬火者搖晃而上揭；屬土者遲重而下沉；屬木者多節而喜挺；屬金者多角而善擊；屬水者流盪而易走。

不但此也，質為體，動而為用。火動而為土，土動而為金，金動而為水，水動而為木，木動而為火。守者常為體，攻時常為用，一般之理也。

能變化己之氣，則可攻可守矣。相生者可守，相剋者可攻，如水可守金，金可防土，而水可攻火，火可剋土。

守時人不易為整體，常見下身為土而上身為木，擊之須先用金而後用木。又見上身為水而下身為木，則先須用土而後用金以剋之。

來擊之多半較整，判其勁質而後剋之可也。

氣者勁之體也，神者氣之體也。勁不整者氣必不整，其氣故亦難制，何況變之；反之，勁整者氣必整，氣整乃易制，進而可變化之也。

神足者，可變化氣，不但可變己之氣，復可變化人之氣。

神中而無偏者，可變化神，乃可制人之神。

人之氣不整者，非不可制也，乃不須制也，直擊其骨肉可矣。人之神不完者，非不可制也，乃不須制也，直擊其氣可矣。神氣為陰陽而變化五行。

掤、捋、擠、按大體屬火、水、金、木之勁，亦可變化為其他勁。只是火勁大多用掤、水勁大多用按耳。土屬中定，懶勁也。採、挒、肘、靠、乃偏之水、火、金、木也。

腰如纛，則自開至合拔腰時，在腳跟處有拔不起意。

學畫於拳有助處，從筆墨練拳，身隨想動，神與體會，學造化之活潑，否則只是規矩，差以毫釐耳。

所謂內勁者，自內而發也。凡動皆自腰起，轉換折疊，如環無端。虛實則是圓球之下尖，在兩足跟變換之意。

自腰一轉，氣圈須包含全身，故氣輪之底尖不在足跟而在跟之下，唯其軸線通過足跟耳。

有龍飛於天，四足舞動意。

全己為封，拿人為閉。

每一招中開中寓離，合中寓坎，前所謂毛蟲勁，正此耳。

發勁至終時，用意使手指微脹一下，此爹爹以前曾教過，如今始驗。

楊家牽動勁為擒拿勁，即將人整個制住之勁；鬆沉勁為拆散勁，即去四兩而倒千斤之勁。故拿者拆者，皆調整剛柔之法。

三丹田皆有呼吸開合。

擒拿法以大圈子拗手為基礎。粗的不會，細的卻難，鬆沉勁以大圈子採挒為基礎。物有本末，事有終始。

氣以直養而無害，勁以曲蓄而有餘。直道而行，勿暴其氣。曲中求直，不可趴下。

寫字也好，作詩也好，甚至打仗也好，其懂勁規律是一樣的。所以只練拳完全可以懂勁，懂勁不一定會打，反過來，會打也不一定懂勁，打得高明才叫懂勁。所謂懂勁，就是能自覺地改造自己不懂勁的地方。

**蓄勁如開弓，發勁如放箭**。每開必有開弓之勁，發勁曲中求直，用意直，氣不必直，骨肉不必直。

**行氣如九曲珠，無微不到**。一盪開，形之於手，虛靈頂勁，足跟如鑽。

**喉頭不可拋**。喉頭為第二主宰，常病縮，兩手既不通氣。根源在腰。

**尾閭中正**。尾閭為第三主宰，非翻即合，兩腳不通氣。根源亦在腰。

**立若平準，動如車輪**。一分為二，一足支撐，如立若平准，每動必以圓勢。

**精神要提得起**。有如唱戲唱歌，拎住調門，勿使走調，勿使趴下。

**意氣要換得靈**。此是內勁關鍵，首先是以意行氣，在意不在氣。有似演員內外統一的表演。只是重在含蓄，不能浮躁。

**動之則分**。自腰盪開，一分為二，乃變化之始。

**一處有一處虛實，處處總此一虛實**。處處要盪開，要變化，要活。

**務必節節貫穿耳**。此須與「斷而復連」參照看。合到底處復聯，其餘皆是節節貫穿。

**將展未展，似鬆非鬆**。一是說節節貫穿，一是說處處有勢。引而不發，躍如也。

練拳的人，衣服特別是襯衣要更新得快點，因為汗裡的排泄物在衣服上不可能全部洗乾淨。民間有一習慣，病人發一身汗的衣服要煮一煮，也是這個道理。

一次練拳教呼吸，聲音很清楚。過後說 ：「這是教你們的，練可不能這麼練，呼吸粗要燒壞肺的。」

練好拳後不可手浸在冷水裡，要閉火的。夏天更不行，夏天毛孔開，更容易出毛病。

試觀三尺象牙玲瓏寶塔，精緻貴重，但只能供人賞玩。而在山林中，卻有著磚瓦結構的龐大雄偉的寶塔，此寶塔挺立著接受日曬雨打，多年不倒……所以，練功夫不要求細巧，要求其大，願將此意與諸兄共鞭之。

要看經書，也要看毛主席著作，平常時要挑一門不喜歡的學問去學，這就是補缺門。

樂先生曾經教一位女士練折疊勁，舉了幾個例子：1.揮旗子調頭。2.打井水時，當水裝滿要提起前，必須向下一沉。3.搖麵機搖下麵來，往復疊起。4.布匹放下來時兩面疊起。

要照規矩練，不要照感覺，感覺不一定準確。

有人問楊家拳、李家拳之別，李家拳只是「愈柔軟而愈堅剛」。

「無堅不摧」，確有此地步，唯常人不易至，至亦不易保。

「往復須有折疊，進退須有轉換」，此與寫字同。

「收即是放」，收中有放意，為收而放。

# 第 2 篇

## 顧方濟老師回憶
## 樂亶先生教拳與本人練拳體會

一、關於拳架的基本要求：

頭容正直，下頜內收 ；眼睛看遠，不要受牆壁等障礙物的影響；嘴自然閉合，吸之於鼻，呼之於鼻；肩隨著蓄發而有起伏；肘要轉，蓄向外轉，發向裡轉，出到頭手臂勿全部伸直，肘部帶點彎，以利通氣；手腕要凝得住，勿飄，坐腕挺掌，手指基本併攏伸直，大拇指向後向食指靠 ；弓腿坐腿均要挺腰，命門穴處向裡挺 ；髖關節有開合，坐腿時張開，弓腿時合上並且膝蓋向下轉；膝關節，坐腿時張開，但沒完全伸直，留點彎度，一般弓腿時前膝要弓到與足尖齊，如果是前期練幅度，撐開筋骨，則要求弓出足尖 ；腳踝，在整套拳的過程中始終是展開的 ；腳掌，在蓄發過程中有弓起及放平的變化；腳趾要趴地。

坐腿時前腳要踏牢，腳尖不能掀起，弓腿時後腳外沿要踏住。出到頭前手、腰及後腳在一條直線上。

二、初學幾年挺腰下樁，坐足弓足，伸筋拔骨。待架子練熟，基本規矩掌握之後就要進入內功方面的鍛鍊，包括養氣、配呼吸、以氣運身、盪開、拎腰、轉圈等。

**1. 養氣**。動靜適當，減少消耗，心平氣和，生活有節，練大搖功養丹田氣，一方面開拓丹田，把丹田氣聚起來，同時把雜質和病邪練掉（後面有具體指導），最重要的是「理直」，養浩然之氣。

**2. 配呼吸**。（1）坐腿吸，弓腿呼。

（2）進一步，坐腿吸，渾身陽面充氣，弓腿呼，氣到陰面。

（3）配合丹田氣的晃動，蓄氣貼於背，吸，發氣朝前腹撞，呼，發到頭時小腹向裡收一收。

（4）哼哈勁，當蓄發勁欲更加充足之時，或某個動作過程較長時，可在吸氣當中加一個小呼，再吸，同樣在呼氣當中加一個小吸，再呼；另外在蓄足發足的兩頭也可以哼哈勁來換氣，即蓄足，加一個小呼吸，再呼，發足，加一個小呼吸，再吸，開始下一式的蓄勁。

哼哈勁比較短促，像抽泣聲。

**3. 以氣運身**。當丹田氣有一些基礎後，就可以丹田氣的晃動來帶動拳架。即欲後退先丹田氣向後晃，肢體再跟著向後，欲前進丹田氣先向前晃，再肢體跟上去；欲左轉或右轉亦同理推之。

練到後面當你會拎腰轉圈時，右轉丹田氣開，身形向後向下，蓄勁；左轉丹田氣合，身形向前向上，發勁。女子則相反，左轉為開，右轉為合。這是人先天具有的特性。

勁和氣的活動相反相成，氣開時手足勁收到腰，氣合時手足勁出。

**4. 盪開**。盪開的前期就是來回勁，避免一順勁，不是簡單地直線運動。「有左必有右，有前必有後，有上必有下。」腰與手腳有脫開又連牢的意思（有拉風箱、甩旗子、盪鞦韆為例）。盪開才能分虛實，盪開能造勢，盪開使胸腹間透氣，左右前後上下能平衡。

樂亶先生說 ：「盪開屬方勁，轉圈屬圓勁，先得圓勁，再得方勁。」

拎腰與轉圈，後面有論及。

**腰手相連，四個階段的內容：**

1.腰與手之間如彈棉弓繃牢，繃牢就是腰與手之間有個張力。

2.腰與手互相借勁活動，腰活動時挺在手上，手活動時挺在腰上。

3.從腰裡將勁道甩出去。如甩流星、甩旗子、甩鞭子，最好的是紅綢舞，轉圈甩最高級。

4.腰將手拎牢凌空勁。

兩條腿走路，以內勁矯正外形，以外形促成內勁。

《拳經》中說：意氣君來骨肉臣。在丹田練到有一定基礎後，進一步練中氣開合。

**太極拳鍛鍊有四個階段：**

1.張與弛。（練骨肉）

2.開與合。（練中氣）

3.蓄與發。（練勁、勁氣、手足勁。所謂「勁」是指氣與力的結合）

4.用意來引導。

前期是以呼吸帶動中氣升降、脹收或開合，後期主要是意思（或意念）來指揮中氣開合，呼吸處於從屬地位。這樣太極拳就從外面轉到裡面，達到新的水平。這時要防止出偏差，要心靜；呼吸深、長、細；提氣上來時不能超過膻中，不要屏氣。

人身的陰陽分上下、腹背、左右。開是陽，合是陰；背是陽，腹是陰；上陽，下陰；男子右面是陽，左面是陰（女子相反）。

充陽脈——坐腿時，開胯、吸氣、丹田氣貼背、四肢外側、手足背，尾閭微向後翻，是陽面充氣，用逆呼吸。

充陰脈——弓腿時，合胯、呼氣、尾閭擺正、氣到小腹、四肢內側、手足掌，是陰面充氣。

**丹田氣感要經過四個階段：**

| 從氣體 | → | 液體 | → | 膠體 | → | 固體 |
|---|---|---|---|---|---|---|
| （有熱的感覺） | | （有水晃動感） | | （沙拉醬狀） | | （有球的感覺） |

丹田氣要越純越好。什麼是純？即：

1.要按順序漸進。

2.要心靜、集中思想。

3.用大搖功，把病氣排除，疙瘩理順，這樣氣就純了。

（大搖功：取坐式。眼看前方聚焦一點；雙手指交叉置於肚臍，掌心朝裡；雙腳平行著地，勿八字腳；丹田氣沿腹壁旋轉，順時針逆時針都要轉，每次三十至五十下；臀部不可掀起。——樂雍注）

太極拳名稱眾多，形態各異，其共性就是開合。

**四種開合：**

1. 大開大合：指動作簡單。如：掤、手揮琵琶、十字手。

2. 小開小合：開時吸氣。有時動作長，感到一口氣來不及，這時可式中換呼吸，如「按」吸氣長，中間可吐再吸，「肘底看錘」可以換幾口氣，「白鶴亮翅」也如此。

3. 半開半合：在複雜動作中，不要大開大合。用開合不分明來練，這時換呼吸就容易。楊家拳的重要特點就是開合不明顯，即使是大開大合時也不要練到九分、十分，而練成不明顯就柔軟圓活。李家拳是大開大合，是開合太極拳，勁比較剛，是練大的氣功，是在練楊家拳較有基礎上再練，代表人物有李香遠。

4. 形開實合（或形合實開）：如單鞭外形開，中氣合；分腿、蹬腳，外形開，中氣也是合的；轉身雙擺蓮，轉身時形合實開，氣應貼背。

在練勁前還要練「九轉珠」。

先講十三丹田，關於丹田有幾種講法，如眉心——上丹田，心口——中丹田，小腹——下丹田。

十三丹田，從字面意思講，是指結丹田之處，能源的倉庫。

1. 丹田——小腹（一處）

2. 喉頭、尾閭（會陰）（二處）

3. 上肢——肩、肘、腕（三處）

4. 下肢——胯、膝、踝（三處）

5.手指根、手指節（二處）

6.腳趾根、腳趾節（二處）

舍利子據說是從人的關節處出來的，故關節處能練出很大能量，每一節脊椎骨也能練出能量，都能成為丹田。

**九轉珠是指**：腹中、小腹、腰（命門）、肩、肘、腕、胯、膝、踝。肚臍與命門連線的中點為腹中，此中心意思一動為第一轉，中心帶動小腹與腰是第二、第三轉。喉頭與尾閭要挺住。開始練時要用意念引導，喉頭挺住，氣就能波動（轉動）到肩、肘、腕；尾閭挺住，氣就能波動（轉動）到胯、膝、踝。

中國古代有「數盡於九」的說法，故九轉珠僅是個約數。如喉頭、尾閭也可以練成丹田。又如兩手除大指只有一節指節，其餘四指都有兩節。

十三丹田是能量倉庫，而九轉珠是方法，是練氣必經的站頭，可以幫助十三丹田的形成，故十三丹田是練氣的結果。且脊椎骨、膻中、眉心都可練出丹田。《太極拳要義》中說：每個細胞都是丹田。《拳經》中說：「運氣如九曲珠，無微不至。」

**九轉珠的具體要求：**

一轉要輕靈，著重意思，忌用粗勁。

二轉到丹田，要有氣感。

三轉到命門（腰）要有著力感覺（挺或提），尾閭、喉頭要挺住。

氣到肩時，有起伏，開時起，合時伏。

氣到膝蓋時也轉圈。（開時外轉，合時內轉。）

氣到腕時凝住不飄。

氣到踝要帶勁，不癟，腳外沿帶勁。

照以上規矩練，便能達到「氣遍身軀不稍滯」。

真的太極中間透空，腰也空，遂致全身皆空。極少人能得。

練拳到後來，像佛教裡講的定力，這樣一擺，腦子裡都空了。這是用功夫逼你入定的境界，不是你去入這個定，從定裡練出功夫，它是倒做的，用不著再定了，定已經在裡面了，戒也在了，然後就看你出不出慧了。

一擺，一直在這個狀態中進行太極拳，又回到原來狀態了，在這個時候，像跑出去了一樣。樂老師說：「用不著去修其他功夫了，都在這個太極拳裡面了。」這句話要理解需要很多時間，功夫一點一點地在深化的。

樂家拳就是這個樣子，好像沒有什麼手出去回來，只是裡面的太極圈在描來描去，到後來，腰和丹田裡大的太極，再有許許多多小的太極。太極拳標誌都沒有算什麼太極拳呢？

**拎起勁要在鬆沉勁的基礎上進行：**

1. 先把鬆沉勁練到一定水準才能進行拎起的課程。

2. 拳中每次拎起都要借沉下去的勁，而且要得勢（不失時機）才能做到。（這是顧老師2000年以後才提出的。早在20世紀80年代他教我時，我還沒怎麼練鬆沉勁，他就直接教我拎腰了。在他去世前兩年曾對我說：「你這樣拎腰品質高。」之後又講：「練鬆沉勁腰上也要提著點，不然就趼下去。」樂雍補敘）

腰的借勁先借手，收腳，同側手轉圈，出腳，異側手轉圈，轉圈時可借手腕的沉勁進行。

腰借腳，在腰的勁沉到腳時趁機腰拎起，這時樁不會起來。

再進一步，腰同時借手和腳，這便是標準的甩流星。

**肩、肘、腕、胯、膝、踝可以賦予三個不同階段的要求：**

1.筋骨要求：膝、踝開張，胯、膝開張練鬆、拔長。

2.九轉珠來講，這幾處都是丹田，也是氣的中轉站。

3.從勁來講，先把兩手兩足分別練出四把弓，那麼肘、膝便是腰，肩、胯便是根，手足各是末梢。仿楊柳樹勁，當中一動，下面根部的勁上去。再加上脊柱一把弓，弓背在腰，上到頸部，下到尾閭，延伸到頭頂和足跟。當訓練有素後，再練交叉的，即異側手足兩把弓，和脊柱一把弓，弓背都在腰，兩手、兩足弓連，弓背先在大椎、尾閭，後在喉頭、地心，這比上述五把弓級別高。

腰同尾閭關係，先要對準、垂直，繼而開勁時尾閭微微上翻，造成張勢（氣貼背），合時慢慢放下、垂直。

**樂先生在20世紀60年代曾傳過兩個層次的練拳方法：**

1.挺腰，先從《太極拳要義》的開合胯幫助挺腰。當腰有了力量，挺腰能造成開合胯，這是腰為主宰的一種水平。進而在挺腰的基礎上再轉圈，對男子來講，開勁朝右朝下朝後轉，合則相反。有這樣一個公式：挺腰——轉腰——拎腰——拔腰。關於拎腰，是在挺腰、轉腰有一定基礎後，再氣貼於背轉動腰，進一步達到拎腰水平，至於拔腰則是在挺、拎的基礎上進一步練習的。

2.也在差不多時期又傳了另一個公式：挺腰——拎腰——轉腰——拔腰。拎腰造成的開合胯使臀部裹起。這個公式的深入又把拎腰同轉腰結合起來，因為拎腰屬煉氣化神，更進一步把提神也結合進去。從今天來看，樂老的早年弟子一般不大可能較早到達拎腰階段，因為他們挺腰的功夫較大，要他們拎腰人便佝攏。還是樂老晚年所講的「你們只懂得挺腰不懂得拎腰」。

介紹一個方法：在每一拳式之初，手腕先著力，接著從人的中心往外鬆開，好像花的敷放那般，也像煙火球狀擴散一樣。注意整個過程中手腕仍得帶二三分勁；而在弓腿開始，先把腰挺起，渾身仍然鬆開。如說鬆開屬陰，那回來時的手腕是白魚眼（參照太極圖），出去時的腰也是白魚眼，謂之陰中之陽。

上述方法的實施可以校正太極拳界的偏差，這時的鬆能有形象高大的效果，將來能達到棉中裹鐵的境界，逐步裡面練挺，外面練鬆，陰陽相濟。每一拳式能練一次從中到外的氣的運動，能布氣於身，練功和治病的效果明顯。

手一著力而後鬆開，強調從中間到末梢，並以之區分同單純放鬆二者的差別。單純放鬆人會縮小及佝攏，也不能有效地解除內氣的疙瘩，而自內到外鬆開，既有利於去除體內氣的疙瘩，在外觀上身體也有放大的效果，而且人也為之一清。

這個方法久久鍛鍊，對於今後練氣貼背的拎腰效果也大。拎腰通常也會發生佝攏現象，而在鬆開的基礎上拎腰，又拎又舒坦，為將來達到又拎又鬆具備必要的前提。因此這一課程宜長期鍛鍊，且是糾正太極拳中對鬆的錯誤理解的一種糾偏。

修行應消除習氣，但在一定時期，又得培養習氣，這能有助於修行。樂先生說：「練拳、修行，培養習氣也。」這句話值得深思。

**能量儲存的幾種方式**：脂肪、肌肉、丹田、骨及腳跟等，歸根到底心是最根本的丹田或者說能庫。樂老師在他的筆記中記錄他上師的一句話：力量隨心量。他多次對弟子們說：「願要發得大」，「為服務而服務」。樂亶先生講，「人要明理和大度，首先要大度，大度就是為人民服務」。他最後一次會見同門之時又說過：「我把所有練到的都告訴你們是自己解放自己。」綜上所述，如何放大心量是我們練拳的根本宗旨。

早年樂先生說：不得已時先放棄看（佛）經，再放修法。對於今天大多數練拳人來說仍是正確的。何故？樂家拳是密宗，密宗重行，所以不得已先放理。至於修法和練拳，法要對機，拳比其他密宗功夫更適合這一期對象。而且正是透過練拳，才能夠得上太師母佛法（太師母為祖父的密宗上師）。一般學拳，對有些方法未學全，練拳也有加持力，也要持咒、發願、觀想、迴向等。故樂先生曾不同意謝榮康（樂氏父子的學生）去香港跟光幻大師學法，明告他：你去只能幫前輩做些事務，而法是搆不上的。

南懷瑾說年紀老了覺得許多事情沒有意義能看穿，這也是緣覺，只是比較消極，要向積極的方面去引導，把放出去的勁收回來。樂先生說 :「人不能沒有慾望，要把各種慾望降低到最低程度。」

早年樂老師把練拳、修法、看經三者分輕重，這個過程是必要的。練拳將充以不同內涵，如剛挺、柔軟、圓轉、呼吸等，以後又將加入道家、儒家的要求，再練一陣，又能結合密宗的內涵，這時候拳、法就相合了，練拳即修法。又進一步看經也是修煉，這三者都可用「修煉」一詞來包括之。佛家有說成就之人一言一動無不起用，那就是行住坐臥都不離修煉。

樂先生講，人練拳常挺在錯誤的支點上，例如：胯、腹、胸、肩等。改正方法是要求挺在腰上，腰力量大了可化去他處僵勁。

回顧數十年練拳同門的修煉效果，修法不修道是大多數人的情況。「為道日損」以至於無為，「歸無所得」練拳者都接受不了。有無必要教人「從心底用功夫」，判別天理人欲，需要思考。

脊柱往上練，這屬於樂家拳的特色，需要變換於胸、神通於背、虛靈頂勁等。

樂先生在《太極內篇》中講上中下三段分剛柔，六段分剛柔，確實能愈分愈細。當能手指三節分剛柔，最上一節如頭，能有勁提起，始能符合樂老師所講虛靈頂勁在手指間。

楊家拳的抑揚頓挫應該在四隻圈子前掌握。在蓄之前和發之前各完成一個抑揚頓挫，以期透氣和銜接，更是一種節奏，找到這個節奏，練拳會有一種韻味。

四個圈子來自太極圖，即樂先生在《太極拳要義》中提到的「左起右落」。在挺腰階段就可以練，先練兩個圈子，蓄勁時腰右轉，發勁時腰左轉，女子相反。練熟後，再加兩個「S」圈，即出到頭趁勢朝前一盪，意思回到腰，腰裡做個從左到右的「S」圈，接著再轉一小圈（右轉），開始蓄勁坐腿，蓄足又格外向後一揚，腰趁勢做個從右到左的「S」圈，再一個小圈（左轉），弓腿出手。S圈稱為折疊圈，小圈稱為轉換圈。故《拳經》有言：往復須有折疊，進退須有轉換。折疊圈換向，轉換圈換勁。

四圈用力有輕重，為：輕、重、重、輕。女子所轉方向與男子相反。

轉圈是為了更好地盪開，上下、左右、前後都有勢，也使式與式之間的銜接更自然、圓潤、綿綿不斷、陰陽虛實變化有致，「時刻留心在腰際」，腰一直不斷，逐漸腰的主宰作用越來越明確。最好是腰拎起來轉，同時能帶動丹田轉。等到能轉立體圈，就能練擎引鬆放，從平面轉圈到立體轉圈。

樂先生講：「四個圈子轉成行書就是二個圈子。以後再蓄發在一個圈子中完成。」

楊家拳是斜中寓正，靠身體的斜勢完成，小架子拳則正中寓拗勢，要難得多。

人們稱讚六祖，他不執坐禪，而提倡行住坐臥皆是禪，而樂老透過練太極拳也能證得真我，此就不讓古賢，更放異彩。就像動中有靜，拎而能鬆，更為其他功夫所不及。《要義》稱道家對太極拳有功，樂老把儒家作太極拳之體，以法家（兵家）為拳之用，更融合儒法兩家，其他無論律、禪、密，都能統於太極拳，樂師更勝於前人。

練拳就是修戒定慧，練拳中的各種方法規矩就是戒，每天摒棄雜念，靜心練習就是定，至於能否生慧就要看各人能否練上路。樂先生講：「規矩不熟不能悟，方法不全不能悟，神氣不足不能悟。」拎腰就是提神。

樂先生講：「練太極拳，一是養氣，二是找勁。」養氣有多種方式——休息、營養、服藥、靜功、練丹田等，但樂先生講主要是「理直」。故樂氏父子在授拳過程中要求大家讀《四書》，特別要學《孟子》中的「養氣章」，正心誠意，養浩然之氣。

《四書》說「禮之用，和為貴」「先王之道斯為美」。我們知道禮主敬、樂主和，能在禮之用體現樂之效，此也是拳中拎即鬆，柔能出剛，剛能化柔；樂之用能為敬乎？也當能。此即音樂能正人心之謂。原本敬、和、剛、柔都統一於太極，所以稱太者大也，遠也，極者至也。樂師以太極拳囊括一切學問，既證明他有卓見，也說明他有博大精深之學問和功夫。惜乎能領會這些精神的人很有限。

禪宗在入靜中修定，而我們在練拳的活動中以及藝術的講究中修定，修氣脈，這是更加不容易的。

把丹田氣集中在命門，同那裡的力相合，久久成為腰，形成腰的主要部分是氣。力與氣的結合謂之勁。

太極拳的關鍵是從中心盪開，把拎起和盪開作為太極拳的兩項基本組成部分。先有轉圈再有盪開。而盪開又把習慣的用法加以說明，通常左右稱為盪開，前後有透開之說，上下也稱盪開。樂先生說 ：「要看一個人拳對與不對，就看他是否盪開」；「腳也盪開，手也盪開，盪開的力量越大越好」。逐步我們的認識有所提高，因為太極拳的終極目的是鬆，盪開是達到該目的之方法，前後、左右、上下三相盪開，尤以上下為主。至七十年代他教的是方圓合一，拎起即盪開。這時候的中心小圈也即拎起，波及全身末梢，這一方法掌握，便應屬太極。亶兄曾一次次示範，明顯看出全身鼓盪，神自然內斂，這是《拳經》的水準。參照早年樂老師（指樂幻智）的練拳形態，亶兄所授腰較具體，勁分明、有力，而樂老師所練卻是渾身一鬆，這時的腰也抽象化了，或說「此皆是意」。

楊家拳要求腳如輕踏在棉絮上，這就能把腳練軟。以前練到的腳如吸盤中空，也不失為過程中的練法，這有助於產生章魚勁，勁力也夠大的。內勁、外勁不可偏廢，李拳、楊拳未到家時，也不能偏廢。

節節貫穿，要求一節節有條不紊地傳動，中間又有勁適時貫穿其間。

渾噩一身，要一動無有不動，整體感強，謂之整勁。樂先生卻說節節貫穿就是渾噩一身，此說法難解。微觀世界有些現象也難解。以前所講輕靈共沉著，虛實和均勻，方勁和圓勁，都應明白是一而二，二而一的事。

密宗重母，太極拳屬陰，道理都易解，因此太極拳中的鬆沉勁應該是太極拳的基本勁，而拎起勁是在鬆沉勁的基礎上實行的，它屬陰中之陽，更為高級。就好像產於冰天雪地中的雪蓮，其性屬溫。反過來說，少林拳性剛，練到上層功夫能從容溫和則屬陽中之陰，更為少林拳的上乘。因此求陽要在溫，求陰能在陽中則妙矣。

但比較起來，太極拳的拎起勁既基於陰中之陰的鬆沉勁，而更有陽剛的一面。陽中之陰勝陽中之陽，相比之下，陰中之陽則殊勝。

練拳時腰同實腳跟如絞毛巾的兩端反方向絞，能做到：一腿不會坐死；二腰同腿中能積蓄一個勢能；三可以練鬆大腿和小腿。先選擇後腳跟外轉和腰反方向的動作，熟練了再練另一腿。出去時練腰同手的絞勁，而腰同腿原先絞的勢以反方向旋而釋放之。再以後，無論蓄、發勢都是腰分別同手和腳去絞，而且從實的手、腳擴展到虛的手、腳。以上是練拗勢的重要方法，能幫助拎腰、轉圈和纏絲勁的形成。

人們看了《大學》後都認為修身是精神領域，樂老不同意，說正心誠意已經提到過，修身就是練身體。

練身體不是指長跑、爬山、練氣功，而要的是正心、誠意在身體上的體現，所謂理、身順序，「四勿」就是概括。（非禮勿視，非禮勿聽，非禮勿言，非禮勿動。）

正心誠意是喜怒哀樂之未發，修身已經是發而中節了，當然在順序上後面還有一個「事」字。

太極每一式都要求看遠，「提手上勢」更要求看得高遠。該式要求長身，最好練到一鶴沖天，直上九霄的意思。

練拳以質為主，也要文，也即意形，才能文質彬彬。「摟膝拗步」為拳中最典型的朝前動作，拎腰借下手轉的勁，出手也如此，故能氣勢足、勁圓。「抱虎歸山」「栽捶」「指襠捶」都借下手摟膝，以致手出得遠。「手揮琵琶」要閃身，注意出到頭後腦不得用力。坐腿時頭頂、腰、後足跟一線連，弓腿時後腳、腰、前手一線連，兩個三點一線貫穿在整套拳中。

用圈子連接拳架，先在一式中蓄發調頭處用圈，再在前後兩式中用圈子相連，便能不出現虛線。

所謂坐腿，不是腰向腳靠近，而是腰把腳跟拉向腰，儘管在外觀上仍是腰往下。腰與實腳跟相連，拎腰開胯下樁，同時脊柱節節撥開，如此久久練之，腰與腳跟間有勁相連，有彈性，膝蓋不會出問題。弓腿時腰與前腳跟相連。

拎腰時把丹田氣後貼命門，像釣魚竿提起，或如彈棉花弓。腰拎得起才能轉圈，才能更好地盪開，才能「煉氣化神」，才能頭頂、腰、腳跟一線連，才能練「擎、引、鬆、放」，才有可能到達「煉神返虛」。樂老師（指樂幻智）曾對學生們說：「你們只會挺腰，不會拎腰。」

坐腕挺掌是伸筋拔骨階段的規矩，真正的挺掌是在練拳的較後階段，是內裡的勁漸漸地挺出來，那時候出手時指尖有一個向上引的勁。大拇指後翻也遵循上述原理。

關於呼吸，在起始練拳時要求深長細勻、自然、不屏。練內功階段就要求呼吸有序、蓄吸、發呼，進而連貫時要有小呼吸，那就是：呼—吸—呼，或吸—呼—吸，有呼吸，也有哼哈，到震驚階段又恢復自然呼吸。哼哈不僅是短促的呼吸，而且在拎腰的情況下進行，所以說哼哈是煉氣化神的方法。

樂老師一個呼吸完成一套拳架，是更高層次的自然。在靜功練到極深時，人的呼吸停止，心電圖上出現一直線，間隔很長時間才有一小個搏動，這樣壽命就大大延長。有人練把氣收到中心一線，這是方便法門，事實上一般的氣進不了中脈，只是把勁收到很深的地方，也是提煉氣的方法。氣高度純淨時才有可能進中脈。

樂先生教：每天三遍拳，第一遍拳撐筋骨，第二遍拳找勁，第三遍練意思。第二遍不強調坐腕挺掌，第三遍不強調勁路分明。

早年樂先生要大家練中心。中心一線先要旁邊練鬆才能覺得，但在進程中可以先觀想有此一線，並在日常生活中去體驗它。當保持中心清晰，人往往神斂氣清；而當七情明顯時，這根中線便會感覺不到；有依賴性，這根中線也不直；念頭起，中線也不明。孟子要「有事而不正」，可在中心訓練之，因為中心是裝浩然之氣的。

太極拳中的「鬆」是廣大練拳者搞得最混淆的概念，樂老師數十年教拳一直在糾正人們對「鬆」的理解。樂先生在《太極拳要義》中就「鬆開」一詞作了澄清，「鬆」要同均勻、彈性、開張、力量等概念統一。樂先生講 ：「從理論上講每個人都有可能把拳練好，只是鬆不了而已。」伸筋、拔骨、盪開、轉圈是練鬆骨肉、氣、意念的方法，當提神同轉圈合一，妄念也減少了。（拎腰就是提神，轉圈須腰拎起來轉。）

楊家拳相當於水中練拳，而又以練丹田為主，丹田也屬水。設想在水中，你要運動就不是陸地上的狀況了，陸地上大多靠地面的反作用力，陸地上錯誤的活動方式，也因為腳撐在地上，往往看不出毛病所在。而在水裡就不一樣，面孔過於昂就頭重腳輕往後翻倒，尾閭內收也後翻，但是下身上翹能活動自如，中心得在腰。而且手腳互借，手同手、腳同腳也常互相借勁，所謂「四把弓」不用也得用，手出去往往要靠腳後伸來平衡。

游泳運動員往回游，先要翻一跟斗，人還在向前足往池壁一頂，便能借勢回游，這個跟斗便是折疊勁，所謂折疊圈換向，而足一蹬，轉換圈換勁。

所謂尾閭為舵，尾閭在水中要操縱兩胯、兩腿。喉頭也要掌管肩和手。拳中的一、二、三主宰便絕不是虛言了。

有腰才能盪開，但老師常教人先求盪開以期得腰，然後才能真符合盪開要求。

頓挫勁是發勁的門徑，「挫」是有阻力的做功，就是盪開，與人交手就是有阻力。

楊家拳有五把弓（腰脊一把、兩手兩腳各一把，交叉手腳各一把），李家拳有無數把弓，故人碰他身體的任何一部位，都可以有反應。

楊拳是蓄時大，發時小；李拳蓄發都大。修煉是放鬆、放大，練拳就是朝鬆、正、大方向努力，故這套拳是佛拳。

轉換處盪出去不能一味盪，應管住而盪。太極拳總不能只有一頭，要有兩隻魚眼睛。（即如圖：☯）

前腳掌踏牢，後腳外沿踏牢，否則湧泉穴關不住。

好心辦壞事也要懺悔；該教人拳而未教，懺悔；應該做好的事情沒有做好，懺悔。

女子練拳樁應多低？以活絡通氣為好。古時趙飛燕在人託盤上跳舞、公孫大娘舞劍，都輕靈得很。

拳中的對稱勁指手、腳間的弓，反稱勁猶如絞絲，如頭與尾閭的反向活動。

**弓、坐腿有三個階段的練法**：1. 坐腿向右、後、下（女子向左、後、下），弓腿向左、前、上（女子向右、前、上）。2. 平出平進。3. 合時像李家拳，向下，楊拳也可練。

**下樁有三種**：1. 旋下。2. 關節張開下。3. 腰把腳跟拎上來。

能在整套拳中始終貫徹手腕上的勁不失，就有了這一方面的準頭了。

手上來覺得只有一條路好走就對了，將來覺得隨便哪條路都好走，條條道路通羅馬。

拗勢由圈子造成，身子交叉使勁，三相都練到，方勁與圓勁結合。

命門到尾閭這一塊朝後突而挺腰，亶兄講這比挺胸而挺腰好得多，也為拎腰準備。

各種勁都要練，都要找，各種毛病都要去掉，故叫

「眾善奉行，諸惡莫做」。

蚯蚓一切二段，都在動，因為風火未衰。主要是「風」「火」，人才活著，風火者，神氣也，練太極拳是練風火。

氣脈練通，執著解脫，意思練鬆，妄念就少。

坐腿要張開主要是張下身，胯、膝、踝，上身脊椎節節拔開。

弓腿弓足，小腿與地面夾角要小。

頭、脊椎、腰、尾閭、腳跟都有拎起也有放鬆。

練到頭上的虛靈頂勁和十個手指的虛靈頂勁，覺好像在蒼穹之中。樂老講過「在虛空中練拳」。

最近始平時舉手投足都像練拳配好的。

無論男女都要練脊椎，但女子不宜練含胸拔背。

圈子是蓄發的銜接，開合的動力，圈子即開合，開合即圈子。轉圈也是為了更好地盪開。盪開才能分虛實。

心是船長，腰是舵手，尾閭是舵。

腰轉圈至很小時能一震動脊椎鬆開。

練拳像閑雲出岫，倦鳥歸林，蹲猴輕靈。

九轉珠是關節傳遞，另外也應有手臂和腿的一節節帶動。

既然有抬大腿出小腿，也可以後臂帶動前臂。

樂老師講太極拳的體是《孟子》，這是對一般人講的。太極拳的體應是「空」，用是「有」。

樂老師曾告亶兄：練拳時想一切眾生黑孽都到自己身上來，然後再想練拳練掉黑孽。

女子要把丹田氣移到上丹田來，膨脹、收縮、會轉或意注命門。

楊家拳是全臂，二套拳是兩股前截（我們把郝家拳稱為二套拳，是練楊拳和李拳之間的橋樑，小架子拳），李家拳是手掌。李家拳練來尾閭似舵，掌似帆。

平時神要收，神聚身輕。

太極拳不難，也不容易，練拳人好像在一條又窄又黑的小弄堂裡走路，容易出偏差，要有正知正見。

練靜功，意思和氣的活動大，而身體不動，故易出偏。

比如攬雀尾出好腳，手腕一沉，拎腰，手腕再一沉出去。坐腿蓄勁前也以手腕一沉，腰就提牢了，能活動了。此意貫徹到整套拳。

手腕頓住勁再走，兩頭都要有，手腕一沉，腰上有反應。

舞龍燈者欲上舞臺，先將燈朝舞臺上方一拋，接著手抓住燈杆趁勢飛身上台，人燈齊上。

要想堅持正確的東西，兩頭都要反，教條主義和修正主義。

太極拳最基本的是轉圈、盪開，圓勁、方勁，腰自己會動，腰與身體也要脫開。

盪得越遠越好，手也盪開，腳也盪開，手盪出去好像不要手一樣。

《太極拳要義》中講練好拳要過三關，關於恆心關，練上十年、二十年不成問題。而毅力真正指的是不管發生多少變化都能堅持下去。數十年如一日不是每天硬迸幾遍拳，還要有智慧，根據各種情況定遍數、定分量練，所謂不變應萬變，這不變即是平衡，身內平衡，與外界平衡。

「丹田關」也用內勁勝過外勁來表達，內勁勝過外勁才談得上裡面帶動外面，稱得上內家拳。

樂先生講當內勁勝過外勁後才能把內勁多餘部分用於完成其他工作，如把氣集中在命門，同那裡的力組成腰，形成腰的主要部分也是氣，身內有勢，身外也有勢，勢都需要氣，有氣才能煉氣化神。

樂先生又著重指出當內勁勝過外勁，內勁往往就大不起來，因為此時與貯存氣的容器產生矛盾，必須再練外勁，增強骨肉，使之能適應更強的內勁，這對追求意境，片面強調內勁的人是一次警戒。這就是為什麼要一輩子練單姿勢。

上面兩關雖難，還能硬行闖過，第三關明理又是另一回事了。《太極拳要義》中講網住魚的是一只網眼，而單用一只網眼是網不住魚的。好多練拳之人對練成功說法紛紜，這與每個人的認知、修養、氣質有關，即每個人都有他喜歡的特定水準，因此怎樣才是對的沒有統一答案。

樂先生提出三條：第一條，要有正確的東方思想作為中心，因為太極拳是中國的東西，所謂仁義禮智信，明確《四書》的標準是理性標準。內勁勝過外勁必須養氣，道家能做到這一點，其中有巧勁。如天時、地域、服食、藥品，還有儒道都提倡的節欲，而儒家提出養浩然之氣更是根本，配以義理氣概更不一樣。樂先生講道家先練氣後練神，儒家先明理再養氣。第二條，太極拳規矩，包括一整套內外程式、方法。有了上述兩條，如沒有老師在旁還不保險，必須再有其他參考，好比航海中需要燈塔、雷達定位。故兼通書法、醫學、戲曲、詩詞等一門中國學問，才能保證不致發生航向偏離。

轉換要快點，靈活，蓄發過程應慢，練得雅致、文靜。

女子的體是火，男子的體是水。故女子要練上丹田，練膻中氣的開合。男子要多開胯，女子要多開肩，但男子也要兼練開肩，女子也要兼練開胯，只是一個側重點的問題。

養氣有服食，道家多講採天地氣，儒家偏重理直。樂先生把養氣和懂勁歸為太極拳的兩個主要方面。養氣與知言分不開，孟子講只要對方講什麼話，就可以知道是什麼情況。事實上一般人都有同感，勁順之人感覺更清楚。故「聽勁」即是用其他感官完成一些感覺。

樂先生曾教與人交往中的三種方式：1. 楊拳之勁，先氣沉下去，再反應，不易犯錯誤，莊重之人往往如此。

2. 小架子勁，先收到命門，再反應，易把握人家重心或毛病，而人難把握我。

3. 更高境界是李家勁，人家不知你從哪裡出來。

不二法門就是真假、美醜、是非……都沒有了，只有一條路。

練拳不要太認真，生機沒有了，十分認真即枯燥。

出勁時面孔上的氣也要下去，放鬆。

功夫皆在腰。腰為本，上面長到頭，下面長到腳跟。

**有三種練功夫法**：坐著比畫、腦子想、立著練。

練到一定程度，氣貼於背也是不標準的，應放在當中拎直，亶兄早就練到此意。

現在我知道了，許多練拳人只是練拳、修法、修慧，就是不修道。

拎腰時尾閭再內收，則張開程度更強，即吊襠意，結果是腹部收緊，丹田氣托住。

盪開、牽動往來、拎住、合勁，四種勁練好即拳練成。盪開在蓄之前，開始蓄勁氣貼於背及蓄足調過來都屬牽動往來，發勁的前一段拎住，後一段合勁。

地心（尾閭）為第三主宰，一直不懂為何有括弧，經過幾十年才懂。以前練翻尾閭、氣貼背、開胯都偏在外，現在可以徹底地唯心主義了。心一想當中有勁從頭頂到地心，就張開，渾身鬆開，別人看來很輕鬆自然，而我裡面十分緊張。

楊家拳是一節節出來，小架子拳腰一動就到手指腳趾。

比神氣更高級更細的是意志，陽中之陽為意，陽中之陰為志，陰中之陽為神，陰中之陰為氣。意要轉，神要提，氣要運，志要定。

一般人都缺少一個思想：超脫，始終在一個水準上考慮問題。造房子需要搭個架子，架子搭好了，造的房子也被這架子框住了。

心體是空。

單姿勢與拳相比的不足處在於沒有無限遠一點，功夫練不大。

練功夫不能有一點歪念頭，一直要放正。

亶兄講：「有腰、腳參加練拳，會轉肘，楊家拳練好。」腳參加練拳包括腳跟勁收到腰和轉膝。手腕要有分量，手借腰，腰借手。

告馮運：轉「S」圈時兩個半圈在同一位置，朝上跑。

卦象都是三段，故樂先生講：「上下三段分虛實……。」如：腰、大椎、尾閭；肩、肘、腕；胯、膝、踝。

禪宗的六祖打破禪宗歷來以打坐修行的習慣，樂老師在太極拳中加入佛教思想，兩者都是絕無僅有的。禪宗在入靜中修定，而我們在練拳的活動中以及藝術的講究中修定、修氣脈，這是更加不容易的。

蓄勁時皮膚也綳緊，眼梢像唱戲人吊上去，從前樂老練時頭皮都張開。

盪開可盪到皮與肉脫開。

練拳像機器樣一會兒拆拆開，一會兒合起來。總要360度都有了才圓。

當年樂先生先講牽動，再講牽動往來，牽動更高級，是一太極，好像手上紮了根刺，輕輕一拔。

站樁：胯、膝、腳背三個彎都要保持，缺一不可，在腳跟上是個重點，整個腳掌都要有勁，足心要虛含，能虛含將來腳掌能有變化。

含胸拔背不能作為方法，功夫到了自然會出現，尾閭內收也一樣。

坐腿前腳像吸盤吸住地面，好像妨礙朝後坐，這樣才能拉開，弓腿是後腳跟蹬出，好像後腳跟是樹根，而後樹幹、枝葉逐步長上去。

這幾天在想練太極拳就是練當中這根東西，是樂老所講中國人的「中」不是這樣寫的，是這樣寫的（比畫一豎從口字中間穿下去）。其實每個人都有這東西，只是不知道如何練功夫。當中一根要又挺又通。挺，碰上什麼事情都挺得住，通，就不會迷。

樂先生講，所有東西都是從「空」裡來的，這根東西力量越來越強大後，與周圍的「有」融合，化掉「有」。練功夫就是練這具有周邊事物的「空」。

太極拳內勁是善，架子為美，應該是越善越美，越美越善。

拎腰只要把命門到尾閭一段張開，氣肯定貼背。

先是節節貫穿，再渾噩一身，後來渾噩一身就是節節貫穿。

樂先生練拳非常樸素，一點不討巧，但進步最快。

腳跟不單是外面轉動，而是裡面有勁像個圓球在滾來滾去。

樂老師講：練拳就是要練成電人，電人就是內勁。

電人即經脈都通，是一個有相當大內功的人。故樂先生講「歸根到底水利是命脈」。所以要閉塞其兌，神氣都是精變的。

先是收胯，胯要吃牢。坐腿時收後胯，弓腿時收前跨；後來是由拎腰拔胯；到「左起右落」練法則蓄勁收右胯，發勁收左胯。

樂先生講，中節不明，全身都無。中節即腰。

過與不及都不對，而樂老曾說過：「過，終究是過呵！」

執著也不對，而樂老曾說過：「執著，就怕你們不執著！」

發勁到頭時，上面勁到頭，下面勁到腳，用挺腰來達到，並從小指到大拇指。

所謂練拳步子大，在自然跨步上再放大半隻～一隻腳。

許多人練拳是教條式地搬老師講的話，不動腦筋怎麼理解老師的精神？

太極拳並不難，難在你能否堅持到底。

練到丹田，勁到手腕，練到腰，勁到手掌。

樂先生在教拳至較後期時終於說：總要想辦法練到下面六七十，上面三四十。

「神如搏兔之鶻」的鶻，身體很小，而力量很大。練拳應表現出又輕靈而又有力量。

一凜而蓄，一凜而發，一凜時雞皮疙瘩都起來，渾身發之於毛。樂先生提倡教徒弟要從他的反面去教，越是不喜歡的東西越要接觸學習，如此才能改變角度，改變氣質。

練「靈敏於頂」先腰動帶動頭頂，好像無線電操縱航模，再後來才能頭頂一轉帶動腰轉。

立如平準，例「攬雀尾」後左手一沉，右手一沉，借勢收右腳；「按」坐腿時後腳跟、腰、頭頂連起，兩手腕沉下應覺分量吃在腳跟上，弓到頭時兩手沉下也覺分量吃在前腳跟。

樂老早期跟隨楊澄甫、董英傑二位拳師學拳，自從拜王理成的夫人光幻大師學習密宗之後，他的拳之內涵即發生了變化。樂老曾對學生們說：「這是一條光明大道，我帶著我的徒弟朝前走，路越走越寬、越走越遠。」

一九五八年，樂亶先生帶著妻兒從西安辭職回上海，專心跟樂老學習，不僅武功超群，且於儒釋道三家和太極拳的融合具有獨到而深刻的見解。在他的《太極拳要義》中明確提出練拳的第三階段是「明理關」，即達到超凡入聖的階段。他說：「做人的中心思想是儒家精神，練拳要建立一個中心就是腰。」又說：「我們這套拳是練神氣的」「神不足不能悟」「練我們的拳會打人是附產品」。言下之意練樂家拳的最終目的不是武藝高超。之後又得出「諸脈皆通中脈乃通」的結論。

樂先生曾講過以下幾個境界：一般人都是有所住而生其心，練功夫可到有所住而不生其心，如意存丹田；再練下去到「無所住而不生其心」；最後到「無所住而生其心」。（這是父親把練拳與佛教修煉的過程結合起來，「無所住而生其心」是《金剛經》裡的語錄。——樂雍注）

呼吸是煉精化氣，哼哈是煉氣化神（大吸中有小呼，大呼中有小吸），震驚是煉神返虛。

哼哈、哈哼是呼吸，像哭的聲音（抽泣），蓄之前為呼吸，發之前為呼吸，此時「S」圈轉得很小。哼哈勁屬「水中火發」。

弓坐腿都挺腰，沒有馳，這是一個不合理過程，只有到拎腰才有張有弛。

亂環訣在十三丹田、九轉珠上化出來，練了渾噩一身，還要有全身都在轉，好像呼啦圈。

由練骨肉得到氣，由練氣得到意，再下去意也不需要了，只要想我現在練拳就練了，且練得一定是對的，這是明心。

先去掉角度，再五行全，五行全了才能跳出五行。

挺腰、盪開、拎腰都要到手指、足趾。

先大家都練乾卦，三年分科，練坎卦，離卦是補充，離卦到最後腰一鬆就好了，坎卦練到手腳末梢就好了。

最近想通了樂先生前後兩次講的話：先講每天三遍拳，分撐架子、找勁、練意思。後講每天三遍拳，分講究尺寸、找勁、意思。後兩種練法不變，前一種為乾、離二卦，撐架子為乾卦，講究尺寸為離卦，意為我們已經找勁一段時期，應收一收，練尺寸。其實對於未成功的人說，這四方面都不夠，都要練乾離坎坤，找勁為坎卦，練意思為坤卦。又與仁義禮智相契，即惻隱之心、是非之心、禮讓之心、善惡之心。

樂先生講：先得圓勁，後得方勁，再方圓結合是另外一個圓勁。圓勁流動也，方勁上下、左右、前後平衡也。陽數一，轉圈是第一義，不存在雞生蛋，蛋生雞的問題。

亶兄講：「為道日損，損的是浮躁之氣。」

立體圈很重要，從頭頂心轉到腳跟。

相當長時期內應修煉氣，先宰相後皇帝，即先練氣再練腰，而我是先皇帝後宰相，練了腰後丹田也出來了。

一九六六年樂先生離開上海去海口時對我們說：「李家拳練來要像天馬行空。」

蓄過頭可以，大膽地蓄，發過頭不可以。

樂先生前期講練拳以鬆、長、正為得勁，後期講鬆、長、正、圓。

不練四個圈子練不成拳，也練不出好拳。不會練呼吸也配不好拳。

拳裡任何一處都不可有兩腳同時用力，即使是十字手，也是一到就走。

能呼吸而後能靈活，此呼吸即是要訓練呼吸，從呼吸深長細勻開始，練得較好後，會覺嘴裡有口水出來，將口水咽下，即煉津化氣；用後天氣帶動先天氣，練逆呼吸（有上下、後前）。

煉精化氣，戒之在色；煉氣化神，戒之在鬥；煉神返虛，戒之在得。

練李家拳滾來滾去，身體裡有只球，轉太極圈。

太極分二儀（攬雀尾），二儀即陰陽，再分四象。

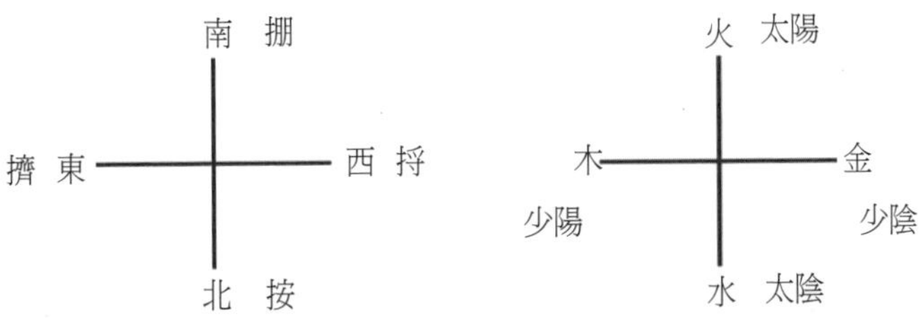

腰一直在當中，無時不在活動，管住頭，又被頭管，除了心或神，腰是大王。思想的中心和身體的中心是有聯繫的，腰能一直擺得對，處理問題就能比較對。

品是從「損」裡面來的，修法易修道難。

我於1998年前後夢見王太師母練拳，樁極低、無陰陽、無盪開、無拎腰，什麼都無，很平和樸素，說不出好，也說不出不好，幾乎沒有詞語可形容。現在我懂了，這就是「無所住而生其心」。

唯須用腰腿及意氣而非在外表。開時氣在陽面並非專在脊背，肩臂腿外側均有勁，故為圓勁，合時專注一方故為方勁。

勁者氣與力一致之謂也，或說力與氣之結合。

氣候變異，人身感乏而不思練拳，此身與天脫節之現象也，如能發奮勤練，使復與天相合，如是健康、功夫均有莫大利益焉。

肘與腕有拗勢，肩與肘有拗勢……渾身可抽出無數對子。七十年代我練四隻圈子後出來的形態，看上去很「嬈」，做作。亶兄和我講會練就可以了。

李家拳拎著下去合勁，能有空的感覺，似都解脫了。

妄念來的時候，提起正念，腰一拎，一透，通體全空。

未悟之時到處是銅牆鐵壁，後來感覺自己是銅牆鐵壁。

空，才能有無窮意思。

樂先生言：渾身拎空，腰也拎空。擎、引、鬆、放要練一輩子，其境界是無窮的。

以前樂老教拳讓眼睛睜大，意思放遠。意為一是練神，二是心放大。

練拳先挺得住，接下去以氣運身，包括轉圈也用丹田轉，約兩三年後過渡到練腰。

氣貼於背，又變換於胸。

淺薄之人練不好太極拳。人要有深度，歡樂和痛苦都要深，這樣內功練得大。

擎、鬆時氣貼背，引、放時胸腹間氣有變化，擎引鬆為放服務，一擎神先變。

不偏不倚中鋒勁，中鋒勁是淩空勁。

李家拳是匕首，好比雷擊，能量雖不大，在瞬間發出，故有殺傷力。閃展勁貫穿整套李拳，閃身而展開。

拎腰前要有向下跌一跌，即腰與腳借勁，級別更高。從鬆沉中拎腰，如攤春捲皮子，轉著上來。

李家拳渾身拎起，腳跟勁也拎空，腳跟裡只有氣在轉動。

樂老言：「練拳時嘴巴屏緊氣會上升，牙齒咬緊氣會下降。」如果要借力氣，寧可咬牙也不要迸嘴巴。

下樁，命門到尾閭一段要拆開，腳背與小腿間角度要小，樁越低頭越拎牢。天一生水，地二生火，低樁與地面接近則火越足，神足。

文質彬彬還不是樂家拳的全部，「苟無至德，至道不凝」。

渾身各處都拆開，同時又一動無有不動。

修身不僅是練身體，有正心誠意在內。

李家拳特點像球，又張又收，滾來滾去，大圓鏡智，各點都能應接。

樂先生說過意思本身好打人，意思可以變成物質力量。

太極頭上來手掌、手指都要有勁。

教盛威四個圈子：先練折疊圈如疊被子，再拎一拎，蓄勁，出去前也依此理。即出到頭腰朝前疊一疊，為第一圈，一拎（第二圈）蓄勁，蓄足腰朝後疊一疊，為第三圈，再一拎第四圈出去。練熟後再練第一、第三圈的「S」圈折疊，前半個圈轉好，朝上提起再轉下半個圈，前期像「橫∽」，後期應在原地疊上去。

一圈自左轉到右大頭小尾巴，二圈純右圈，三圈倒「S」，自右轉到左，四圈淩空帶過，為左圈。

樂先生當年教我們是先學來回勁（即欲向右，先左右左），再學四個圈子，很多年以後再講「腰本身要盪開」。

來回勁包括拉風箱、甩旗子、盪鞦韆。再學軟鞭勁、紅綢舞勁、甩流星。

甩流星是水中練拳，腰裡伸出四個球（二手二腳）。

首先是伸筋拔骨，其次是九轉珠。「練到丹田」，就是練到能練九轉珠。

今天練拳給雍雍看，她講我脊椎骨很軟，很鬆，因而帶動身體其他部分呈圓弧運動。我告之這是「全身圓勁」。

道家守住心，儒家收放心；道家修煉自己，儒家要放出去，達己而後達人。

樂先生曾比給我看前後期兩種腰：1.具體的腰，一動，左右、上下、前後同時鼓起，叫鼓盪；2.抽象的腰，一動，渾身鬆掉。我現在也練出後一種。

樂先生講：老師（指樂幻智）練的不是拳，沒有手法，只有功夫。

兩股前截有力，相對應小腿要鬆；手腕要帶勁，相對應腳踝要活。

當中有根金屬絲，很細，能甩得動全身。

男人本來屬剛，先變到柔，再回到剛；女人本柔，則先要到剛強，再回到柔。

樂先生前後三次講到一些問題：

第一次講：1.練拳要有中心思想（即孔孟之道）；2.學各種規矩、方法；3.有旁通，即書、畫、中醫、戲劇、詩詞等。

第二次講：1.要有腰（是身體的中心）；2.要盪開，修身、齊家、治國、平天下，由裡而外；3.懂點勁。

第三次講：1.要有腰；2.懂勁概念要正確。

樂先生是了不起，都是抓住中間，如丹田關、中學課程、改變氣質，抓中間帶動兩頭。

戒、定、慧，也從定著手，調整呼吸，柔軟、緩慢、深沉，心就平定了，不易犯戒，也能開智慧。

修煉好像面對一座山，不僅是攀登，要越過。

聽說樂老腳的外沿都是老繭。說明練拳時腳的外沿不能掀起。

到都練鬆了，裡面就有一樣東西出來，你就明白了。

沒有細的呼吸就不能在練拳中找到細的感覺。輕、軟、細的呼吸能增進健康、穩定情緒、改變氣質。

盪開轉圈，轉圈造勢而盪開。

腳踝骨張開而蓄，腳踝不張開勁不能到腳跟。

一套拳中手腕上一直有勁就對了。

樂先生講，四十歲以後不要再練功大，應多弄懂找勁。

練拳前要寧心順息，練後要退火。

戒定慧，先練定，練拳作為修定，練拳前寧心順息是調心、調息，再練拳是調身，最終是要調心。

虛雲和尚講靜坐時輕輕一提，非常好！氣凝聚了。

找勁就能發慧。

練呼吸在任脈提放對「老慢支」有益。提放練熟後，再練晃海。（坐式，兩手指交叉輕按腹上，丹田氣像鐘擺樣左右晃動，眼看前方。——樂雍注）覺丹田氣感較強，再練提放，再練拳時把氣後貼腰部，更進一步「練勁入骨」，氣便更不易走失。

丹田氣到腰部，背部成一弓；到尾閭兩腿成一弓；到喉頭兩臂成一弓。拳要有骨子。

外面的拳有點氣，勁不夠，我們的拳勁在氣的基礎上練成的。

中學課程應以楊拳為主，第二套為輔（郝家拳），高中以初中的氣轉動變為腰轉動，四個圈子是高中和大學內容，大學課程以李家拳為主，楊拳為輔，至於研究生毫無疑問應以李拳為主，九轉珠無微不至是大學水準。

浩然之氣不只是養氣，更是練心的功夫。心喜歡攀緣，佛教中有許多制心的法門。太極拳心為令，腰為纛，氣為旗，也能制心一處，專管住腰或專管住氣。當練到有而不有的中線（無謂其為令為纛為氣）時，練心的功夫也有相當程度了。

前期練開合胯都為張開，緊張狀態，到練出彈性，再在出去前鬆胯。

太極拳應有陰陽變化，以四個圈子體現太極圈路線，四個圈子至少在運動形態上符合太極拳精神。

挺腰轉圈像竹竿甩旗子，拎腰轉圈像甩軟鞭、紅綢舞，顯然後者高級。

樂先生早年先教五點論，後再講要轉肘、轉膝、胯開合、肩活動（蓄勁肘、膝朝外轉，發勁則朝裡轉，而肩有起伏），這樣一共是十三點。李家拳是五點，以後變四點（實腳、腰、二手），再變三點（腰隱去了）。

所謂五點論：腰裡轉立體圈，帶動兩手兩腳也轉立體圈。

把「擎引鬆放」再提煉就是「盪開、牽動往來、拎住、合勁」這四個勁，此四勁練好，李家拳就行了。

圈子要轉得越來越小，成為一透，這時一透就是盪開，一透就能引勁落空。

樂先生後期曾對我說：「什麼叫練成功？」我當即明白了：練拳態度逐漸端正，越來越練得得法，開始是一定要成佛，後來是無佛可成。

樂先生說 ：「腰裡長出二根鐵絲，連牢兩隻手像二塊鐵板；不要在上午十點鐘以後練拳；單足功夫另一腿要提得高，不然練不足。」

在整套拳過程中腳踝一直是展開的。

雍雍問轉輪如何轉？我回答她，修密宗的人是用意念轉，我們練拳可用腰轉帶動氣轉，在輪的部位轉。你爸爸講過轉圈就是轉輪。

坐腿吃在關節上是伸筋拔骨階段，第二步鬆沉勁是氣的階段，第三階段腰把腳跟拔起來，才真正練著腿了。

樂先生：九九歸一，手掌勁一直保持均勻，拳便練好了。

蓄、發、轉都是向上的（有一個前提，會練鬆沉勁），即蓄時腿胯鬆沉，腰提住 ；發時丹田氣下沉，人挺起；轉換時人騰起，腰與腳跟連牢。

練鬆沉勁時，用意思輕輕提住腰。

人在上樓時，一個急轉彎是一個馬力，練拳中轉圈也有此意。

兩手往來如千斤重，重勁法，一離不開擎引鬆放，二是意思重。

「兩岸猿聲啼不住，輕舟已過萬重山。」輕舟，勁頭出，山，合勁。

檢驗太極拳是否對，一看是否盪開，二看是否出勁。

轉圈和盪開有幾個程式，最低是甩旗子、甩流星、紅綢舞，到甩軟鞭子時轉圈、盪開、合勁都有了。

四個圈子練成立體圈，先上與頭頂連起來，再向下到腳跟，實腳轉身。

樂先生講四個圈子練成行書就是二個圈子。

第一圈輕點，痕跡小，第二圈明顯，第三圈主要放在後半圈，第四圈輕輕提住走。總之以兩個「S圈」為主，轉換圈輕輕帶過。

再以後一個「S圈」完成蓄發。

樂先生告鄭國鍵：蓄不得勁在發中找原因，反之亦是。

注意四把弓，一動就有弓，從兩腳開始，兩手間，交叉一手一腳間。

腳的重要性：人之陰在腳，骨肉重心在腳，勁起於腳跟，奇經八脈與十二經脈中有幾條經脈過腳，真人的呼吸在踵，天一生水，地二生火，真火從腳而生，悟性在腳上。

樂老言：每天檢查自己是否比昨天更加輕軟、結實。

樂先生最後教我們是怎樣出腳，即先腳跟著地，再腳掌、腳尖。每一式到頭勁都要收得住。

「眾善奉行，諸惡莫做」還不夠，還應「自淨其意」。

回憶從前樂老練拳，整個人很大。

為什麼要轉圈？王宗岳拳論中有「往復須有折疊，進退須有轉換」，每式轉變時需要用S圈連接；發動是圓的，勁是圓的，活動路線也是圓的，「亂環訣」在此基礎上得來。

樂先生言：挺腰——拎腰——轉腰——拔腰，要將腳跟勁拔上來，這才叫腿。

骨肉的中心在腰，氣的中心在丹田，意思的中心不在身上任何一處。

練到全部拎空，什麼都沒有，只有一個空的念頭，超過王宗岳水準。

李家拳的體是柔軟，用是堅剛。

呼吸的深長細都練得不夠。樂老當年講後大家都不重視，應補課，在楊家拳中練。

節節脫開，像鏈子錘。

楊家拳主要在手腕，也要留意手掌；第二套拳主要在手掌，要留意手指；李家拳主要在手指，留意在指尖。

最近練拳感覺裡面有個人在練拳，又輕又亮。樂先生講：練拳就是要把這個身體解放出來。

第一圈從手到腰，第二圈從腰到腳，第三圈從腳到腰，第四圈從腰到手。

告俞斌：楊拳練得鬆勻，手離身子遠一點，再配八卦（四正四隅）；二套拳練上下（腰拎起，脊柱拔開），這樣就有了十方；李拳像球，只一點接觸地，故李拳練單腿功夫。

練拳到後期也還要練練下樁、挺腰、弓、坐腿。

凡坐腿都易偏在外側，如用腰提住尾閭下樁，可改變此情況，尾閭中正，在兩腳當中。

腰同腳跟相連，胯膝往外盪，另一足胯膝也往相反方向盪，能如此雙腿有掤意。

楊拳練抑揚頓挫，第二套小架子練四個圈子，李拳盪開就是轉圈。

肘隨腰轉，轉肘不外露，因為要形之於手。

出到頭至手、腰、後腳跟一線連。

擎、鬆時胸腹間廓然一鬆，引、放時胸腹間有氣的活動，丹田到膻中有升降。

腳跟中也有丹田，能各個方向旋轉。

練腰與手、腰與腳之間的斥力，腰即掤住了。

教姚某某發勁：有四個步驟——化、蓄、整、發，即擎、引、鬆、放。發勁不一定是合勁，合勁一定是發勁。

一般講左右上下為盪開，前後為透開，鼓盪是全方位的。透開有方向性，故發勁時振動而出，有方向性，蓄勁時鼓盪而出，沒有方向性，防守功能強。

蓄勁支撐八面，發勁也要支撐八面，中有鋒芒，外有氣氛。

出去時像蝶泳，脊椎骨擺動。

曾有人問樂先生為什麼要轉圈，答：「轉圈是為了盪開，盪開才能分陰陽虛實。」

先手隨腰轉，再腰帶手轉，最後腰手同轉。

樂先生言：腰為主宰，脊柱為主幹，練拳到後來整套拳貫穿在一根脊椎的活動；內功、尺寸缺一不可，但內功是主要矛盾。應懂得外面沒有一定的尺寸是找不到整勁的，應當明白這點；腰腿不夠不能悟，神氣不足不能悟，規矩不熟不能悟。條件都具備，如果還沒有做到，說明問題在認識中了。

樂老言：「什麼叫鬆、長、正、得勁，以鬆、長、正為得勁。」

許多人不會開胯，胯開，其他關節均開，胯不開不能「縱之於膝」。身上的折凹處越多越好，像手風琴。

先是一條腿，弓、坐腿都在後腳；再是兩條腿，腰把兩腳同時提起、放下；第三階段仍是一條腿，腰一轉到後腳，一轉到前腳。

什麼是鬆？樂先生曾這麼回答：練拳就是要解放裡面的「我」。只有當你身體周圍其他東西都鬆了，才可能顯現出這根中脈。如高速旋轉中的陀螺，中線似有似無。

把交叉的弓先練好，腰與主手、主手與交叉的腳、實腳與交叉的手。三級浪高，第一級腳練了有力後，翻到腰，腰與腳相連；第二級再練下去，勁到頸項下；第三級到頭頂。要過頭頂，才能「靈敏於頂」，用神指揮身體的全部，興雲佈雨，全身意在精神。鯉魚跳龍門，三級浪高魚化龍。

轉圈是開合的銜接，更是開合的動力，而開合仍在太極圈中。人畫一圓圈代表無極，圈中一點代表太極，太極一動陰陽俱分，而開合即陰陽，開合仍在圓圈之中。

腰一轉，渾身各個地方都轉，都描太極。

每只細胞都是丹田。

樂老告人平時一直帶住幾分，這正是在修定。

樂先生：董英傑、楊澄甫、董世祚腰都拎得不夠。

「引到身前勁始蓄」，先是一路找勢、一路找勁，有蓄的意思，真正的蓄勁在引到身前。

光練內功不夠，還要做善功；光練內功不夠，還要練架子。

樂雍問爸爸的拳照怎麼學？我答：「要學他的內勁，學他怎麼拎起、撐出，他外面的形態都是裡面反映出來的。」

太極分陰陽，陰陽主要指的是虛實，虛實者太極陰陽之大要也。而到李家拳水準，完全在當中動，虛實現象消失。

一次看別人練拳，對樂先生說道，每一個練拳的人都有他的閃光點，即凡夫都有聖境。樂說是的。

圈子與動作融為一體，是渾噩一身的特點之一。

圈子即開合，開合即圈子。

太極拳的標誌是圈子，宗旨是「聽自由」。

腰一動就離開中脈，繞著中脈轉，圈子越來越小。

樂先生：下面一段練好，武功到頂（腰與丹田），中段練好變化氣質（能呼吸往來於口），上段練好，成道，什麼都好了。（故父親中脈練通時感覺「頭裡氣通了」，因此父親是成道的。——樂雍注）

樂先生：楊家拳手掌帶三分勁，第二套郝家拳（小架子）帶六分勁，李家拳帶十分勁。

樂先生：左顧右盼時要提耳朵，在下半個S圈時。楊拳合勁在大手指，李拳合勁在小手指。腰同身體透開謂之鬆腰。

當離中的坎下來，坎中的離上去，就成乾坤了，從後天練成先天，返本歸源。

第四個圈子與「縱之於膝」差不多是同時，有一點點前後。

「呼吸往來於口」要和「吸之於鼻」結合起來，嘴裡好像含了一口水那樣，虛含不漏氣，也不硬閉嘴，易找到感覺。

人之心為太極，神氣是陰陽。太極拳有兩個最根本的東西，即轉圈、盪開，轉圈練神，盪開練氣，兩者融為一體就找著太極了。

所謂潛意識即是「志」，故樂老師講：「真的要，就有。」（爺爺的意思：你真的想要練好拳，就能成功。——樂雍注）

意和志在很長時期裡應強化，意越來越活，志越來越堅定，以後再弱其志，意的策動力也沒有了，「縱心所欲不逾矩」。

張三豐看見雀蛇相鬥之情景，悟出凡是運動路線要走太極圖（即「S圈」）。

在丁字步和身體正的前提下，拳式出到頭要做到以下幾點：

1. 挺腰腿弓足、手高、手長、面昂、眼看遠、腳踏平。

2. 沉肩垂肘、坐腕挺掌、後胯合上、後膝蓋轉下、前胯收進，足踝鼓、足趾貼地。

3. 步子大、小腹微收。

內丹練好等於氣人練好。所謂「一息不來，此身如殼」，就是氣人跑掉了。

圈子是架子的銜接、開合的動力，最後成為圈子即拳，拳即圈子，渾身描太極，手指腳趾都轉圈。

蓄勁要有擎意，發勁要有擎意，發是「為己之學」，就有向外發射之意，好像鋼條一樣「騰」一下。

腳掌前後也要分陰陽，才談得上單足功夫。

先拎腰，再抬腿，就是「抬大腿出小腿」。

左摟膝對女子是拗步，右摟膝對男子是拗步。拗不拗在於勁。

雲手時手指頭似有東西拖著。

腰如釣竿腳如錐。拔腰能虛靈頂勁。

平時腰與手練得多，應練練腰與腳盪開，把腰的力量發揮到腳上，把腰即手變化為腰即腳。先腳代替手，待熟練後比較正確的應是腳占六十七，手占三四十。

樂先生講拳總要練得空靈才行。對應佛家思想「無所住而生其心」。雲手樂家拳的思想理論是樂先生的拳論文章，框架是外形與內功，運動路線圖是「S圈」。

樂先生說過，所有人犯的毛病都是手太軟，腳太硬。1975年時，對我講 ：「老四的手挺起來了。」後來我對樂先生講：「我覺得手越來越挺不起來了。」樂先生答：「越軟越好。」

樂先生講蓄勁是越拎越鬆。蓄勁如風火，發勁如地水。蓄則意氣開，心神合。發勁時氣收，神也收（眼神先朝前一看），時時把勁收到中心一線，愈細愈好。

丹田要生根，腰要練出真正的腰。

一個中心，即中線；兩個基本點：丹田、腰；三個練成功因素：腰腿、神氣、認識；四、從中心出來，一動便有吉凶悔吝。

在搓板上洗衣服是由內而外；磨刀很高級，鬆肩垂肘，很細膩。

答文史館曹先生：順呼吸養生，逆呼吸練功夫。

手長不是伸長，腰拎得越高，手伸得越長。

低樁不是坐低，腰拎起，胯張開；胯開是腰把尾閭拎起，尾閭微微上翻，胯如彈簧張開。

腰頂不虧，耳朵能豎起來。樂先生講：「腰轉不過來時，耳朵拎一拎，就轉過來了。」

內氣的基礎是呼吸，神的基礎在眼睛。

「驚鹿駭顧」是「靈敏於頂」的絕妙寫照。

持其志無暴其氣，腰拎住勿散氣。

樂先生言：專門練腰練僵掉，專門練氣氣要散。必須相輔相成，腰為主宰，志壹則動氣，氣壹則動志。

腰先向上長，故轉腰「神通於背」，喉頭、頭頂都相應而轉。待成熟後頭頂之圈搶在腰轉圈前，即「靈敏於頂」。再向下「往來於腿」「縱之於膝」「蹬之於足」。

樂先生早年教我們：「出到頭挺在手上動腰。」這是一個好方法。但還可提高一步，即手出到頭時格外趁勢把手掌一張（挺），注意這一張要帶動腰更一挺，趁這個挺勢腰再轉動，而後進入下一式。這時的腰便是我們夢寐以求的真腰。進而出到頭以腳跟一旋帶動腰一挺，趁勢腰轉，進入下一式，那更好了。

樂先生早年一次在信中寫道「引勁落空」，同拳書上寫「引進落空」不一樣。謝榮康反應快，說大家來關注亶兄這一表達的變化，這是另一境界的意思了。「進」指的是身體，對方身體進來時使空，「勁」就不一樣了。表面看一樣，有時出勁身體不動，也能用化勁的方法使對方空，指內在勁落空。

一段時期後樂先生又把樂老講的「鬆長正得勁」明確規範為「勁要鬆、要長、要正、要得勁」，顯然這是內家拳範疇裡的事了。

樂先生言：「寧為子虎，不做老狗，董先生一直想打人，結果會打人了，也就上不去了。」「只有李家拳才能將骨頭裡的黑氣剔出來，楊家拳只能將丹田經絡裡的黑氣練掉」;「李家勁像壁虎、螞蟻」;「人身上有無數系統」。

樂老講我到五十幾歲還覺腰腿不夠，要練單姿勢。

楊家拳節節分明，如手風琴的活動。

能量庫有幾個重要位置：丹田、脊柱、中脈、骨幹，女子還有子宮。

斂之於髓、行之於髓、髓中火發、中鋒勁在骨髓裡走。

用尾閭下沉坐腿開胯，再坐腿出腳開胯，先開前胯，再開後胯。

楊拳練呼吸，第二套練哼哈，李拳練震顫。

第二套拳脊椎朝後朝上拔開，一彈出去，波動，力由脊發；出腳氣貼於背，像老虎樣要撲出去。

第一套（楊家拳）腰是火車頭，第二套（郝家拳）手是火車頭，第三套（李家拳）渾身各處都是火車頭，故耗煤多。

整勁沒有一定低的樁配不好。

回答老年大學學員 ：從意思上講，真氣、元氣同屬先天氣。樂先生把中氣和丹田氣算作一個氣，以後天練先天，說明以後天呼吸氣練先天丹田氣，那麼中氣丹田氣同真氣元氣是一回事，同屬先天氣。丹田稱為氣海，經絡相當於管道，或江河，百川匯於海。用真氣、元氣代替中氣原無不可，至於如何用丹田氣倒灌於江河，則是另外一個練功課題。

**氣功與內功之別：**

氣功在當時歷史條件下，範圍遠不如現在廣，基本練呼吸及與呼吸有關的先天氣活動，層次並不深。至於內功，與氣功分不開，也與經絡氣脈有關，不同點在於氣功沒有武術效果，內功有與武術緊密相連，包括勁的變化、收放、運用等。

所謂氣感，是身體的活動和氣的活動當中的反差較大就覺得氣了，有時差。為什麼靜功易得氣，因身體不動，氣活動，就反差大。一般練時鬆、慢、溫和，容易有氣感，當然也得有一定的氣。

當骨肉練鬆，就感覺氣；當氣練鬆，就感覺意；當意也練鬆，便能明心。

明心和見性是不同的，樂先生曾明確回答我：是可以見性的。

練盪開要盡可能盪得遠——謂「太」。

練拎起要盡可能把神提起——謂「極」。

拎腰到後來是在當中拎、轉，無虛實。李家拳無虛實。

一次深夜，客人散去，亶兄把我留下，他打了二遍第三套拳（李家拳），架子特別長，似乎超過第一套（楊式拳）。我問：這樣拳不是不圓了嗎？他說：「你就應當這樣練。」

弓腿時腳蹬出，腰的勁向兩腿下注，實腿帶動虛腿，力由腰傳到手。

腰手互借往上長到頂，腰腳互借往下達於踵。

挺在手上動腰，挺在腰上動手；手腕輕輕一沉，反應到腰上，腰即能動；腳跟一蹬或一旋，反應到腰，腰即能動；再以後手腳同時與腰借勁，就是樂先生講的「毛蟲勁」。更加高級的是意念直接指揮腰鬆或動，腰本身會動，不需借勁。

楊家拳出去好比是月初發了工資，一天一天均勻使用，到月底正好用完，李家拳則放在最後一天用。

拔腰而蓄、而發，出勁的關鍵乃是拔腰，所謂「力發於脊」。

李家拳合勁應點腳、下蹲、出手一起完成。

樂亶先生教學生：腰裡輕輕一動就到手、到腳，合勁集中一點。

第二套拳的哼哈勁，蓄足大吸小呼可打通頭頂下來，發足大呼小吸可打通會陰。

轉換時肩開。

刻刻留心在腰，時時行深呼吸。

練拳但求態度端正些，得法些，前者近仁，後者近智。

從腳跟把腰彈上來，一透到頭頂，為震驚。有了震驚，合勁指日可待。震驚即透開，擎的後期水準。

第二套拳（郝家拳），兩個圈了，手一搭蓄勁，渾身動，完整一氣。

練拳就是練當中一根中脈，要挺，要通。

出到頭腰挺進去，丹田氣收進來。

樂亶先生說過，兩腳丁字步都應是直角。

手掌中有東西一動，腰便能動，即手帶腰。

李家拳是聖位太極。

腰與腳也要盪開，把腰的力量發揮到腳上。

太極拳的終極目標就是樂亶先生所說的「一出手就有無窮意思」。

精氣神足，就能「靈敏於頂」。

出到頭先把腰彈回來，再靈敏於頂，轉圈。

過程是身、氣、理通了以後，即明理後又是理、身、事。明理相當於掌握規律。

渾身一個勁，一動都動。腰一動，手指腳趾都動。渾噩一身，因果同時。

太極入門標準一:正反十字手（從十字手到抱虎歸山蓄勁前的轉變）練來如驚龍掉首。1.有李家拳的風格。

2.上下相隨。3.陰陽相合。4.貼身而盪開。

太極入門標準二:節節貫穿。蓄自手腕開始逐節脫開，包括脊椎一直脫到腰，發自腰開始逐節脫到手，在蓄足和發足時一下子全部連牢。

李家拳應渾身翻騰，手似龍爪，腰部到頸部一段拎住。

拎空，即拎足時渾身無一處軋住。

拎起長智慧，盪開長力量，而後智仁合一。

不從內外粗細齊下手，不能到達理想境界。

頭要領率全身，是頂勁，頂勁虛領，這是「虛靈頂勁」又一解釋。

練拳要有底蘊，有見識，有氣度，有文化，有願力。

樂氏父子並不重一般用，而是全其心之大用。

「斷而復連」，應覺胸腹鬆淨，頭目清涼。

「斷而復連」有三個階段，中間階段與「節節貫穿」合起來，最後是太極拳的妙處，全在一個「斷」字。

退圈是擎勁，即沾連勁；進圈是轉換，即綿隨勁。

練勁入骨，單架可透過轉腰達此目的，即以「大搖功」的形式。拳樂式太極拳行功要義路可由練三把弓（腰脊及交叉的手腳）達此目的。

出手時設想在手前面的一寸左右有一隻手，意思指揮此手向前，即「實則虛之」，或意在勁先，久練能以氣運身。

李家拳兩臂如彈簧，兩掌似鋼板。

腰不斷地活動，手足緊緊跟上，是練整勁的要求。

蓄勁，氣充於手腳陽面成片狀。發勁，氣從陰面出去。氣通路宜窄。

第一階段練懂勁還不能有人品上的變化，第二階段才動到人品，變化氣質。

樂家拳第三階段，是以四個圈子為主要內容，腰走立體太極圖，渾身各處都如此。

「放」得好不好，主要看以下幾點：

1.「鬆」的時候第三四個圈轉得怎麼樣。

2.能否把腰拔起來，造成一個非放不可的勢。

3.能否「縱之於膝」，全身一個整勁合之即出。

練到「腰」是一段，練到「呼吸往來於口」是二段，練到「虛靈頂勁」是三段。

「運手」是開合勁運動路線的典型，務必領會。

擎時回到腰，鬆時回到手。

李家拳的跟步只是一個轉換，步到才發勁。

樂亶先生說女子要練上丹田，即膻中穴。

女子把丹田氣移到上丹田，或意注命門。（實際練習中女子還是要練下丹田，沒有下丹田氣貼命門，便練不出腰，畢竟這拳是為男人設計的。女子可在平時練膻中氣，左轉氣膨脹，右轉氣合起來。女子膻中氣足，有利於健康。——樂雍注）

# 第四章
# 太極拳解惑

# 樂亶先生致親友及拳友的書信

## 致樂匋先生信

至於練拳，媽媽告你之法甚好，並要轉告你營養亦重要。弟最近練拳悟得一理，供你參考。

爹爹曾說，練拳如毛蟲爬行，日來有此意味。毛蟲爬行時，前後段貫通一氣，且又輪換支撐。人之手足與腰之間，即應如毛蟲前後段關係，蓄勁發勁，手足開合為主，挺在腰上，折疊轉換，則以轉腰為主，而挺在手足上。手足與腰，形成明顯的作用與反作用的兩方面。但此所謂挺，即如毛蟲之挺，非不動義。設腰與手足，不能互為支撐，實際便撐在地上，如此，則手足動作只能一衝一縮，腰之動作，只能一扭一晃。手足無腰為之中心，不能為開合，腰無手足支撐八面，則對何而轉。

爹爹說：腰轉不動；又說：腰挺不住。挺之與轉，顯為兩種作用，而又聯結在一不斷的路線上，手足亦然。兄以為然否？

## 致顧梅聖先生信

關於比拳事，我想人家的長處是反應快，彈性好，你要看出他的蓄勁是不行的，因為一般西洋拳準備的架子就是蓄，出手前很快地加一疊勁就出，其實動手時完全用眼睛看是來不及的，主要是以意相合，以氣相隨，人一出手就上前截住，截就是打。平時摔跤的勁不能用來對付拳擊，摔跤用馬樁勁，不活絡，要用丁字步，八方走得開。主要不要去看人家手的虛實，而要看腰腿的虛實，自己用腰腿緊緊跟住，占住上風，彼一動，我已到。

要練打，練拳時要練一趟含打的意思。如翻身搬攔錘，撇身錘，栽錘等，要學獨練，如彎弓射虎、倒攆猴（練李架的斜退）等要反覆練到能用，單鞭下勢等，閃展騰挪法要練活。不要受人家影響，架子出勁跟人家跑。一定要你打你的，我打我的。不要有被動意，實在被動時，可用雲手斜退，用掤勁頂住，就可化開，打時手腳不可太大，要緊湊、圓活、沉著。

歸根到底是實力問題，但實力的活用與被動是相差很遠的。第一要頂住，迫使他沒法進攻；第二用步子逼住他；第三不要像西洋拳那樣撿空子打，而要打整個人，要打就要有打翻他的意思……但一定要想法練出來。我看是可以練出來的，力氣要含蓄，不要平均使用，看準了不要猶豫，要用得出。總之，練兵千日，用兵還要得法，用兵的本事還得從用字上狠下工夫。下定決心，就能過這一關。過這一關後，就可提高一步，就可促進練拳。

大棟擎引鬆放都有些，但沒有勢，在某個水準上來講，勢比擎引鬆放更重要。

（1966年～1968年）

## 致顧梅聖先生信

關於對付拳擊，你總結的幾點完全對：1.實力你大；2.不能稍有被動 ；3.再多打幾次會好些。不過還有一點須要研究。目前你的收穫是「纏」住，這符合太極拳的道理，但問題也在這「纏」字裡。

假如你的主力只是纏住對手，那你怎麼還能攻擊他呢？從這裡就得出一個答案，一定要找勁，「找四兩撥千斤」；其次，假如你自始至終只是纏住對手，那你怎能騰出手攻擊對手呢？從這裡就得出一個答案，一定也要找勁，找擎、引、鬆、放，而且關鍵全在「鬆」字，也就是「斷而復連」，看來，你叫他打二拳很值得，這一來倒真是有點入門了，想起來，你不可能也給他臉上來一拳，有一手可以使得，換個勁，搶上半步，把個檻子，（能利用他自己的彆扭勁更好）連擠帶掤，或用其他手法，也可打他一跤，具體手法當然只供參考。

（1967年5月9日）

## 致郭大棟先生函

天氣日漸炎熱，練拳可輕鬆些。或練半套，或練幾式皆可。如稍勉強，則正氣消耗，邪熱上侵，反得不償失。

中國人說「水性好」，比起外國人說「游泳好」就有內外勁之別。

游泳也要找勁，找到勁就省力、舒暢、得勁。

（1967年6月6日）

## 致顧梅聖先生信

說到用腳的問題，原則是中心在腰時就能用腳，實際上也要鍛鍊。特別要注意，用腳不能只注意一隻腳的活動，而要注意全身一體的活動。

大棟說的如何能鬆的問題，實際上是要勻，即動作要勻，用勁要勻。也就是要有整勁，所謂整勁，不是全身屏住不動，而是全身統一活動的勁。可以想像，這其中一個是力氣要相當的大，第二是用勁習慣問題。

## 致謝榮康先生的信

關於眼神問題，「神欲收斂氣欲鼓盪」「心為令，氣為旗，腰為纛」。作為任何事物，包括神或氣，都是虛實變化的，但有從屬關係。用眼神是可以逼人的，但應練到和用勁一樣，不要一味逼人，而要收斂守中，還要虛實變化。時時要把神收斂至脊椎一線，愈細愈好。

腰一分為二很對，說明腰可以自己動了。腰掌握在一點，運用則在全部。要活，所謂如軸，不能如軸直硬，又要挺，不能如蛇之蜿蜒。注意變化在腰，故要活；支撐在腰，故要挺。氣分虛實亦對，但注意要空靈，不要氣鼓鼓。所謂勿滯於氣。坐腿要練，可多練三套拳，勁要長，要正，要鬆，要得勁。我們練拳，粗的功夫不到家，細的就不過硬。總之，功夫要練得過硬，道理要體會透徹，不可缺一。所謂，悟了要修，就是指我們這種人而言。

（10月31日）

# 致郭大棟先生信

松芳的特點是鬆，沒有角，難能的是推手時也能如此，但這種勁除能借勁打人之外，對人威脅不大。所以如兄等僅可從容研究，我看這是一個好課題。除研究對方特點外，尚須反身自求，提高自己條件：

1. 要有跟 ：其跟在腳，決不可頭重腳輕，應如風擺楊柳。

2. 要有中心 ：中心在腰，不可四面撐住，所謂支撐八面，亦是活的。不可偏重偏浮，所謂虛實，皆在意氣，有了中心，方才有收有發，調動如意。先練一個支撐八面時能轉腰，則漸能活絡，漸能沾連。再練一個發勁後能用S小圈以腰收回，則不致蹉跌，而能綿隨。

3. 渾身要合得住 ：神氣要合得住，勁要整，動作則配合。

4. 一處有一處虛實 ：注意王羲之寫字，有一筆不分虛實否？王字每一筆，不論蓄發，皆分陰陽，皆是圓勁，皆鼓得起來，皆切得下去，仔細體會，用筆試寫一下，比較一下，自己比王字有分別否？有何分別，見出分別，就是道路。

5. 勁要長，要得勁，要空靈，不然只會打死勁，不會打活勁。要想如何打活勁，要如健鶻靈貓，不能學坦克車。

6. 精神要提得起，意氣要換得靈。意思要快過對方，切不可有絲毫呆滯，要會打運動戰，不可只打陣地戰。緩隨應從容不迫，急應則急如星火。要有個機動勁，太極拳不能冬烘氣。到功夫實在大過人許多，能管住人家的勁，才能叫人家跟自己走。

以上想到幾點，望諸兄參考試驗。練拳要下死工夫，又要會用活用。用拳就是用兵，並無二理。要處處考慮二分法，對立面，矛盾統一，虛實變化，陰陽消長。總之要從變化上考慮，就越練越活。

最近練拳感到在發勁方面有些體會，發勁裡面亦要有矛盾統一，亦可以一分為二，亦有陰陽虛實，這要從不浮不死、拎起勁、中鋒勁、合住勁等各方面去領會。你們碰頭時研究一下看，比較一下看，即可明白。練拳主要有個鑽勁，加以方法對頭，定有收穫。幾個人一起練，多研究，即不易錯。

（11月24日）

一樣東西經過困難，經過考驗，才會進步，才會鞏固，這套拳的前途是無限的，這就是好處，但要人走。

（1968年2月3日）

## 致某先生函

練拳氣要沉住，筋骨放鬆。練慢一點即易鬆住。（告王亦令。）

在意不在氣，須悟事物終要走向自己的反面。氣有盈則有虧，勿以足而喜，勿以虛而憂。（告郭。）

（1968－1970年期間的7月19日）

## 致張亦群

還是講些實際問題吧。提到所謂開與關的問題，作為一個活人，確實很難關住，或說一般是關不住的。睡覺是下意識狀態，嚴格說還是有意的。可以說一個人活的過程，就是開的過程，問題是需要張弛有致。

關於手舞足蹈的問題，可以設想為發條的放鬆現象，既然跳了，適當跳一下亦好，只是絲毫不能助長。如果不想跳，只要做做抱腿、托天、拔腰之類的單姿勢，即可放鬆，平時亦要多做。

練拳時一般意思要領先些，但如果意思與骨肉的部位或活動相差較大，就可能使意思捲曲不舒而蓄積下來，可能蓄在意裡，也可能蓄在氣裡，適當的誘發，就可以使它發作起來，還可能形成震盪過程，即反覆不正的情況。

根本的辦法要練整勁，要統一，不要勉強，亦不要散漫，散漫實際也是一種彆扭勁。又練拳時覺得氣在體內流動不一定是好現象，更不可追求。最要防止任氣自流的現象。關於氣聚問題，根本是思想的問題，心放大氣即聚，心收緊氣就散。以上一些體會供參考。

（10月3日）

## 致鄭國健

芳濟曾論及練拳，看來有些心得，出腳時腳跟先著地，逐漸踏平，是力量踏平，不要把腳底踏平，腳掌用力要和手掌呼應配合，手掌放下感覺甚好，但不助長。

練拳要分清點畫、勢轉。如寫字一般，有的是筆劃，有的是過門，要分清主次。要均勻，但不是一律平均，如看一篇好字，感到很勻，並不是筆筆用力。怎樣才能得勁，要想通。研究好字，怎樣寫才鬆而用力，勢轉是為筆劃服務的，但勢轉本身當然也要得勁。於不浮不死中找，自能逐步合理……

邪之所湊，必趨其類，這可知為何邪，又邪之所湊，必趨其虛，這可知其虛，氣過即是火，氣虛亦生火。神氣困乏，則火迫其虛，要掌握分寸，務求洋洋有生氣，切忌枯燥起風火，又走成老路，急切難癒。確須做些體力勞動，譬如半日勞動，半日看病，最好養其魄，以存其氣，即以攝其陰。

（11月1日）

## 致樂師母信

我們練拳就有體會，有些只喜歡談論，玄深高妙，還是空的。

說到練拳，最近幾天忽然有個感覺，渾身一個勁，意思和勁好像合起來了，發乎中，形於外，但還不純熟。常常練到一個感覺，才想起爸爸以前的一句話。以前以為懂了，只懂得字意，叫望文生義，練起來以為是這樣了，其實是牽強附會的，所以不學是不行的，不練是不行的，不懂也是不行的，不虛心更是不行的，想起以前年輕氣盛，自以為是，真是汗顏。

（11月30日）

我近來感到，慢性病確和主觀客觀都有關係，特別是主觀方面，要放鬆原來的狀態，建立一種新的運動狀態，那麼新陳代謝的力量是很有可能治好慢性病的。

放鬆其實就不容易，要氣養得足才行，有時睡夠了，不是很鬆嗎？而瞌睡時渾身就說不出地不舒服。狗或者什麼小動物，睡起來蜷成一團，這效果很好，不過人不能機械地學，要體會這個意思，氣不足了，要把身體「縮小」來遷就氣，氣和身體就相配，氣血運行就好，慢慢氣就自然長足。否則要走到惡性循環，這點體會供參考。

（1969年3月14日）

練拳要找感覺，氣需溫養，過亦自傷。總要注意神氣不足了，就會發生一些扭傷、碰傷之類的事故。練拳要有腰，才有整勁，氣才不會偏沉、偏浮。偏浮要血壓高，偏沉要產生反動，結果還是氣浮。因為氣本是要浮的，陰陽相濟才不浮。說到注意，不能固執，所謂「在意不在氣，在氣則滯」。意思要管得住，要運得開，「腹內鬆淨氣騰然」，不癟也不鼓，毛孔鬆暢，有氣盈然。

凡一捲一舒，要提起精神，要意在拳先。譬如說「蓄即是發」，意思、骨肉對於「發」要「蓄」足，即是開弓，即是拎腰，要一氣呵成，不要勉強撐出，又要節奏分明，乾淨俐落。總之，練拳、作詩、做文章要全神貫注，又要才氣縱逸，最怕疲沓，也怕佝攏，胸中要有較高境界，手腳不離尺寸規矩，則進步必快，彎路必少，收穫必多。凡事都是波浪形發展的，氣壯時莫暴之，氣癟時也不必緊張。相反相成，互相推動。天地唯有一動字，對拳亦只有一練字。

（1969年3月19日）

## 致顧方濟先生信

蓮寶兄所述意思甚好，唯要注意，境界要能體會得出，不然不知好壞；但境界不是方法，不是道路，甚至不是方向。不能據境界練習，否則即落魔道，聰明人易犯之病在此。腰與手指連起來，亦不易。若意思與琴聲連起來，則更妙。所謂不言而喻。

老師曾說 ：「人練拳想配音樂，我練拳無音樂可配，設可配，唯一連續不斷的『吽』聲而已。」我一次練到這個境界，以後即無。但懂得了。音樂亦一樣，想師曠操琴，常人也知其好聽，內行當識其音節之美，而伯牙則唯見高山流水而已。老子說的大音希聲，實有道理。

練拳轉圈是為了盪開。可以這樣說，所謂「動之則分」，這句話的意思一樣。毛主席說「一分為二」，這個道理很平常，亦很深奧。

古人說「天圓地方」，這句話現在看來很不對，但其有正確的一方面，就是圓動方靜。古人說動靜、方圓、奇正、陰陽都是互相聯繫的。也就是說「動」就是轉圈，轉圈就是「分」，就是盪開。進一步說，陰陽相濟，轉圈和盪開是相互為因的，但是陽數一，就是說轉圈是第一義，不會有「雞生蛋、蛋生雞」的問題。

再要說明一個問題，所謂「方靜」，這靜與其說是不動，不如說是平衡，即動中有靜、靜中有動、方中有圓、圓中有方的道理所在。但不要和機械的「動平衡」混淆起來，「動平衡」還有慣性，練拳的平衡不但有「動平衡」，還有「動靜平衡」。這個詞是我杜撰的，就是說練拳不能跌跌撞撞，不能一會兒剎車，一會兒起動，還不能有死點。

試看飛機雖快，哪有小鳥靈巧。飛機降落，要滑跑數百米，而鳥兒降落，說收都收，穩穩定住，竟無一絲勉強。人能夠練太極拳，但沒有其他動物在某一動作上力量大。上海西郊動物園飛禽走獸很多，都有我們值得學習的地方。象行虎步，熊經鳥伸，仔細看去，無不蘊藉優雅，絕無毛手毛腳的味道，總結起來就是「神要內斂，氣要鼓盪」「曲中求直，蓄而後發」「往復須有折疊，進退須有轉換」等等，也就是「陰陽相濟，方為懂勁」「事物都是波浪形發展的」，確實如此。

說到渾身盪開，是這樣。手盪開，腳亦盪開。發時盪開，蓄時亦盪開。盪開是基本情況，盪開之中有開合變化。老師講 ：「練拳像一個皮球，一漲一收。注意收到底還是鼓起的，不能癟掉。漲開不是氣鼓鼓，陰陽虛實，渾身通氣。」太老師說「半瓶水」的意思很好，要領會其虛靈變化的意思，不要死學半瓶水晃來晃去。練到腰從腳跟拔起，愈蓄勢，拔得愈力，就是練到腳跟了。

大棟兄說「掤」勁是基本勁，有這種說法，就是指這盪開的勁。而掤捋擠按的「掤」和這有些差別。火炎上，則「掤」勁主要向上。但什麼勁都不能氣鼓鼓，氣鼓鼓是

「無極拳」「混沌一氣拳」，不是「太極拳」。現在人發現的「星雲」，就是混沌一氣，但裡面好像也是轉的，不然不能變化發展。

大棟兄氣質是木生火，一動就掤，芳濟兄是金生水，能出按勁。要練其所短，用其所長。大棟兄手軟，還須於腰腿求之，練好一「放」字訣，「放時腰腿認端的」。

芳濟兄所說「鬆」字訣，要注意一「靜」字，這字下的好，專門對治蓄到頭時一「鼓」氣出去的習慣。曾有杜甫詩，「罷如江海凝清光」，就是這個境界。

一次和顧老大（顧梅聖）等舟遊澱山湖，其時晨霧方收，宿寒未盡，湖面四展，清光逼人，諸人莫不肅然禁聲，悠然神往。這時「靜」字逼出一個「神欲內斂」，反轉來「神欲內斂」「提起精神」，就生出這個「靜」字來。擎、引、鬆、放，四個字很好，可以練一輩子，境界是無窮的，莫為所拘。

蓮寶兄所說合勁，亦對，是「六合拳」的含義，亦是整勁的意思。開合的「合」字又不同，蓄勁為開，發勁為合；開弓為開，放箭為合。拉胡琴肯定亦有開合勁，寫字亦有開合勁，任何活絡勁必於陰陽相濟求之。我曾夢中與一人空中對打，而悟入整勁。但整勁例子亦隨處可見，並非罕見者。

（1969年5月31日）

夜深人靜練一點拳，萬慮俱空，現在覺得出去的勁總沒有回來的勁得勁，而且二手亦較薄弱。但在陰陽虛實方面似乎練到一些東西。總的說浮氣收斂了不少，但各方面都欠圓滿，或者說還差得多。

方濟曾問起他練「磕大頭」的情形，說是要不要有意把胸部撞鬆。我看不要，還是要根據大路去練，撞的當時是鬆開的，甚至還可維持一段時間。但歸根結底將使氣結得更緊。因為這是練「金鐘罩」的方法，而不是練鬆的方法。練金鐘罩的人，不是有意撞打自己身上嗎？小喇嘛「磕大頭」也有撞的成分，練出一種氣功，我們不是練這種功夫，所以不要去撞。

（1969年6月19日）

最近練拳專找渾身勁一分為二，相反相成。練來總覺腰腿不夠，以及手上勁不足，可能這兩個問題就是一個問題……感到挑擔有腰腿，是活勁，以前聽說少林拳先教挑水，看來不假。

（1969年7月28日）

方濟來信說到蓮寶兄練拳境界很好。勿為體質年齡所拘，人的潛力和改造性是很大的。關於「磕大頭」的屏氣問題，丹田屏住讓胸脅喉頭隨動作自然呼吸較妥。關於動手腳，最好能管住對方勁，不能跟住對方勁，只管住對方手腳就被動了。要適當地練低樁，體力天賦有大小，但兵不在多而在精，體力小的要練得「精」些。胯鬆的條件不但要外勁內勁充實，還要懂勁。

（1969年8月15日）

## 致顧方濟先生信

中國人講游泳好叫識水性，這句話很好。閱過甚喜，諸兄練拳進境甚多。講開合總要找到拉弓放箭的勁，但出去到底不是像放箭那樣快，而確實要像放箭那樣鬆。楊澄甫曾說心一軟出去，亦是氣要放得下，勁才出得去。勁要蓄足放足，故云到頭；往復須有折疊，即轉S圈，故云不時時剎車。

練拳定要盪開，不可壓縮，這是個原則問題。但實際上時常會出現壓縮，這是個習慣問題，或者是腰腿不到。實際上，書上講的有二種話，一種是方法，一種是境界。方法不複雜，境界則無窮，方法要親授，境界則練到才知，我們方法都是基本掌握，各人體會則有時而異。如有空練三套，第一套練尺寸，第二套練勁，第三套練意思。

李家拳應比楊家拳較快，腰腿不到則快不了，一快就要浮。其中折疊轉換處，可墊加呼吸，反正是不可屏氣。其中要找出節奏，跟上勁走才能得勁。至於節奏，由於腰腿不同，各人亦不盡相同。一樣是唐詩有的緊湊，有的悠遠。功力境界都有關係。有好的王字，如《蘭亭集序》、《聖教序》之類，有空多看幾遍即是良師益友。

（1969年10月1日）

## 給樂師母的信

綱綱頗有些初學三年天下無敵的味道，他說手掌上覺得重，也算有了些功夫。但總要沉靜些才好，不然裝不了多少東西。

方濟說起一些練拳問題。他喜歡一個人想，怕和人討論，也有道理，但卻不能走極端，至於要不要練少林拳，據我看也並非不可以，但也要具體問題具體分析。

有些人練很多年，不會打，沒有什麼奇怪，只是因為他缺乏打的實踐，絕無只練拳不練打而就會打的道理。有這樣的情況，本來就有打的實驗，再關門練拳三年，又提高了打的水準，這是可能的。所以，只練打不練拳，也會打出經驗來，但可能不怎樣高明，但只練拳不練打，則永遠也不會打。

當然，還有一個問題，不練打能不能懂勁，我看也可以，只要看王右軍、杜甫這些文人，也都懂勁。而且寫字也好，作詩也好，甚至打仗也好，其懂勁規律是一樣的，所以只練拳完全可以懂勁，懂勁不一定會打，反過來，會打也不一定懂勁，打得高明才叫懂勁。其實懂勁也有程度，不是說一懂就絕對完善，但也有一定程度。

對於練拳來講，就是練成一個習慣，能夠隨時隨地使每一動作、每一姿勢都比較得勁，比較無缺陷處、無斷續處、無凹凸處，即使有自己也懂得改正，這樣就可稱為懂勁。反過來講，做不到以上程度，那就還沒有懂勁。那麼能不能有先懂後練或先練後懂的情況呢？是的，實際都有一些不平衡的發展。換句話講，所謂懂勁，就是能自覺地改造自己不懂勁的地方。不過「三個臭皮匠，賽過諸葛亮」。三個不懂勁的人，湊到一起互相觀摩，也可達到同樣的效果。這就是因為，一般看人家缺點比較容易，看自己缺點比較難的緣故。我現沒有人商量拳的問題，只好從其他方面吸收營養，取得參考。

太極拳的意氣問題是一種法門，或是說一種手段，不是一種目的。要問意氣客觀上有沒有，就好像問原子彈有沒有一樣。意氣無法單獨地拿出來看，往往要由骨肉的運動表現出來。但每人的對意氣的自覺性是不同的。一般來講，意氣對骨肉互相之間的差別較大，才能感覺出來。不感到氣怎麼辦？也沒關係，能找勁就行，或說能分辨得勁或不得勁就行。

陳樂問練架子練勁練意怎麼分？好像寫字一樣，練架子是寫描紅格，練勁是寫柳公權，練意就是行書草書了。

（1969年12月6日）

挑擔似乎能幫助練拳，一則因為練到腰腿，二則各方筋似乎都拔長了，而不是像原來估計的那樣要縮短，因為我回來練拳不覺得僵硬，而覺得手腳有鬆長之感。

方濟來信述及練拳中「無缺陷處」作何解？這是因為「凹凸處」和缺陷處不同，凹凸只是不平，並無缺陷，缺陷則是癟塌，毫無抵抗力了。又說「平」和「均」有何兩樣？一般均指通體講，平指面上講，但有時平亦作均講，要看用在何處，所謂拳要練得平，是指練得均，水準已甚高。這過程有個否定之否定，開始是平平，然後又不平，最後又平平。爹爹曾說 ：「歐陽修的文章做平了。」可見做到平並不簡單。古人謂「復歸於平淡」，意思相通，但不盡相同。因為一個主要講平均，一個主要講平淡。

李蓮寶兄的高論，有一定道理，但需要修正。這話應該這樣講，即天賦好的人可以較快地練好拳，差一點則慢一點，勤可補拙，何況練拳還可改造身體。我覺得我還在改造，而且明顯地感到在改造，好像不斷地還有潛力在挖掘出來，力量還在發展，而不是在下降，可能只有練太極拳才能不斷發展。

蓮寶兄拉胡琴的感覺極好，《內經》上好像有一段，說到一個理想健康的人，不感到有自己的身體，就是這個境界。《拳經》說「極柔軟而後極堅剛」亦是這個意思。手能練好全身為什麼不能練好，就是說要難些，主要還是多練。拉胡琴有這個境界更是好條件，所謂突破一點即可推而廣之，擴而充之。現在有句話叫作「胸中有全局，手中有典型」便是有把握的事。

（1970年1月21日）

「斷而復連」好像鏈子錘收發的意思，要出去，要力由脊（腰）發，要合住。有腰就能出去，要有虛領頂勁的意思才能合住。總之，一分為二，陰陽相濟，這是綱領。

（1970年8月11日）

只是感到練拳進步很不夠快，對很多勁都不夠踏實，有些勁想到了練不出來，有些勁練出來了又想不通，總之感到學無止境，前途尚遠。上次說起「斷而復連」的練法，老手掄大錘就是這個勁。請大棟兄體會一下即可明白。其次並不是什麼新貨色，而確還是老一套。練拳一是要養氣，二是要懂勁，捨此並無奧妙。大棟兄喜歡唱革命樣板戲，這也很好，多唱樣板戲既可培養革命朝氣，又可懂勁。李先生很懂勁，只是練拳時不肯盪開，缺乏北京人所說的那種「帥」勁，能解決這一點即可大進。

（1970年9月8日）

近感到練拳中兩腿比較通氣，前後也較貫串。

（1970年11月16日）

上次方濟來信轉告李先生練拳體會，有三點都不錯，但都是境界，莫住。練法可照擎、引、鬆、放練去，方法和境界要分開。關於尾閭中正，第一要練一條腿，第二開始總不能即正，漸練漸正。擎要練得活，練得韌 ；引要注意「收到身前勁始蓄」，即不是一路即蓄，而是一路找勢，和拉弓又同又不同；鬆要體會一「靜」字，亦即拎住之意；放是找整勁，腰、腿、手一氣，形之於手。細細體認，不可用粗氣，更不可用粗勁，極柔軟而後極堅剛才對。以上體會不能下得中肯，請做參考。

（1971年2月15日）

練到腰是轉軸氣是車輪。

（5月）

方濟和大棟都有信來，他們對練拳都很用功，亦都有進步。大棟兄練拳是否應注意適應體力，以出微汗為度，同時意思上要輕鬆些，不然氣放不落，肩肘也鬆不下。一般講，拎不起也就鬆不下，亦要注意另一面，即放不下亦就拎不起。

練拳講究內外合一，亦即有極大的組織性紀律性。但亦講究活潑舒暢。所以不要做得嚴肅緊張有餘，團結活潑不足。過去論拳講出汗，注意這是對於年輕力壯的對象而言。比如說，大棟兄練完拳，覺得練通了很舒服，但可能不持久。為什麼呢？這是個戰略問題，不能打消耗戰，要打持久戰，竭全國之力以驅頑敵，則二敗俱傷，前敵方去，而後敵已乘虛而入。持久戰怎麼打法呢？先要有腰，然後是鞏固元氣，先農村，而城市。千萬不要拿老本去拼，實際上是根本固而外邪自去。還有一點，通與不通亦是相反相成，不通不好，太通了不一定好，不要絕對化。比如說，培養根本是主要的，但有時也要驅邪。對慢性病要有股磨勁，常聽人講，什麼什麼單方，一帖藥治好什麼什麼慢性病，我從來都不相信，因為這不合道理。

練拳主要練規矩，主要是變化體質。找到一點勁不要當寶貝，應該回爐重練。練得漂亮也好，用得漂亮也好，都是表面的東西。練拳對身體也是一場革命，沒有一股狠勁也是不行的，沒有一股靈活勁也是不行的。老是一股狠勁就流於蠻勁，本質上還是一個懶勁，拳語叫剛柔相濟，老是剛實際上沒有剛。而且，一順勁的東西不能發展，一定會岔到邪道上去。

（7月1日）

收到方濟來信，講到匋兄回上海時與他研討練拳的問題，有些問題不要看死，什麼東西都是辯證的發展的，比如手足和腰的關係。總的講，「主宰於腰，形之於手，其跟在足」「一動百動」而又相反相成。關於幅度問題，亦無定格，「先求開展，後求緊湊」。關於折疊勁，要善於借勁使勁，「得機得勢」「精神要提得起，意氣要換得靈」，蓄發張弛乃得拳基本。脊椎尤須一張一弛，拎起放下。放下時並不鬆懈，蓮寶兄所述極是。

游泳方面，現在發現海豚式比蛙式效率高，但可能比較吃力，實際上坐腿是開的結果，並不是專用一坐勁。「有上即有下，有左即有右，有前即有後。」

初學說坐腿再挺腰，那是功夫不到，權宜之計。練拳境界有楊柳勁，魚板勁，都體現腰的功夫。李先生確是自己體認出來，練拳是要這樣練。

（8月15日）

方濟來信都收到，所述練拳問題，甚為關鍵。（注：1. 練拳人往往不走大路而好小路，沒有下樁。2. 應該日勝浮躁之氣，把勁收到脊柱中去。3. 每一個人都有很大的功夫，體現在他的角度中。）李先生說，拔長是波動式拉長，總長不變，大概如是，但不要泥於感覺。

練拳要找勁，勁要出去。有時有所感覺，但實際也並非如此。比如感覺腰長在腳跟上，或手掛在腰上，只是感覺如此，並非實際如此，但也可說是氣通了，勁連起來了。但氣和勁是經常發展和變化的，故說不要泥於一見。總之練拳要練規矩，不要練感覺，當然勁也是感覺，只是不要為感覺所拘。

出勁時心要放遠，勁才出去，這是和一般習慣不同的。楊澄甫先生曾說，「人心是肉做的」，即此意思。一張一弛，切勿鼓努用力。

每練拳開時，最好先依正楷，而不要先找意思。橫平豎直，中正鬆長，待體鬆氣勻，乃自然得勁得勢，練得純熟，乃可形之以意。行書若難以沉著，又可返於正楷；正楷漸能如意，又可仿於行書。練得活潑，寓意端正，鬆淨舒暢，其中逐漸便能長出內勁。一意謹慎，不免拘滯，一意浩放，神氣不守，皆所忌也。

（10月26日）

這一時期練拳，注意到腳跟勁，古人謂：其根在腳，這根不是一練就有，要練出來才有，根斷了其他都空。但這根和全部也有關係，和運動也有關係，特別是和腰有關係。通常都說「腰腿」，可見腰和腿的密切關係，常練拳很久，並未站在腳跟上，或說腳跟並未踏實，也就是並未有根。如此腰就不可以轉，手腳亦不可能鬆。

前一時期注意到手掌勁，古人謂：形於手掌。常擺了一副架子，或做了一個動作，但手掌上什麼也沒有，或時斷時連，或僵硬不化，這要返求諸身，求之腰腿，還要求之活動節奏。陰陽變化在時間、空間上都有講究，也都有聯繫。所謂如長江大河，滔滔不絕，所謂「綿綿不斷」。總之，要抓住「變化」二字，意思切要放鬆，不能有絲毫武士道的意思，氣鼓鼓不等於有氣。

《內經》說「少陽生氣」，拳經說「氣騰然」，這意思才對。癟塌塌不能變化，氣鼓鼓亦不能變化。只有「似鬆非鬆」，或說心平氣和才能變化。

要從鬆中找勁，而且可以找到極剛之勁。常人習慣不練拳則已，練拳就有個「武士道」的意思，胸腹已是橫了過來，這是最犯忌的。

（11月14日）

方濟來信談起李先生關於練拳的意見。他說的也是，人的天賦也總不可能是整齊劃一的，但照我看占主要的還是切合實際的勤學苦練。

特別是天賦條件看來也是可能改造的。所以主要不是天賦而主要的是上路。古人不是說「師傅領進門，修行在自身」嗎？這兩句話是確實的。

練太極拳是不是上路，原則很簡單，就是勁出不出去，出去就是上路，不出去就是不上路。上路之後，一日千里，這是總的說法。

具體分析起來，有時是一日萬里，有時就不一定，有時倒好像停滯不前，甚至好像倒退。這就是事物的量變質變，發展不平衡的規律吧。所以在似乎停滯的時候，就需要一股牛勁，而這時往往就是大突破的前奏。

每觀古人寫字，極舒暢又極緊湊，最近悟到一個勁，即寫到左面時要想到右面，寫到上面時要想到下面，有左有右，有斂有放。在這裡面，腰是極重要的，既要一氣呵成，又要從容頓挫。既如大鵬展翅，又如靈貓捕鼠。

練拳有一個極沉悶時期，又會到一個開朗時期，所謂「山重水複疑無路，柳暗花明又一村」，恐怕指的就是這個境界。

（12月13日）

方濟來信說，李先生問怎樣分別勁是否出去？我考慮了一下，從道理上固然可以說很多，但恐怕還是隔靴搔癢。據我自己體會，練楊家拳可以用唐詩的七言絕句來配合。每一式從蓄到發，可默念唐詩七絕，如氣口相配合，就證明練對了。當然，要挑較好的詩，要取法乎上。杜牧的詩很順口，但不大拎得起來；李商隱的詩，又似乎有些悶氣。王維、李白、王昌齡等的詩較好。

反過來說練拳如不太得勁，以較好的七絕唐詩亦可作為口訣來練。練熟後又鬆又重，當之中國古典藝術之境界，皆在於合乎自然。李家拳可配五絕，其中有些變化，又像是老杜律詩。總之先從七絕著手，較易體會。是否恰當，大家研究一下。

（1月12日）

## 致樂師母信

這一段時期，過年幾天空隙，多練了幾套拳。忽然想起爸爸過去說的，有人要給練拳配音樂，其實沒有什麼好配的，一定要配，那就是一個音，「嗡——」，一直拉下去。當時不懂，現在有些體會，到練拳勁連貫一氣時，就是這個境界。如長江大河滔滔不絕。或說勁如抽絲，綿綿不斷。

當時不懂辯證法，把綿綿不斷理解為不變的勁，其實不是。而是先要分清虛實。空間上要分清虛實，如董太老師說，如半瓶水晃來晃去。時間上亦要分清虛實，擎、引、鬆、放節奏分明。一旦時間上和空間上的變化都練熟了，豁然貫通，乃有大樂無音的境界。

比如長江大河，河床中有灘有潭，起伏相承，河水中有波有濤，動盪相激，而流水滔滔，自然而去也。

（1972年2月20日）

## 致大棟兄

最近練拳，對虛實蓄發有新的感覺。有一股熱烘烘的氣團隨著發勁出去，在手的周圍，蓄時收回。若配的不好，手出去了，勁並不出去。勁出去，手就有分量，不然就是空架子。若配好要注意三點：

1.有前必有後，明顯的如單鞭，往後送鉤手時，用意頓一下，好像在後面留一秤砣，往前才能得勁。

2.精神要提得起，前後轉換時要拎得起，才出得去。

3.意思要出得去。

這方面參看楊澄甫先生年輕時照片最有益，意思不要老是泥在站穩樁架上，這樣就出不去，要有一股坦然無前的氣概，就能出去了。

練拳關鍵要有氣，空架子不行。有的人不感到氣，主要是虛實不清。氣是本，虛實是變化。注意白魚眼睛是黑的，黑魚眼睛是白的，這就是有前有後有左有右的意思。

虛中有一點實作為轉機，比如單鞭，在鉤手上留了一點意思，回來轉到玉女穿梭時就靈活如意了。看董太老師的拳照，可以對虛實變化有啟發。有的人看起來混沌一塊，或如枯柴槎丫，則不足為訓。

方濟來信，所述練拳腳腕處感覺，以收緊為妥，其收緊與放鬆的變化，與腰相應。轉換時留心腰能拎住四肢，特別要管住兩腳。所謂拳似流星的比喻，是說有時是這樣的感覺，特別是斷而復連的時候，但並非完全照耍流星的方法來練拳。總之有時有個感覺，切不要隨著感覺去練拳，還是要照著老規矩去練。練得對路，感覺時時在換；隨著感覺練就會走岔路。

一般來說，要按效果來檢驗，但也要辯證地看問題。「比喻都是跛腳的」，所以一定要一分為二地對待比喻。看起來諸兄都有進步，但時時都要用「鬆、正、長、得勁」來對照。手腕還是一定要挺，當然真正挺起來是在最後，但還是要挺住，不然就沒有腰腿。

（3月30日）

## 致郭大棟先生函

所述楊式拳感覺甚佳，但手腕要和腰相應張弛，不能鬆掉。楊澄甫先生曾說，拳都在手腕上，可見手腕之重要。要勁出去，收起來是前提，即有蓄才有發。但蓄得起還一定發得出，即所謂退圈容易進圈難。

關鍵要在意氣上把起承轉合想通練熟，弟前曾建議用一首唐詩配拳。唐詩是中鋒，詞曲就有些偏鋒。要選唐詩，且要好唐詩，好唐詩與拳的氣口是一樣的，練到每一式都能配合唐詩，那就有蓄有發，基本對了。所謂基本對，那就是詩有詩的意境，拳有拳的精神。那就不但見諸功夫且也開了其境界了。

所謂內勁外勁的關係，有一句現成話，「意氣君來骨肉臣」，照現在的語言，即統帥與被統帥的關係。內勁不夠，外勁組織不好，或說調動不起來。外勁不夠，就要落到精神萬能論。

前人練拳，由粗入細，由外入內，故愈練愈精，不落虛假。若由細入細，未免玄之又玄。吾等練拳，就是粗坯打得不夠，雖然似乎影響，總是具體而微。年紀大一些，血氣不那麼盛了，這是辯證法。但還要辯證地看這個問題。內外僵勁同時也會小一些，用精神能動地改造身體的條件也會好一些。總之，要抓住這個轉機，認真地練一些少林拳是大有補益的。

還有比較含蓄的人較易找到發勁，而比較外向的人則一用就屏住。我記得大棟兄比較拿手的是一記捋，這就是用勁的發展規律。至於太極拳也並非缺少外勁，那是練得不夠，練外勁不是用大力，用粗勁，而是練低樁，練腰腿。太極拳亦並非不靈便，那亦是練得不夠，練靈便不是練縱跳，而是練虛實練變化。不過練少林拳，一則可明白手法，二則可增強膽氣。

（7月14日，　或7月4日）

李蓮寶先生來一函，為懋椿兄將董先生拳照放大二份，且呈一份於我頗感盛情。請李先生善為保管，有機會當認真學習。

又謂有些人以拳藏私，實則自誤，可歎。懋椿兄體會不錯，通任督脈與喉頭極有關，一是頭略正直，二是腰腿得勁，不必他求，勁出去則喉頭鬆開為要。

（4月5日）

最近發現出勁要像寫字，鋒宜藏不宜露，藏則意正，露則氣散，練時注意用勁要正，正時中脈開，如一條透明通澈；否則無，寫字亦然。近接李先生來信，難得至之，他不講拳專講胡琴，不過我不見其琴但見其拳，講到懋椿兄境界，凡西洋體育，以年輕氣盛為勝，而中國拳藝，則愈練愈精，非出千萬遍汗者不能道此。

（7月13日）

關於練拳發勁有幾層道理。若求發勁，先求蓄勁，蓄發又需貫串一氣；虛實開合，擎引鬆放，先要想得通順得勁，然後練得通順得勁；故要練得稍快些，不然流於遲重，舉手投足，散漫無章，用時決不靈活；手掌之於腰腿，猶如鋒之於刀，尖銳與否，頗為關鍵，不然一身功夫，只能撞人一記而已。

不可用一樣勁練擎引鬆放，而要提起精神，練出起承轉合，尤需注意「引到身前勁始蓄」。凡擎引變換，皆以攆絲勁為之，引到身前，未發之先，看準一方，渾身一拎，身再加引少許如靈貓將撲，健鶻若下，如此則決然而出，勿有絲毫猶豫。然渾身切需合上，不合則二手空空，合上則前有鋒芒旁有氣氛。

杜甫詩：來如雷霆收震怒，罷如江海凝清光。真是懂勁，非泛泛之談。練鬆沉勁是練鞭子，練整勁是練刀劍，百煉之鋼，如繞指柔，百煉之鞭豈能成鋼，階段層次，其可慎也……

（8月6日）

記得前時芳濟曾來信，好像講起李先生拉胡琴心得，信不在手邊，無法查了。最近練拳，對於發勁，有一些心得。如楊家拳，出手至轉換到前足跟前這一段，勁要拎住，轉換好再合勁，這樣就配合較好；對於李式拳，跟步前這一段同樣要拎住，甚至要拎起，到合勁就飽滿深長；用勁要用中鋒，所謂中鋒，就是意跟勁走，勁跟意走，勁意相合，不求外面。

最近看乒乓表演，有所啟發，或有不理解李式拳發勁為何要蹲下，只要看打乒乓球用勁抽球可以明白，腰腿用力，站在前腳上，身略蹲下，這是一個合勁的結果。反過來說，唯有這樣才能得到全身合勁。

李先生說那個勁，原話我不記得了，意思我還記得，那就是內勁，或叫合乎客觀用勁規律的勁。凡用勁效果好，必是整勁，是鬆沉勁，或把整勁與鬆沉勁分開，實際是分不開的。凡好運動員，必有腰，且氣魄深厚，活動走中鋒勁，練拳亦一樣。

練拳可找的勁，並不奇特，只是自覺難。乒乓表演中，有一個運動員無意中打了一個妙球，大家鼓掌。後來他特意想再打一個，結果弄巧成拙，扭痛了腳。一件小事，很有啟發性。老子說 ：「皆知美之為美，則不美矣。」亦是這個意思。

練拳定要找勁，不能找味，拉胡琴亦一樣。譚派唱腔極有韻味，後來流入各派，適時各得一長，其實沒有一個得其勁，藝術上往往如是。所以要碰到某些評論家，說你得其一長時，且要警惕。趙孟頫的字寫得確實不錯，但他的字裡就有些討好的東西，品格斯下，勁亦就偏了。蓄勁腰要拎足，拎足時便有不得不發之勢，轉換時再拎一拎，如引弓待發，對準目的，渾身再一拎的意思。練功夫就是要老實練，練夠了自會進步。董太老師所說：練規矩，化規矩，是真經驗語，是語重心長語。

（9月3日）

## 致鄭國鍵先生信

我看您的深思是有益的，也是比較對頭的。您記得王國維說的吧。「昨夜西風凋碧樹，獨上高樓，望盡天涯路。」「衣帶漸寬終不悔，為伊消得人憔悴。」「眾裡尋他千百度，驀然回首，那人卻在燈火闌珊處。」做什麼學問都一樣，有一個時候，似乎正是山窮水盡。這個關頭，要有個癡勁。

多少聰明人掉了頭，走了小路，此所以功夫難練。顯然，您身體是差一些，但氣並不癟；氣若癟，恐怕也就不覺得自己癟塌塌了，這道理您一想就明。

練法錯不錯呢？也要一分為二。擎引鬆放的原則還是不能丟，但要用意不用力，非但不用力，且亦不用心。要分清用意與用力。老子曰「王國之民熙熙」，此即用意；又曰「霸國之民競競」，此即用心。所謂「神若捕鼠之貓」，「形若捕兔之鶻」，這是霸國之民競競，身體結棍（上海話即身體結實），可以練此。所謂「長江大河，滔滔不絕，」這是熙熙，休養生息，必須練此。但亦不要絕對化，認清主次即可。

道家講水火，搞得好神秘，並非沒有道理，但養人小氣。其實晚上睡覺，白天工作，本就是一收一放，一蓄一發。一定要像陳摶那樣一睡千年，固然活得很長，但長生與久視看起來卻其實矛盾，至少很難同時做到；而且睡在那裡，到底算有幾分生氣，也很難講。

佛教小乘有睡眠定，當然還有其他高明些的定，定來定去，還須出定。說來說去一點，水利是命脈，還是要注意，但不要神秘化。現在從事水利經驗較多了，不像解放初期那樣走極端了。過去是旱地只講灌，澇地只管排。現在看起來，排灌雖有重點，但亦要靈活掌握，全面安排。其實，歸根到底是要識好歹。練得對不對，心中要有個底，自己就能掌握，有很多標準，用自己熟悉的就行。

比如您做醫生，不妨就水火消長來做標準。練得對，水火就相濟，不然就相剋。規矩是外面的一個標準，感覺是裡面的一個標準，兩條腿走路，缺一不可。要有自信，不然心中無底；但不要太自信，那樣要僵化。

（11月13日）

# 致郭大棟先生信

吾兄進步甚多，弟所不及，當為吾兄自身努力及李先生切磋之功。梅聖兄此去黃山，與仙為鄰，亦復鍛鍊，實不世之遇，心欣羡之。國健弟前曾有信來，研究練拳肥瘦問題，殷切之情，實為可嘉。吾兄來信述及公園推手事情，生動有趣。二十年老太極，常不堪一衝，此乃常事，董先生即以哄小孩，其不料老太極中竟亦有衝而不去者，真堪絕倒，惜兄欠一反擊，不然此事當可收入《聊齋志異》。古人云 ：退圈容易進圈難。此中有方法，亦有功夫。還得從擎、引、鬆、放練起。

「擎」是化勁，欲輕靈而不鬆散，更不可運氣以鼓，其中為沾連意 ；「引」是拉弓，用意不用力，引到身前勁始蓄，其下即與「鬆」字一氣呵成，中有一折疊，如引滿待發，更復認的一振，此時全身節節拔開，毛髮戟張，S圈順勢一盪，轉換圈凌空帶過，其中即綿隨意 ；「放」時腰腿認端的，鬆淨俐落專注一方，注意兩腿朝裡合。

整個循環，要在蓄即是發，斷而復連。擎引是走，誘敵深入，鬆放是打，集中貼近。走即是打，順勢擺開架子，打完又走，實中寓有虛意。陰陽消長，節節貫穿。此變化要練熟練得勁，練時有用時才有，練十分，用時才三、五分。吾兄手掌無僵勁，但須練出剛勁。刀尖無鋒，虎豹無爪，去勢雖猛，甚無威力，有吾兄老成，應著重練「意氣欲換得靈，乃有圓活之趣」。

（11月23日）

## 致樂師母信

大棟兄有信來，練拳很有進步。兒近來覺得，練半套只是活動活動身體，練一套才有得點感覺，練二套才有進步。有時疲勞些，就練半套，有時精神好些，就練多些。總的來講，近來精神較好，但對於拳的感覺，似有若存若亡的意思，看來還是不夠精進。再者，感到練拳須練低樁，不低配不好，腰腿根基不固，失之於浮。三者要坐掌，這和坐腿挺腰一個意思，掌不正就不能形之於掌。

這些基本功看來簡單，但關係重大。日本人不論做什麼，肯下苦功，這點值得學習。古人練功夫，講熟能生巧，今人則練巧至熟，有些本末倒置。

（12月9日）

## 致鄭國健信

方濟兄前寫信，說起李先生練拳中對胯的感覺。照我看，注意力應放在腰上，意思要提前。至於肩胯部位，都以不感到為佳，即以不沉不浮為度。所謂鬆沉勁，是在勁上，不在任何部位，以任何部位練鬆沉勁，則無鬆沉勁。方濟兄又說起男、女氣血部位問題，我觀察了一下，似乎不那麼簡單。

首先是一般人氣血情況不那麼統一，有的人有些混亂；其次，少數人和有些小孩氣血似乎比較明確統一，但又似乎一處有一處陰陽，分佈情況有很多交叉和相反相成的現象。有些情況可大概確定：男女相反的，頭部與身體交叉，身體與手掌交叉，一手一腳本身又相反相成轉。但大多數卻有些混亂。有些外觀氣色極好，但亦有混亂情況。腦筋簡單的卻較不混亂。讓我慢慢觀察一個時期，可能可以找到一些情況和規律。

大棟兄問練胯怎麼練，我看不必專門練胯，好像不必專門練肩部一樣。注意尾閭中正，腰腿得勁，胯亦在其中了。以上體會，不知確否，請諸兄商議。

（1973年1月16日）

## 致顧方濟先生信

天氣涼爽些，練拳也略多些，即每天一套，楊式、李式輪流練，看來腰腿還是遠遠不夠，最近對「均」字稍有體會，移步動腿，腿不能落空，蓄發變化，勁不能卸掉。總的來講，重心要下移，就是要真正移到腰上，用意不用力，切要避免浮躁勁、剛狠勁、懶散勁，要找一個中鋒勁。在滬時董先生為我改個出去先送肘的勁，極有啟發，即蓄到頭時要意注前遠，順勢拎腰，使全身皆鬆，合「鬆開全身勿使曲」之意，一出去即渾身跟著一個意思上的直勁，不疾不徐，「發時腰腿認端的」，最後，氣合在丹田，勁足於手指，一到百到。「退圈容易進圈難」，蓋留意焉。

（1973年11月5日）

## 致馮象一先生信

愚意練拳對身體確是有好處的，但在某種情況下，也可能醫藥與休養應起主要作用。

（1974年1月8日）

## 致王亦令先生信

若於書法入門，則拳法不遠。始則拘形，繼以找勁，心領神會大約相似。吾兄書法極佳，而於鬆淨沉著，得機得勢之處似嘗不足。吾法之拳大約亦然。

蓄勁拎腰最要得機得勢，一氣呵成，尤須抑揚頓挫，認得放勁，務求意味深長，切忌硬撐，亦忌隨意飄浮。故為若能虛靈共沉著，太極拳壇許入門。

## 致顧方濟先生信

近來練拳日半遍至一遍，於董先生所授，略有體會，即如兄所述，出手時腰、肘、腕於折疊之間相互配合呼應而動，勁即出去，去之且長。唯於上下左右前後之間假以跌宕，主以意氣，自能愈漸鬆淨也。

（1月10日）

## 致王亦令先生信

近來練拳跟勁走。蓄時勁回到腰。在腰上用意思根據蓄的動作，自腰發源而做蓄的動作。蓄到發一拎，要順勢但要有方勁，如寫字轉角處意思，不順勢則滯，無方勁則滑，拎時即神注前方，意要遠要長，然後用寫字中筆劃出勁，鬆淨俐落渾厚舒暢。此皆是意不在外面。各關節若有氣鼓住，否則練不出這意思。國鍵說拳練得不斷有變化。

（3月5日）

## 致鄭國鍵先生信

按歲氣節氣，肝氣旺甚，隆兒可能是木風動甚，營血漸虛。此地多有小兒為高血壓者，亦有肝炎數例。若如此，略加調理，挨過節氣，可能轉好。

總之，要練些腰腿，這是重工業。西醫講心肺，而中醫講脾腎比較根本。吾兄要抓緊時機，改造身體。

（3月7日）

## 致王亦令先生信

吾兄每日練拳可分三段。第一段橫平豎直若描紅格；第二段體鬆勁舒筆筆得勢；第三段意與神會使轉天成。若有梗滯即歸一段，反覆引導切勿勉強。病生勉強，故以自然治之；病生浮滑，有以方正治之。此理甚明。

（4月2日）

## 致顧方濟先生信

覺得我們很多人練拳，最易犯的毛病，還是勁不出去。一個是意思問題，一個是腰腿問題。主要是什麼問題呢？總的來講，還是意思問題。練到一定程度，我看要多想想，特別是把各種意思加以比較，還要把各種意思加以聯繫。比如楊式太極拳中的「按」最不易練，這要和李式拳中的「合」、陳家溝中的有關拳式加以聯繫，才能找到勁。有些式子，已經發展到了「復歸於平淡」的程度，往往不易找到勁，就要循經溯源，看一看原來劍拔弩張的情況時是怎樣練的，才能有所啟發。

陳家溝要練一練或看一看，就有這個用處。少林拳也有同樣效果。楊家拳之所以容易練假，其理也在此。從平淡到平淡，當然就沒有內容了。這也好像魯迅的白話文極有味，但它也有一個發展過程。白居易的詩極平易，但最不易學，也是一樣。這理易明，但是不是須要從頭再練那些基本的原始的東西呢？不一定，但要多看多想多練，把意思豐富起來，貫通起來，熟練起來。

平淡有平淡的好處，好像白水，什麼東西都可融合其中。或者說，停下練，專門想一個時期行不行，看起來不行，意思和腰腿還是不可分的，一層功夫有一層意思，否則落於空妄。

（5月25日）

## 致顧方濟先生信

亦令兄曾寫信來，說到他的手指痛事，我想應暫停練彎腿，意思到就行，請轉告之，看起來其用勁也太硬。

（6月13日）

## 回答樂曈對董先生改拳之意見

注意手出去時與腰相連，腰一動先到手，故手先出。體會到做到這一點與功夫亦有關，腰拎不起即倘若手先動而手與腰不相連，當然，不是等到功夫到了才練這一點，應先作為規矩練，反過來對腰腿提出要求。不知這樣體會對否？

（8月27日）

## 致鄭國鍵先生信

矯枉必須過正，過正時也在枉路上走，走一段時期必又卡住。所稱練拳兩遍，才有進步，確是這樣。但也不必勉強，精神不濟時少練一些也行。總之不要搞成一樁苦事情，假如身體結實，時間充裕，當然又是另一回事。

兩腿發僵，關鍵在於腿要參加積極的練拳活動，不要只起著兩根樁的作用。回來時，手上頓一個勁作為支點，以腰為中心，帶動兩腿做坐腿動作，要曲中求直；出去時，拎腰足，注意手與腰連，再一拎作折疊圈，要用意不用力，不然圈子就一定硬，出手時，意思要遠，全身整勁，形之於手。總之整個動作，凡收發來去，總須一意貫穿，折疊換勁，勁斷意不斷，用意不用力，得機得勢，慢慢乃能不生硬，有空寫寫毛筆字，也可幫助找勁。太疲勞了難免不生硬，精神疲沓意氣索然之時，可輕輕鬆鬆練一段，把全身練勻即可。

（9月1日）

## 致顧方濟先生信

謹將幾點體會寫出如下希諸兄思之：

1.退圈容易進圈難。

2.董先生批評我說「光靠功夫」「練反了」「理解錯」「現在要手先出去」等等。

3.經過一年餘的練習思考過程，主要是進圈問題。

4.擎、引、鬆、放還是對的，要堅持。

5.關鍵在於鬆字，要害在於拎腰。

6.引足後著意在腰再一拎，拎到空時，再鬆，所謂拎到空，即拎到全身空靈，可以統一配合活動的程度。這時，先用意思照顧一下左腿，引導使能開始配合行動，然後意在必先，用一個合勁出去。其效果是肘鬆，手先出。否則（即拎不足或鬆不好）肘不鬆，勁不爽。

7.退圈較好練，因為是在較鬆的情況下轉圈的。先在手上頓住勁用「S」圈回來，所謂「S」圈，關鍵在腰轉，即主宰於腰，發源於腰。接著要往來於腿，即在兩腿開時有一跌宕勁，纏絲勁（有下鑽的效果）先左後右（出時亦先左然後右）。

8.董先生指出我的缺點是對的，即肘不鬆。（根本問題是拎不足，鬆不好。）但在如何練好這一點及如何理解這一點上，我們有不同看法。

9.在東莞招待所，這幾天人稀樓靜。月色清絕，萬緣俱釋，練拳一遍，乃恍然若有所得，記之以請教於諸兄。

10.練對了，兩腿會發抖，一個說明較對了。

一個說明腰腿還是不夠。陳樂說腰上一點，或存或亡，這是過程，不必拘泥，否則不進。對高血壓主要練沉著安舒，蓄發幅度小一點。無蓄則無發，故不能無蓄。最好再作一點適當的散步。1961年有一次我血壓有突然升高現象，我注意了氣沉丹田的練法，很快就降低了。

（9月30日）

## 致顧方濟先生信

我現在拳放到晚上練，還好，比較安靜。練拳時所謂注意左手左腳，只是求得全身鬆勻平衡，防止有偏。練拳要照開弓、放箭意思，不是拉過來、推過去。手掌勁不要斷，斷而復連。渾身不可有撐勁，再得勁的撐勁也要放棄。梅聖兄功夫極好，但要注意練「放時腰腿認端的」。放時腰腿跟著手掌的勁出去，曲中求直，又鬆又整，一到百到。練蓄勢要多想董太老師的架子，練出去要多想楊澄甫先生的架子。最近，練拳有些變化，待發展穩定一些當將情況奉告。

（12月22日）

## 致顧方濟先生信

前付一信，泛泛談起練拳體會，今再根據來信所述具體談談。關於練拳以何為主，這不一定，看具體情況決定，一般當以腰腿根本為主。關於照顧左手左腳，回來時先照顧左手，出去時先照顧左腳，如此容易得勁，找一下，即可體會。原則上是有左必有右，有上必有下，有前必有後。又因右手右腳比較靈活輕便，左手左腳則較滯呆，故特注意而克服之。不要據死，主要是找勁。至於女人如何練，想來應相反，具體則難講。

梅聖兄述，中氣開時往後往右往下轉與同時中氣上提如何統一，這正就是有上必有下的規律，即所謂矛盾統一，相反相成。楊式拳綿裡藏針，外柔內剛，以及極柔軟而後極堅剛所指都是一回事，文化程度不同，講法就不同，並非如字面所講分什麼內外，而是外表看似柔軟實際內含的勁即極堅剛的意思。

（1月3日）

## 致樂雍信

腰要直，掌要平，兩手捲舒如行雲。沉其腕，鬆其肘，左顧右盼精神抖。丁字步，慢起落，收腿出腳走直角。頭容正，尾閭直，前俯後仰不可使。既下樁，不輕起，忽高忽低勁不齊。

凡弓腿，足尖齊，出手高約如眉，鬆開全身勿使屈，放時腰腿讓端的。練拳者，如習字，橫平豎直為起始，習萬遍，乃通神，殷勤不斷功自成。

感到無論練拳練字，都要以意以腰方能擒縱如意。

（1975年6月3日）

## 致樂雍的信

練拳時感到胸悶，這是呼吸沒有處理好的關係，改正的要點是從蓄到發即出去之前到出去的轉變中要透過氣來，注意白鶴的長頸的動作，有那個一拎一放的意思，氣就透過來了，學到意思就行，不必真像白鶴那樣動作。從出去到回來的轉變中同樣也要透氣。同樣，在出去或回來的過程當中還有個換氣。這就是「往復須有折疊，進退須有轉換」。

練拳初，不夠熟練，不夠協調，可能不能嚴格按這個節奏做到，那也可以多換幾口氣，多透幾口氣，總之以舒暢為準。拳中每一式，有開合有蓄發，有抑揚頓挫，或叫擎引鬆放，要練拳熟練才能練出，但可以先理解其中的道理和意思。比如，古人作詩有一定格律，這格律固然束縛人，但這格律並非主觀臆做出來，而是有它的內在客觀規律，您可以找幾首代表性的七絕，到念得順口，就會體會其音調鏗鏘和聲韻高遠是要具有一定的條件的。回過來說，練拳要達到均勻得勁，也要找到一定的規律，絕非有些人所謂任意放鬆就能做到的。

（9月）

## 致顧方濟先生信

最近練拳略有長進，引而至發之間原來腰要借手而轉，現在帶手而轉，手要活一些，勁要連續些。

我還有個感覺，一套拳練得順遂，或是休息日到海邊玩個半天，勝過吃多種維生素。

（10月21日）

## 致顧方濟先生信

每天練半套至一套拳，進境雖慢，久之亦有新意。近來感覺肘部漸鬆、腰部漸正、腿部漸活。今夏因有瞳瞳做伴游泳較多，亦略有所進。游泳勁與練拳不同，但有腰腿，亦有整勁。主要是到海邊活動半天，頗能消除疲勞，似乎較近水木清華，竟能收補益之效。

（1976年1月6日）

## 致樂雍的信

我想您練拳是否應慢一些，多注意腰腿。同時，您應注意一些文娛活動，如聽音樂，看小說，寫寫毛筆字等等，讓腦子的活動換換班。毛主席說「一張一弛」，要在生活上掌握這個規律，方能在緊張的同時保持活潑的精神。

（1月6日）

## 致謝榮康先生信

近日練拳手較能伸得出。弟每日早起練單姿勢晚上練拳。早上拔拔筋骨，一天輕鬆。晚上較安靜，適於精神內斂。這種練法，原不足為訓，只是因地制宜而已。

（3月10日）

## 致郭大棟先生信

肘鬆是對的，但所謂肘鬆則他處亦鬆，似乎有主次不分之弊。理應肘隨腰轉，如腰不能帶動時，則肘雖鬆亦無大用。打乒乓好的有整體發勁，但其勁甚小，不能發人，有相似處，但亦有不同處，發人之勁，要雄渾，勁長得多。對腰腿要求亦不同。再者，練拳的最後原則是「均」字，所謂鬆，不礙均而已，非此處如九節鞭之段段鬆也。腰腿得勁，手自然鬆長得勁，有不得機得勢處，則於腰腿求之。吾等未練過硬功，勿慮肘有過僵之處，即便有，於推手中磨之。試問，推手時能特意鬆肘乎？陳長興教「少林拳」功深者推手互磨方勁，未教其鬆之即可也，請思之。以上意見請推敲。

（3月14日）

## 致謝榮康、顧方濟先生信

至於我還算粗健。早起做托天、拔腰、大力功等拔拔筋骨，這是學習貓。不敢說學老虎，在動物園見過老虎伸懶腰和貓差不多，但在山中的老虎是否還有其他花樣，未可深知。晚上練拳，這時周圍都睡了，心思比較集中。這一點要佩服公園太極拳，任憑遊人自來去，自有興味在其中。最近對「縱之於膝」體會比較深切。董先生說我不會鬆肘，我亦感到他說得對，董先生說把肘先鬆就行了，我一直有懷疑。

大棟兄前有信來，說是肘一鬆無有不鬆，我去信表示異議。最近腰又拎起一點，「縱之於膝」才比較清楚，如此腰亦隨之而鬆，所謂「有不得機得勢處，則於腰腿求之」的經典理論亦庶免與之矛盾。上次我說對十六關要的解釋要修改補充，這就是其中一點。

（3月31日）

## 致郭大棟先生信

關於四個圈子，問題在於「鬆」時包含折疊轉換兩個小圈，即折疊後緊接著一個轉換圈，實際上是一方面換腳跟，一方面拎一拎腰，接下去就是放了。放得好不好，主要看：一鬆時兩個圈轉得怎樣？二能不能把腰拔起來，造成一個非放不可的勢。三能不能縱之於膝，鬆淨俐落，全身一個整勁合之即出，如波浪下谷，順勢而流，總之鬆放中的關鍵，乃是拔腰，腰不能拔起，即雖蓄而無勢。從貓之蓄勢，可以借鑒。還珠樓主在《雲海爭奇記》中說查洪怒欲擊人則鬚髮猬張，身形暴高一尺，這一段很有意思，是懂功夫的講給他聽的。

（5月2日）

## 致顧方濟先生信

關於練拳問題，發勁的關鍵乃是拔腰，所謂「力發於脊」。要練到脊椎節節拔開，轉圈與拔腰有連帶關係，在蓄的轉換圈後開始拔，「心為令、氣為旗、腰為纛」，腰一轉，有氣騰然而上，腰脊如釣竿上揚，同時，脊椎亦節節拔開，緊接順勢作折疊圈，形之於手，達之於神，跟勁合出。光拔腰不會轉腰，勁不能變換，光轉腰不會拔腰，沒有蓄勢。這個拔腰動作，關鍵是腰，但腿、手各處配合動作變換的得機得勢亦不可忽略。

（6月6日）

## 致樂雍信

您胸悶的問題，起因可能是多方面的，但可以練拳方面加以調整。一是做做搖肚皮的單姿勢，要求柔和均勻，像輕搓衣服的意思。二是練拳中折疊轉換處，要學仙鶴舒頸的意思，裡面要有張弛開合，即拎腰時要覺得胸腹間透氣而有清涼的感覺，不能迸作一塊前俯後仰。所謂「腹內鬆淨氣騰然」，即此意，或謂「胸腹間要化開」。

（6月27日）

## 致顧方濟先生信

兄練拳方面很多新的體會，都很好，很有進步，關於「斷而復連」的問題，勁斷意不斷，感到手腕上的勁有一個變換，即斷。假如感覺不到腰，可用在腕上加鬆沉勁的方法練。董太老師說，三遍拳，一遍糾正姿勢，二遍找勁，三遍找意形，這是常法。

練意形要多看王字，多想拳，即練拳不再拘泥於擎引鬆放等具體練法，胸有全局一氣呵成，在陰陽開合、輕重疾徐中自然有具體章法，這樣的拳才有用。若無力氣練三遍，則可分節練，但以練三遍為理想。亦可先練些單姿勢來拔拔筋，做準備工作。

（7月11日）

## 致郭大棟先生信

最近每晚練一套拳，感到發勁有所進步，而其關鍵在於拎腰、意遠、斷而復連。有一個時期覺得手臂皮膚周圍暖烘烘的，然後兩手鬆沉如鞭子，蓄發時裡面明顯有變化。要結合擎、引、鬆、放練，擎字要氣貼於背，要靈動，要能空，鬆放較難，要注意練。若能悟此一「靜」字，就能逐步練出發勁。楊健侯常提「斷」字，李家拳講「靜」字是一回事，練者每不易悟。董先生講「手先動」也是這回事（但講的是外面），我看學的不一定懂這個意思。你們練到這樣程度，再講「此時無聲勝有聲」，可能懂。不是這條路上來，還不一定懂。

杜甫《觀公孫大娘舞劍》詩中和范仲淹《岳陽樓記》中都有句子合這樣的境界，可用來參證。腿要活，手才有鬆沉勁。即腿要有拳，比如練上步七星，海底針等腿幾乎不動的發勁，自覺兩腿還有文章否？

陳家講的纏絲勁可以防止牛腿，有一定效果，但還在外面，不是究竟。有些東西最好一點就透，講多了反而可能越描越黑。美人變張飛，張飛變石頭，還須重來。

（9月5日）

## 致顧方濟先生信

對於您的見解，我有一些看法，提出來供參考。抑揚頓挫之「頓」確係「斷」，「萬木無聲聽雨來」有些悶氣，不是那個意思。公孫大娘舞劍歌裡「罷如江海凝清光」才是這個意思。有一年，我們去淀山湖遊覽，乘船時自江甫入於湖，時值初晨，薄霧未消，一望澄碧，悚然神凝，即此光景也。《琵琶行》裡那幾句可以一讀，注意承上啟下，勁斷意不斷的意思。蓄勁初之斷比較輕鬆，意思不同，注意意氣要換得靈。「合主靜」對應於「動之則分」，不是沒有關係，但與「鬆主靜」之靜不同。「一靜無有不靜」是指統一勁，要與「靜中觸動動猶靜」聯繫起來看，不然又看得太死。「似鬆非鬆，將展未展」是功夫境界，不是練法，不到此功夫無法捉摸，是要從拎起與轉盪的辯證關係中去找消息。

（10月1日）

## 致樂雍信

練拳得法很重要。您練拳就特別要注意節奏，以練得舒暢平和為要領。我建議讀一點唐人的七絕詩，可以一舉兩得，一方面可以讀一點古典文學，一方面可以從七絕詩的韻律節奏方面，對練拳的節奏有所啟發。拳的每一式慢慢練去，一開一合，抑揚頓挫，應和七絕詩的節奏相合。如能相合一定舒暢。

（9月21日）

## 致樂雍信

選錄唐詩數首，供您學習，可讀熟一部分，琢磨其音節聲韻，聯繫練拳節奏，可有好處。唐詩很好，七絕更不少，但音節高妙者也不見多。至於思想意識，當然與現代之要求相去甚遠，姑存不論。

少小離家老大回，鄉音無改鬢毛衰。
兒童相見不相識，笑問客從何處來。

朝辭白帝彩雲間，千里江陵一日還。
兩岸猿聲啼不住，輕舟已過萬重山。

寒雨連江夜入吳，平明送客楚山孤。
洛陽親友如相問，一片冰心在玉壺。

渭城朝雨浥輕塵，客舍青青柳色新。
勸君更盡一杯酒，西出陽關無故人。

故人西辭黃鶴樓，煙花三月下揚州。

孤帆遠影碧空盡，唯見長江天際流。

朱雀橋邊野草花，烏衣巷口夕陽斜。
舊時王謝堂前燕，飛入尋常百姓家。

（10月2日）

## 致顧方濟先生信

來信閱，極為高興。

「斷而復連」應使胸腹鬆淨，頭目清涼，有這樣感覺說明練得對了。

練按勁因為一般左手較鬆，故先覺得勁。其意思如寫字一豎筆法，有筆鋒和無筆鋒其實寫法一樣，僅看最後提不提起，明瞭此意即可得勁。至於陰陽是不行的，但亦不用分得太細，因為實際上是分不窮盡的。主要還是要找勁。抑揚頓挫亦同理。比如做學問，不可不明考據，但白首窮經是不必要的。古人說讀書不求甚解，這有兩種境界，一種極低，一種卻是極高。

（11月7日）

## 致樂雍信

聽說您現在胸悶已有好轉，但腹部又有發脹情況。我想要注意「在意不在氣，在氣則滯」的原則，特別在出去及回來前的折疊時切記要練得跌宕有致，胸腹方能鬆淨。嘴部也要放鬆，要照又鬆又得勁的練法，不要練氣功。

同時請告訴梅聖兄練拳時要克服氽出去的勁。

（11月27日）

## 致謝榮康先生信

而兄之古風高義，亦確有過人之處。

關於雍兒練拳事，兄等當便宜教之，弟之意見，作為參考而已。隆兒想練拳，很好，要教他練得方一些，從顏魯公開始。

梅聖兄亦有信來，閱後甚喜，看來很有進步。我最近暇時看幾段王字，讀幾首杜詩，似乎有些幫助，梅聖兄不妨試之。

方濟兄又發病，甚憾，不過今年天氣似乎特別不正常，還需珍攝為要。弟最近練拳，注意練出勁，要搞清楚勁出不出去這個問題，不要光靠觀想，而要實際練出來，不單要在手上注意，更要在腰腿上注意。這關鍵似乎就在牛腿貓腿之別。

（12月20日）

## 致顧方濟先生信

最近練拳有些體會，想提出來你們參考一下。一是發勁出去開始要拎住，最後才出勁，像寫字一波三折之意，這樣勁較長，不易軋住。二是拳式中有四正四隅，四正和四隅意思是不同的，不能一樣對待，如掤捋擠按是四正，單鞭、白鶴亮翅等是四隅，須細心體驗，加以分別，這樣才能把四隅勁練出來，拳也就活潑了。三是要注意糾正右邊偏陽左邊偏陰的毛病，一般寫字做工，人大多是左邊偏靜右邊偏動，這個習慣容易在練拳中同樣形成，如能自覺改正，定能克服。

來信看到，練得很靜亦是個境界，不要為境界所拘，練拳應減少空白處，這跟腰腿也有關係，要琢磨董太老師「半瓶水晃來晃去」的意思，一分為二，借勁使勁。「氣如車輪」是附屬於「腰如轉軸」這句話的，要細心體驗。氣在幾個方面或幾個方面的活動，並不影響這句話的正確性。但氣如車輪腰如轉軸是關鍵性東西。如氣右轉，這是意思在右，實際上同時有左轉的，設無左轉，右轉亦不得勁。右轉為開，實際同時有上下開的活動，但意不在彼耳。同時的活動是很複雜的，但前輩們抓住的是主要矛盾方面，綱舉目張，一動百動，是以時刻注意者在此耳。

（1977年3月5日）

## 致樂雍信

您有點氣管炎，而且一直不好。這起因可能有幾個，遺傳體質、工作時間、工作環境以及其他等等。總之，現在應逐步克服它，正確的路線應該是鍛鍊為主，適當注意生活方面的防寒防濕防感冒，必要時還要吃點藥，而且一定要學會充分休息。練太極拳本是很好的方式，但要注意呼吸要細，才不致影響氣管，手要高，頸胸間才能透氣，出勁時一定要注意徐徐呼氣，意思要高遠，不然，勁就可能軋在頸部，久而成一疙瘩，頭容正直，下巴微抬，腰挺起來，坐一點腿，這些都是要點，堅持長久，必有效驗。如有問題，希再來信。

（3月11日）

## 致鄭國鍵先生信

知道近來醫道有進，望百尺竿頭更上一層，看病這件事，要有些靈性才行，老是依靠儀器、化驗，我看不行。就拿我們工廠裡來說，電焊也好，木工也好，有的做了幾十年，技術很差，有的平常，有的就很高明，看來醫道更是這樣。但靈性和健康又往往背道而馳，太靈了或謂開竅多了，就比較漏氣。又靈又健者就很少，能如此必能大成。粗則壯，細則巧，一般之理。粗而求細固不易，巧而求壯更難。但亦並非不可能。

建議您先找本顏帖，有空看看，直到看出它的好處來，然後把這個勁放到拳裡去練。這樣練它一個時期，可能有某種效果。一個人如果只接受對自己性格相近的東西，就不易改造自己的角度。應該自覺地接受些與自己相遠的東西，兼收並蓄，方能成其大。大概是這個道理。

（3月11日）

## 致郭大棟先生信

年來練拳，仍是愈練愈有趣味，身體亦似較前結實，現覺正隅要分清，不能一樣練法，否則四隅勁不能得勁。又腳腕要練到，腳腕練到手腕才有。腳腕練到才能逐步過渡到一隻腳。一隻腳才能轉換靈活，也只有一隻腳才使勁能出去，又圈子逐步要縮小，從外面練到裡面，一拎就轉過來，這樣才能實用。

出勁時特別要注意喉頭勁的配合，不要軋在喉頭，反把喉頭燒壞。練完拳要注意散火，散散步或做做整理運動，因拳練得不理想，勢必有些散氣餘火，要處理好。

（4月27日）

## 致樂曈信

雍雍練拳應注意之點，前曾寫信講過，現想來還應補充一點，鐘鐘雍雍曾反映，一練拳兩腿就粗壯，這一方面是正常現象，一方面也要注意牛腿與老虎腿之分，不要把腿做撐頭，要用活勁才對。

（4月29日）

## 致顧方濟先生信

來信涉及四正四隅問題，這問題我亦是最近兩年才開始注意。比如斜飛、單鞭、海底針、扇通背等式即屬四隅，或所謂採挒肘靠之屬。用勁與四正顯然不同。如以四正之勁練之，必不得勁。陰陽開合擎引鬆放的原則，四正四隅，並無異處，唯四隅之勁，出勁於腰腿不對準，故謂四隅。其用勁屬掤炸、抖戰、驚彈、裹翻之類。但如能力由脊發，找到拎腰勁，則又一樣，氣為旗，腰為纛，隨意而行。不過一是正勁，一是斜勁而已。所謂斜勁，出勁斜用勁不斜。

吾兄身體，只宜在小城市坐機關，報紙、茶壺、閒聊天，省心養氣，益壽延年，惜我等無此辦法，亦無此福耳。

（6月19日）

## 致樂雍信

聽說您在學法文，我很高興，一個人要有那麼一股勁才行，我很反對那種逐波隨流，得過且過的思想意識。最近練拳還有什麼不舒服的感覺嗎？氣管炎是個比較頑固的毛病，還可能和體質的遺傳因素有關，但也是可能改造的。近兩年我練拳長進了一些，每年冬天必犯的氣管炎就基本沒有了，主要是保持和增強抵抗力。在您的情況，要注意勞逸結合，得到充分休息，休息不充分，中氣衰弱，風邪容易入侵。另一點，無論工作或練拳、學習，注意沉著，不要浮躁。浮躁就上火，火傷金即傷肺，就成為外邪入侵的內因。毛主席所說，頭腦要熱又要冷，這個道理很對，但亦要經過鍛鍊才行。

練拳要多想。好像做文章，不要提起筆就寫，寫到哪裡算哪裡，那樣效果不好。做文章先要想個大概，要說明幾個問題，怎樣說才能表達清楚，才有說服力。練拳也一樣。想得不好練得一定不好，而想得好了還不一定就能練好。初練拳是描紅格，照練不誤，先能規矩不錯。下一步就要臨帖，這時要懂得用筆，隨後逐步學習結構、虛實、變化，所以練拳要死練，這就是守規矩，不能隨意修正，也要活練，就是要心中有底，一舉手有無窮意思。

（10月1日）

## 致樂雍信

您來信說練拳時腹部仍不舒暢。我想練拳時您主要要注意勁的蓄發，特別在出去時要求勁要出遠，不要悶住。即意思要遠，勁要到手上。這樣練一個時期。自己要找比較，怎樣勁才出去，怎樣勁就悶住。同時要堅持一些基本要求。

隆隆練拳認真很好，但功課要抓緊。總之聽課做練習要用心，要真正弄懂弄熟所學的東西。不可以馬馬虎虎，浮光掠影，養成這種習慣後，做什麼都不行的。

（1978年2月26日）

## 致顧方濟先生信

來信收閱，很高興。從練拳體會看來，很有精進。

合到頭時，丹田略有鼓意，手指尖微有漲意，是對的，但不可助長。

「尾閭中正神貫頂，滿身輕利頭頂懸」是泛指總過程。總過程中又有變化，所謂一處有一處陰陽，而總的講來，太極拳合沉著、輕靈於一體。

練神氣根本在練心量，所謂載道之氣，或謂氣量。要在讀書明理，磨鍊角度。古人謂讀萬卷書，行萬里路，達到心平氣和，思慮通達，自能氣足神閑，物不能亂。

隆隆要看拳書，亦好。但要叫他注意尺寸和腰腿。

（3月25日）

## 致謝榮康先生信

請您練拳時注意張弛，找順遂自然中的遒挺之勁。根據身體的勞逸情況來練。一天辛苦下來，先須鬆心散火，舒筋活絡。切不可助長虛火，搧扇邪風，皆足以耗神傷氣者也。如確實疲勞，不如坐下來讀兩篇唐詩晉文，看兩幅宋畫名帖，涵養性靈，怡悅身心，亦練拳之道也。練拳亦如烹調，有調味，還有火候，於夾生飯悟入，當有所得。

## 致謝榮康先生信

最近練拳，漸覺腕裡有拳，有一個開合，有一個分量，有一團氣。起初時腳腕鬆開整條腿較活，漸漸地手腕上的勁能連起來。忽然想起董先生對我講過，練到手上有什麼感覺要寫信告訴他，但我把……

這個手腕上的勁和腰、腳腕是互相聯繫的。

（10月3日）

## 致謝榮康先生信

弟早晚乃可練拳兩套。覺得主要還是練手，但練手的問題亦不脫離腰腿。換句話說，就是形之於手的問題。關鍵還是意思，漸覺內勁不夠用。再者，腳腕、腳掌很重要，要鬆開，要配合，腳腕一死，手即沒有。出去手帶腰，是腰、腳腕等處皆蓄有勢，隨手之出而馳；回身，腰帶手，且亦帶腳腕，否則，拎腰時不及腳腕，不能一動百動，反是一不動而卡住其他。擎時意思回到腰，鬆時意思回到手。所謂鬆，實際是拎，此時即要意在目標，作一折疊勁，勁到手即出。其餘皆鬆開，只有腰、手、腳三處練拳，這樣對腰腿，內勁要求很高，亦即如此練可以提高腰腿和內勁，不過，這種腰腿的力量改變了。

（11月5日）

## 致樂隆信

您能堅持練拳，很好。練拳中很多感覺，都是過程中的暫時現象，不必過於重視。再者，爺爺在世時曾教過，每練拳前要發一願心「打除一切黑氣，打開一切眾生的菩提心」。設外婆多病，身上多冷氣，不應生畏心、厭心，而應發願於練拳中打除之；設有人畏我厭我，不應相應生慢心、憎心，而應發願於練拳中打開其固有之菩提心。這樣練拳，內勁就愈練愈大。相反，就要變成狼拳、狐拳或老鼠拳。

在練拳之外，能看看先輩所著拳論亦好。最好，有空時，可看看中國古典的文哲著作。練太極拳而不學中國古典的東西，總不成為太極拳。因為太極拳的創造出來是和中國古典的東西分不開的。

練拳的初步階段最要緊的是練腰腿和尺寸，亦就是寫大楷，先練橫平豎直，撇捺分明。

（3月）

## 致樂雍信

第三套基本原理與第一套拳同，但比較緊湊、剛勁，故腰腿要求略高。不過，要是找到勁，第三套拳反而節奏分明，乾淨俐落。關鍵要找到進退兩個折疊圈的沾連綿隨勁，退圈——亦就是擎勁——是沾連勁，配合各種身法是開，即人順我背謂之走，換句話講，走時要有沾連勁。楊拳一樣有這個勁，但沒有這樣活。同樣，進圈須有綿隨勁，在楊家為轉換，在李家為跟步，作戰半徑大為擴大。故李家跟步只是一個轉換，並未發勁，步到才發勁。楊家找到勁，虛實分明，自然化為李家拳；要是練李家拳，反過來也可對楊家拳有幫助。凡女子或矮瘦者欲在武術上勝人，必須練好李家勁，以其輕靈剛勁也。如女子用武器，必用劍之意。當然，能兼有兩家之勁更好。

（11月18日）

## 致顧方濟先生信

今接榮康兄大札，敬悉諸兄拳藝大進，工作順利，欣慰之至。雍雍時蒙教誨，感謝之至。日來天氣陰寒，還望保重。……弟每日爭取練拳兩遍，唯日暮途遙，故疾行而加鞭。

（12月30日）

## 致樂雍信

知道您各方面都努力向上，甚慰，有空還可看看歷史、文學、哲學，要放開眼界，發展智慧。

關於練拳，可把第二套拳多練一個時期，再練李家拳。李家拳對腰腿要求較高，反而容易到此佳境，不易放鬆。所謂緊湊，亦是心、意、氣的功夫，如同一個政府的通訊、指揮水準。心意要指揮腰，腰能指揮手腳，由一定的手、眼、身、步法，能一張一弛，綿綿不斷。以前武將騎在馬上打仗，下要能控制馬，上要能控制槍尖，沒有一定的方法和功夫，那是不容易的。我們練拳只要控制兩腿兩手，比較起來應該容易多了。

關於胸腹間氣滯問題，亦要從腰腿上解決，腰腿有力鬆正，精神能提得起，意氣換得靈，這問題自然亦就解決了。

但一般人總是忙時才想學習，老了才去跑步，所謂眾生顛倒大抵如此。

（12月31日）

## 致樂雍信

再補充一段練法給您，不懂處請教各位叔叔伯伯。

「發」勁「放」到底，略加一盪，借勢把勁收回。同時放鬆腰際，使腰轉向蓄的預備位置，以心意指揮腰脊後部作一蓄的發源動作，隨即將意移至兩腿，主動輕靈地作一蓄的動作，勿硬壓兩腿。蓄到底轉S圈時，意要在先，同時眼注前遠方，精神提起，意氣就換得靈，此時加意將腰一拎，若「太極魚眼」趁勢使腰背彈躍至丹田前上方，緊接在丹田前部作一「發」的發源動作，並意注兩腿，使主動輕鬆地做發的動作。然後意移至手，如此心意順序自手而腰而腿，又自腰而腿而手，跟著纏絲勁走漸能不亂，腕與腰合，漸能不斷。折疊轉換得機得勢，漸能不散。

（12月31日）

## 致鄭國鍵先生信

諸兄時來運轉，前途似錦。

練拳注意：用意不用力，且無用氣，在氣則滯，氣滯則為火。開始沒有氣，火氣大一點沒有問題，後來有點氣了，禁不住就會用氣，切戒切戒。

（12月31日）

## 致顧方濟先生信

吾等之拳再欲有進，於腰腿之外或需讀些中國古典東西。尼克森曾語，只有像中國這樣有悠久文化的國家，才能出周總理這樣的人才。其語頗有見識，吾意於太極拳更然。有人形容陳景潤所論證的哥德巴赫猜想是數學高峰上的明珠，吾意太極拳亦可方類。

對於中國的哲學、文藝或無一知半解，於太極拳恐難登堂入室。有些人練拳一世，苦不甚高，其病亦在此也。意識形態和技術問題常有骨肉關係。

（1979年1月29日）

## 致顧方濟先生信

所談練拳體會甚好，以後要逐步練手，首先是練腕。練拳時始終要保持腕上有一個活動的分量。回來時對「前」收回，發出時靠「後」發出。

自身一分為二為一太極，對外又一分為二，另為一太極。彼實我虛謂之走，彼虛我實謂之攻。練拳時要有

「彼」，方能愈練愈妙。

練拳教拳，架子尺寸與內勁應並重，時時糾偏。兩者是相依存的，一條腿走路不行。但內勁是主要矛盾，內勁對了尺寸終會對，內勁不對尺寸暫時對了，亦會走樣。

（2月14日）

## 致謝榮康先生信

我腰漸能挺起，勁漸能出去，氣勢漸能連貫。楊家李家輪換練。購得一本米芾的真跡三種，閱後一掃過去對米氏的成見。米氏還真是不錯，雖不及唐人含蓄，但以其鋒芒畢露，令人易於蹤跡焉。

太極拳找勁，莫若多看字帖，宋人鼓努用力，尤為有力，明人弱，清人則漸僵矣，吾兄於漢唐文章，頗有感覺，大可致力，即能突破。米飯下鍋，尚欠一分火候，不須急，應以炭火燜之。

（5月13日）

## 致顧方濟先生信

吾兄有志於醫，極好。弟之看法：第一堅持練拳，把自己這個人搞清楚；第二，看書求教，看書範圍不妨廣，但要有中心；第三，實踐、分析、總結。

很多人做學問，似是而非，往往是缺少第一種功夫，即對自己這個人不懂。

（6月26日）

## 致樂雍信

您拎腰時的感覺是對的。女人用勁有個右起左落的規律，與男人相反，故拎腰蓄勁時感到腰部左實右虛。但要注意用意要在當中腰上，且要注意「有左必有右」的跌宕勁，這樣才能逐步練到立如平準動如車輪。但即使立身中正了，右起左落的規律還是照樣的。隆隆練拳要注意腰要直、頭要正，才能有助於治病。

（6月26日）

## 致顧方濟先生信

練拳時請注意腰上一點是黑的，前面一點是白的，發時意思要轉到前面一點去。

（10月21日）

## 致顧方濟先生信

關於兩點是同時一直存在的，只是意思變換來去。顏色不變，黑色以改為深藍色較好。前面是虛，但並非沒有，用意時即有。這樣即逐漸與手腕合起來，手腕也就一直有分量。

（11月7日）

## 致顧梅聖先生信

承基練拳問題，最好是頭頂上不要有感覺，所謂虛靈頂勁，頂勁切要虛靈。不虛不靈，不靈不虛。您要把他的拳好好改一改，即到頭頂上沒有東西才好。

最近練拳有些進步，還是些老花樣，但好像又轉了一個圈子，就又明確了一些，鬆了一些，挺了一些。

（1980年8月20日）

## 致謝榮康先生信

目前練拳仍是每天一套，最近腿活一些，腰能轉一點，合勁統一集中一點。

（1980年4月12日）

## 致謝榮康先生信

吾兄練拳，切要注意張弛。心要鬆，氣要鬆，筋骨要鬆，要如行雲流水，不可鼓風扇火。

（5月16日）

## 致謝榮康先生信

近日體會腰要鬆腿要活，意思要靈要連要長，折疊轉換要藏在招式動作中，或謂與招式動作合起來，如此漸能勁出於身且綿綿不斷。前日見書店賣《韓愈文集》，誦之極佳，是懂勁者，可為習拳之助。

（11月27日）

## 附：書信手稿

**海口电机制造厂便笺**

雄々：

您们好！接到来信，看了很高兴。您在考不上之后，並不气馁，也不怨天尤人，而是认真地作自我检查，这就很好，甚至可以说，很难能可贵。特别是关于待人方面的认识，尤有长进，这就是很大的学问，很大的力量源泉。一个人的力量大小，在于中心思想。一心为己，患得患失，斤斤计较，那就经不起任何考验。一心为人，努力向上，心胸开阔，那就有无

**海口电机制造厂便笺**

穷的力量。现在老是听人说，老实人吃亏，我总是说，老实人归根到底不吃亏。这就是两种聪明，两种意识的不同。历史不断说明，古时人很有才能，很有学问，（结果成就）但为私心所拘，就要走上邪路，就要犯很大的罪，在上帝的天平上，就远远还没有吴家阿嫂的分量重。人爱其母，这是唯一可确的起点，由此推而广之，这是真实的。不爱其母而爱他人者，所谓不近人情，没有根据，往往是虚假的。古人谓"孝者仁之本欤"，此之谓也。反之谓

**海口电机制造厂便笺**

麻木不仁。如国内老百姓尚有饥寒之者，但去外国大充阔佬者，即之（结果）也决得不到外国人的信任。古人谓："学贯古今而不辨仁义，则是无根之学"。即是此意。所以，能自觉地认识此点，即是智慧，即是根本之学。至于读文化，学科学，这是知识，西洋人谓"知识就是力量"，这是指创造物质财富和坚甲利兵而言，所谓近代化现代化不全面。中国今日是需要科学文化，因为中国很穷很弱，但中国最大的问题还不在此，而是思想混乱。中心思

**海口电机制造厂便笺**

想不纠正，国家不能富强起来。试观今日世界上之强国，或以民主自由为标榜，或以民族发达为宗旨。反观中国，五千年之文化传统几乎丧尽，国人嗟来而自弃，甚者更加邯郸学步，搞不好要爬着回家了。

总之，您的这封信给我很大启发，所以，发了一大堆议论，人年纪大了，就喜欢发议论，未尝不是一病，亦当注意。

做学问也好，学知识也好，要独立思考，也要请教讨论，缺一不可。

海口电机制造厂便笺

学问、学问、学学问问。我们要学您之不耻下问的功夫。经常找几个同学讨论讨论，可以活跃头脑，要大胆常问。查一下可以知道自己的虚实，扬长补短，进益即快；所谓失败者成功之母。我祝您明年能够考上。您总结的功夫两字之正确性。

您练拳时要注意时间前后的虚实变化。如掤引、松、放，祇有在引进而劲好发时全身较实，其他时间都比较空灵，有虚实变化才能找动。所谓虚实之实现变化，不要外表。用意不用力，总不会差。祝

好。

爸爸写 9月20日.

芳济兄：

昨日回海南后，讲起您身体不大好，望专视调理。家一先身体最近如何？好些吗？目前我去东莞，大家都放假，我们亦休息。如在公事家务，一概都丢，可以好好地想一想练拳。请将几点体会写出如下，希请兄示之。

1. 过圈容易进圈难。
2. 老先生批评我说："老花功夫"、"练反了"、"理解错了"、"现在要手先出去"等等。
3. 经过一年余的练习思考过程。
4. 主要是进圈问题。
5. 掤、引、松、放还是对的，要坚持。
6. 关键在于松字，要害在于找胯。
7. 引是屈，意念在胯下一找，找到实时，再松，所谓找到实，即找到全身实处，可以统一起来得到的整发。此时，先用意思放一下左腿，引身使能间好起全身到动，然后意在第先，用一个全动出去。其效果是时松，手先出！否则（即找不到或松不好）则时不松，动不畅。
8. 过圈较好练，因为是在较松的情况下找圈的，先在手上找住动，用S圈回来，所谓S圈，关键在胯找，即主宰于胯，发源于胯。找着而后落于胯（腿），即在两腿开时有一跌宕动，练练动，（有下能的效果）。先左后右。（此时亦先左后右）。如如何做练法是一些。

9. 老先生指出我的缺点是时间，即时不松（根本问题是找不着，松不好）。但在如何练好这一点，及如何理解这一点上我们有不同看法。
10. 在东莞想练拳，这几天人掤掳挤，月色清凉，万练俱寂，练拳一通，乃憶起[illegible]记之以请教于诸兄。
11. 练对了，两腿全发抖。一个说明找对了，一个说明胯腿还是不够！

陈乐说胯上一点或存在之，这是过程，不如指[illegible]，否则不进。对手要在主要练沉着舒筋，蓄发畅变十二点。无蓄则无发，故不能无蓄。最好再讲一点还有的效果。61周年有一次我要在实践中打开现象，约136，我注意了老人用时的练法，很快就降低了。

一、二天即返广州，十月中旬返海南。有空请来信。祝

健康

[illegible] 十月廿日.

芳济兄：您好。寄来之资料已收悉，不胜感激之至。谨祝府上阖家安宁，为祷。

关于练拳问题，老先生的关键乃是找胯，所谓"[illegible]"[illegible]

[illegible]

目前，我在干校学习，离厂约四公里，走小路约三公里，已过了一个月，还有二个月，在干校比住在厂好，首先是环境安静，空气清新，[illegible]

[illegible]

[illegible]请来信。祝

好。

[illegible] 6.6.

**地方国营海口电机制造厂革命委员会**

地址：广东省海口市上游区　电挂：6855　电话：6097

芳济：

来信收到，前信亦收到，未及時作复，乞諒。

海南今年以前来一直未下透雨，旱情严重，气温较高，且我们水电缺乏，生产亦还未正常。昨日下午，海口地区下了两小時大雨，看来以后，逐日转入飓风季节，当時有暴雨，一切当亦转正常。最近通知，雷琼地区在一、两年内有五、六级破坏性地震，以今年旱情，和一般大旱之后，将有大震的惯例，这是大有可能的，但以如今群防群测的基础，加以领导重视，一般不会有严重损失。

来信述及四正四隅问题，这问题我亦是最近两年才开始注意。比如斜飞、单鞭、海底针、扇通背等式即属四隅，或所谓採挒肘靠之属，用劲与四正显然不同。如以四正之劲练之，必不得劲。阴阳开合、牵引松放的原则，四正四隅，並无异處，惟四隅之动，出劲与胯腿不对正，故谓四隅。其用劲多拗扭、拧转、斜转、裹翻之类。但如能力由脊发，找到转胯动，则又一样，身不摇、胯不乘，随意而行。不过一是正动，一是斜动而已。所谓斜动，出劲斜，用劲不斜。

**地方国营海口电机制造厂革命委员会**

地址：广东省海口市上游区　电挂：6855　电话：6097

关于飞鸽，又麻烦诸兄很多。前已写信嘱之，说只20年以前即可，如有可能，请买2个最好。

吾兄身体，祇宜在小城市坐机关，报纸、茶壶、闲聊天，省心、养气，益寿延年。惜我并无此办法亦无此福耳。即如我市机械局，我们市长，经常是报到后即奔前线，或去下厂调查，或去抓某项工作，老实在的坐下看书，都是哪里的不知去向。究其实际工作，不过是上省开会，回来传达，填送报表，按时学习而已，而其亦有操心者，则为党员送房、打家俱、换车、修马桶，不一而足，与时俱进。如此上层建筑，若再不革命化，而谓本世纪赶上美国佬，祇能求上帝保佑了。

李康、家一诸兄经常见面吗？有空请来信，

祝　好。

童 6月19日.

**地方国营海口电机制造厂便笺**

芳济兄：

来信收悉，甚感。昨接彬彬来信，知弟送院住医院，见身体好转，甚慰。要深知西医能治病不能治人，我亦深信国医能治病人之病。但中医治病，大可利用西医，以中医之道用之可也。弟之不适，诸近亲友，极为不安，但弟即设回家，未必有益，故仍以在芳济兄处为妥也。

关于翻译工作事，既已写信几字，君子尽人事以待天命，不如随缘，一切谢谢。

吾兄婚后于医，极好。第二意法，第一坚持保养，把自己这个人摆清楚；第二，看书求教，看书范围不妨广，但要有中心；第三

**地方国营海口电机制造厂便笺**

实践、分析、总结。我多人做学问，似是而非，往往是缺少第一件功夫，即对自己这个人不清。

海南今年天气较正常，自由市场繁荣，社会治安极糟，劳动纪律涣于瓦解，现正大力整顿中。

嘻嘻你读你复习功课中。据说已于17日自广州启航，如不中途因故返回，她俩当可相见。

圆铁筒装茶叶收到，风味极佳，并知亦寄来一瓶新茶，名为肥场。南国盛暑，不可无此也。祝

好

弟童记书 6月26日.

有人托买一对活鹅，钱已不大在手中处，请代托达家兄弟问一下如何。钱不够我叫那人另补。

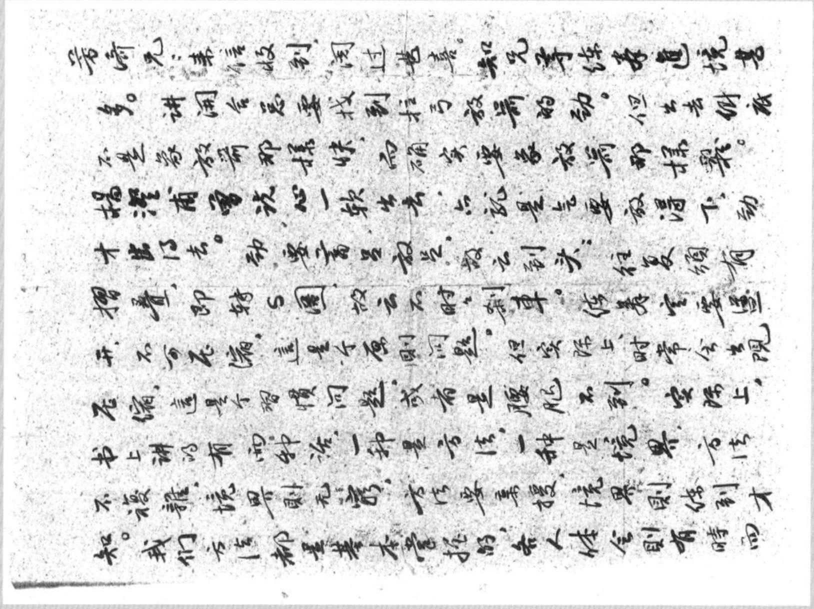

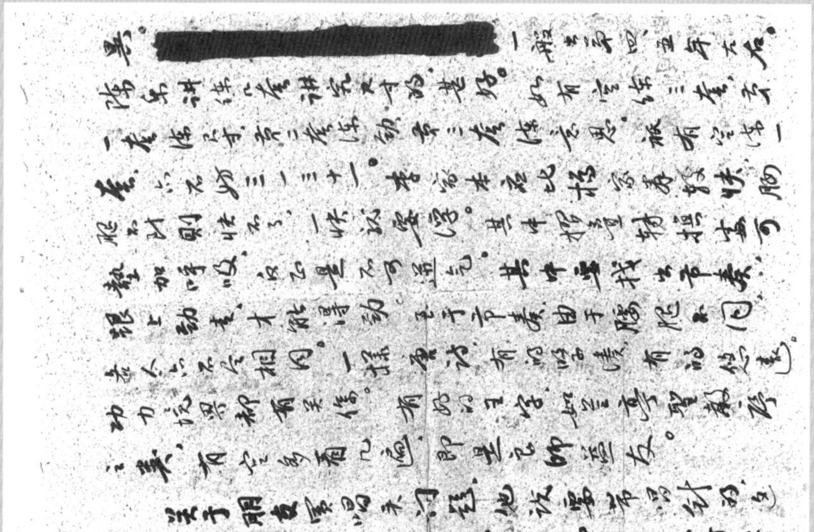

敬祝毛主席万寿无疆！

芳济兄：

您们好！先后寄来函件全收，费心劳神，良为感激。前曾谈及练拳，未无间隙，今晚夜深人静，精神甚佳，当与兄共探讨之。

董宪兄所述，意思甚好。仍需注意，境界要能体会得出，不然不知好坏；但境界不是方法，不是道路，甚至不是方向，不能摸境界练习，否则即落魔道，聪明人易犯之病在此。

腰与手指连起来，亦不易。若意思与呼声连起来，则更妙，所谓不言而喻。老师曾说："人练拳如配音乐，我练拳无音乐可配，没有配，唯一连续不断的'哞'声而已"。我有一次，练到这个境界，以后即无，但懂得了。音乐亦一样，如师傅操琴，常人亦知其好听，内行者认其音节之美，而操弓则觉高山流水而已。老子说："大音希声。"实有道理。

"练拳的转圈是为了离开"，可以这样说。所谓"动之则分"和这句话的意思一样。毛主席说"一分为二"，这个道理很平常，亦很深奥。杨献珍书谈得很多，但搞错了。我们练拳的可以懂这个道理，可见人的正确思想是从实践来的。古人说"天圆地方"，这句话现在看来很不对，但其有正确的一方面，就是圆动方静。古人说动静、方圆、奇正、阴阳，都是互相连系的，相反相成的。说得多古人的话，还是为了解释古人的话。就是说"动之则分"中的动字是和圆字、奇字、阳字，相连系的。也就是说"动"就是转圈，转圈就是"分"，就是离开。进一步说，阴阳相济，转圈和离开是相互为用的；但是阴阳合一，就是说转圈是完全一致，不会有断续、出尖的问题。还要说明一个问题，所谓"方静"，这静字与其说是不动，不如说是平衡，即动中有静、静中有动；方中有圆，圆中有方的道理所在。但不要和机械的"动平衡"混淆起来。"静平衡"还有惯性，练拳的平衡不但有"动平衡"，还有"动静平衡"。这个词是我杜撰的，就是说练拳不能冲冲，不能一会到东，一会起动，还不能有死点。试看飞机多快，那有小鸟灵巧，飞机降落，要滑跑几百公尺甚至几千公尺，而鸟儿降落，说收即收，稳稳停住，竟无一丝勉强。现在火箭有"软着陆"，已经很不简单，比鸟儿还差得很多。人可惜力气大了，不然定可飞得比鸟还漂亮。人能够练太极拳，实际上就是所有动物的动作都模仿了，但就是都没有某些动物在某一动作上的力量大。上海西郊动物园飞禽走兽很多，都会有值得学习的地方。象的宽步，熊经鸟伸，仔细看去！无不蕴藏优雅，活现手足脚的味道。总结起来，就是"神宜内敛，气宜鼓荡。曲中求直，蓄而后发。往复须有折叠，进退须有转换"等等。也就是"阴阳相济，方为懂劲"。"万物都是阴阳互相发展的"，确实如此。

说到浑身撑开，是这样。手撑开，脚亦撑开。发时撑开，蓄时亦撑开。撑开是基本情况，撑开之中有时会变化。老师讲："练拳象一个皮球，一开一收"。但意收时就还是鼓起的，不能漏掉。撑开不是鼓鼓，有阴阳虚实，浑身通气。太老师说"半瓶水"的意思，很好，要能分出虚实变化的意思，不要死守半瓶水晃来晃去。练到腿从脚跟拔起，含蓄势，拔的气力，就是练到脚跟了。

大椿兄说"掤劲是基本劲"，有些师说法，就是指这撑开的劲。而掤、捋、挤、按的"掤"和这有些区别，从字上，这"掤"劲主要向上。但什么劲都不能丢鼓鼓，鼓鼓是"无极拳"、"浑元一气拳"，不是"太极拳"。现在人发现的"混元"，就是浑元一气，但里面好象也是鼓的。不能不懂变化发展。大椿兄气质是本性，一动就掤，鲁俞兄是气如水，转为按劲。要练其所短，用其所长。大椿兄手软，还须于腰腿求之，练好一松字诀："动时腰腿满满的"。鲁俞兄所说"敛"字诀，要结合一"静"字，这字可能好。我们对待蓄时或发时一股气出去的习惯。曾有杜甫诗："静如江海凝清光"，就是这个境界。一次和顾老大在舟游保定山湖，湖时晨雾方收，湖寰周未净，湖面如镜，清光逼人，游人莫不肃然噤声，悠然神往。这是"静"字逼出一个"神敛内敛"，又结果"神敛外敛"、"提出精神"就生出个静字来。"擎、引、松、放"四个字很好，可以练一辈子，境界是无穷的，莫为所拘。

莲宝兄所说合劲，亦对。是"又合拳"的合义。亦就是整劲的意思。开合两字又不同。蓄劲为开，发劲为合；开亦为开，放亦为合。拉胡琴肯定亦有开合劲，写字亦有开合劲。任何活络劲都包含开合劲。开劲合劲都要求统一，就是整劲。而整劲始于阴阳相济之！我常梦中与一人在空中对打，而悟入整劲。但整劲似乎亦随处可见，并非罕见的。

就写到这里，以后抽时间再写。祝你们

好。

子灵书　5月31日

芳濟兄：

您們春节好！

今年天气特别怪，最佳那时，即春节前，我还出差去西宁等地，据当地人说，这是几十年来未曾有过的。海南倒得还好，就是旧有两个多月未下雨来，对农业已有影响。干旱的情况已影响到工业用电，因为水力发电的水量减少，煤的运输前来为来不及恢复，现在我们海口市是四天有电两天停，有电时工作十小时，停电时集中前来天。这情况已持续延续了四月份。春节时放了四天假，钟、嫦都回来了，加上周云文，我们家是五个人，过得还还热闹。主要是可以放出十几部旧电影，海关那里差不多是天天放电影，夜夜有节目，增加了节日的气氛。那边农民春节的老规矩，是排球比赛，今年举办的奖品特别丰富，第一名球队有的多达十部半导体收音机和十件的卡衣装。昨天是元宵，这里称小年。又是户户来鞭炮到处放鞭炮。不过我们前几年的两三年，春节已是来尽，从来又无放鞭炮的习惯，因此也就免了。过了小年，这样才能把年过完，主要是东西差不多也就吃完，一般也就开始正常做工了。

最近练拳有些体会，想提出来您们商议一下。一是发动出去，开始要拎住，最后才发动，因练写字一般三折之意，这样动较专，不易乱位。二是拳式中有四正四隅，正向和四隅意思是不同的，不能一样对待，如掤攦挤按是四正，采挒、肘靠是斜角是四隅，须细心体验，加以分别，这样才能把四隅劲练出来，拳也就活泼了。三是要注意此时右边偏阳左边偏阴的毛病，一般写字做工，人大都是右边偏静，右边偏动，这个习惯容易在练拳中同样形成，如能留意改正，实能是好。

来信前针，练得轻静是个境界，不要为境界所拘。练拳在减少空白处，这张照片也有点像，要稼居士老师"来就化，要来要去"的意思，一分为二，带动给动。"是如车轮是催着了腰的转动"这句话的，要细心体验。这是几个方面或几个方面的活动，并不影响这句话的正确性，但是如手脚、腰的转动是关键性的东西。如是右转，这是意思在右，实际上同时有右转的，就无右转，右转亦不得动。右转之间，实际同时有上下开的活动，但意不在彼耳。同时的活动是很复杂的，但前学们抓住的是主要矛盾方面，调节同时，一动百动，是以时刻留意在此处耳。

如莫的事，李军已有信去，我看还是尊重她自己的意见吧。

大捧、国继都常有信来，就请将此信通知诸兄，作为拜年，亦作请教，在我就偷一下懒，不一一作覆了。 祝

好。

重德 2月5日.

---

濟之：

刚写了一封信，是关于您来海南探亲的，还没有发出，接到来信，知道外婆病了一次病，您决定暂不来了。这样也好，不然，来了也不安心。外婆近来身体怎样？

听说您在学法文，我很高兴，一个人是要有那么一股劲才行；我很反对那种随波逐流、得过且过的思想意识。最近练拳还有什么不舒服的感觉吗？是有关走个比较顽固的毛病，还可能和练拳的遗传因素有关，但也是可能改进的。这两年我练拳长进了一些，每年冬天必犯的气管炎就基本没有了。主要是保持和增强抵抗力，在您的情况，要注意劳逸结合，得到充分休息。休息不充分，中气虚弱，风邪容易入侵。另一点，无论工作或练拳、学习，要注意沉着，不要浮燥。浮燥就上火，火伤金即伤肺，就成为外邪入侵的内因。毛主席所说头脑要热又要冷，这个道理很对，但也要经过锻炼才行。

练拳要多想。好象做文章，不要拿起笔就写，写到哪里算哪里，那样就要不好。做文章先要写出个大概，要说明几个问题，怎样说才能表达清楚，才有说服力。练拳也一样。想得不好练得一定不好，而想得好了，还不一定就能练好。初练拳是描红格，照练不误，先能规矩不错，下一步就要临帖，这时要懂得用笔，然后还要学习结构。虚实、变化。所以练拳要死练，这就是守规矩，不能随意修改；也要活练，就是要心中有数，"一举手有无穷意思"。

濟之还玩做模型飞机吗？万用表一定要修的，问题是大家在搞一项技术改造，一直没割尾，这事能拖下来估计不久可割尾，万用表也就可以修好了。

祝好。

爸爸 写 4月1日.

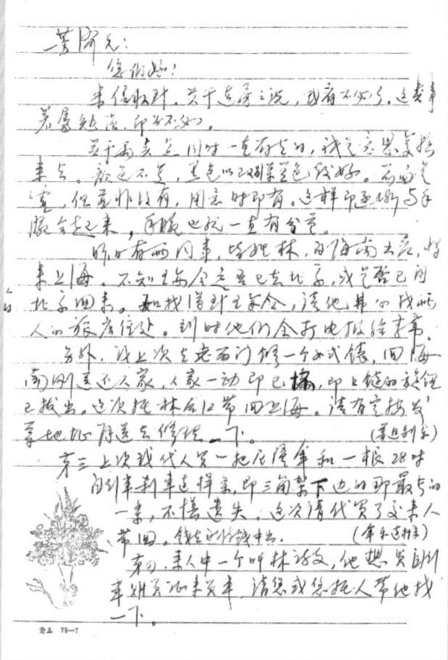

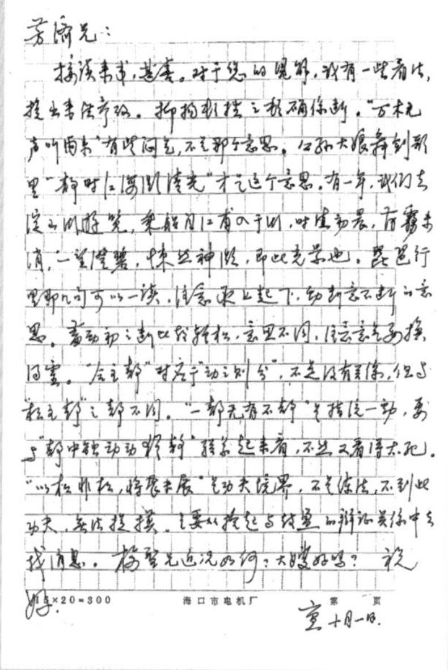

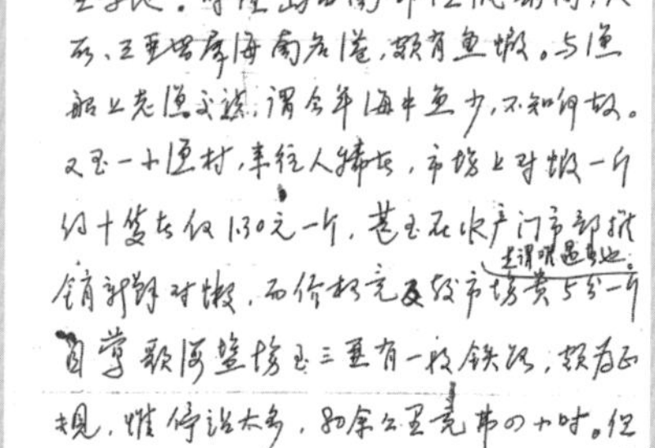

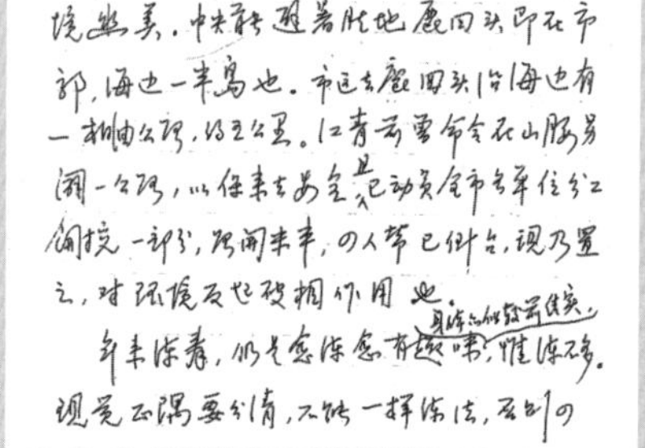

3.

踢动不能浮动。又脚腕要练到，脚腕练升手腕才有。脚腕练升才能匹步过度升一只脚，一只脚才能转换灵活，也就有一只脚才能动能出去。又周身匹步要漏力，从外面练升里面，一捻就转过来，这样才能实用。出动时能够随住意喉头动比合，不要死在喉头，否把喉头捺起。练完拳要住意散火，散散步或做做按理运动。因为拳练得不理想，势必有些散气余火，要处理好。就写到这里。祝好！ 附一信请转交闻续之。

弟宣读上 四月廿九日

地方国营海口电机制造厂便笺

方济兄：

来信收悉，感佩极成。

宗康兄合同设计极好，年前可即以有结标，但年初定有，以机安时机，专实编制。

另元之工作，似不宜高兴太速，亦不宜太怯，请斟酌之。

扬程兄目不次然。

六合兄近寄一份文汇报来，上刊有黄苗子选所写六作旧诗二首，董烨近寄旨时有和之诗，共同似可成。存下极不成兴趣了。

闻兄于练拳坚大有进，甚喜。近得前报青有议论太极拳之文，可以看看，间有一、二可取者。

另白之花，不知有进，于脑眼训练，或谈谈中国古典东西。尼克松来访，就

地方国营海口电机制造厂便笺

有象中国这样有悠久文化的国家，才能出周志理这样的人才。其语皆有见识，其言于太极拳更然。有人对其深学问不说话的寿命已经精想是数学家等上的水平，其言太极拳亦可方矣。对于中国的哲学，自秦汉无一知其解。于太极拳恐亦受虐的害，当世人练拳一世，言不甚高，其病亦在此也。哲学、科学和技术问题等方面有关系，解放几十年，现代化尚化已远，何尝不是这个问题。

入冬以来，未尝甚寒，春节在望，年货等有。家都忙于采购年度物资，当宜的六合经神于新兴富裕，农业村今年，略松口气。谈祖我话不赴，与民休息，当时所见起色也。祝好。

宣书 1月21日

地方国营海口电机制造厂便笺

芳济兄：

您们好：于19日北返海口，一路快的勿念。经在广州5期交送第，由刘宇可寄广州沙园海运局沙园宿舍转连办周玉奕收，到时可请船员带回海南。

遇到琉琉时，告诉他我离开上海时，忘记一叠晒印的裴五四技术资料和一套唱片，请他空时寄来。还有请您二号信的资料下落如何？一切祥好，谢谢。

广州召开广交会，听说是最后一次了，车旅甲李人来了一些，白种人不得很少，广州已降飞机，很是劲。住在朋友家里，蔡松芳找的，他很热情，陪我谈了几个半天。

晓晓那天来接我，是电研所一个同志通知他的，他们离得很近。我与他们学校看了看，住的吃的还可以，每月可领18元助学金，则租用销供食，也还不错。

地方国营海口电机制造厂便笺

钟钟还没有信。小弟又出差去广西了。小弟的[illegible]也还没有来。

海南天气温和，有最热的、冷的，也有穿汗衫的。总之，这一时期天气比较舒服。回来第二天就被厂长拉着一起去文昌，又吃到了新椰子水。厂里伙食照常很好，市场农副产品也照常很好。

练拳时请注意脚上一定走点的，前面一点迈的的，发时意思要够到前面一点去。

[illegible]讲事不要太辛苦，这是长期的事，要有行云流水的精神。祝

好。保重身体。

子[illegible] 10月21日.

地方国营海口电机制造厂便笺

芳济兄：

您们好！上海春节过得好吧！海口春节无甚信意，但似乎每家的年货还是相当丰富。这种事情是外国人无法理解而中国人认为理所当然的事。

假期前已寄上，谅已收到。未知合意？几天前在[illegible]一朋友处吃饭，闻知要调离海南的话，当然不可能，但要抓紧，因目前市组织部已逐渐发现技术人员较多调离的现象，可能会卡紧。

淳淳在9日离海口回沪。因淳舍一个表哥回广州中山大学上学之便，托他带淳淳上火车，这样比较放心。淳淳有所恢复，但尚未完全复元，要请他本人看看，让他慢慢恢复读书和正常的习惯。

前谈练拳行气甚好。以后要逐步练身，首先是练腕。练拳时始终要保持腕上有一个活动的作意。回来时对"前"收回，发出时自前后发出。

地方国营海口电机制造厂便笺

自身一分为二为一太极，对外又一分为二为另一太极。从实转虚谓之走，从虚转实谓之攻。练拳时要有从方面多体会好。

练拳推拳，第一次对外内动充实气，时时作偏。两者是相依存的，一条腿走路不行。但内动是主要方面，内动对了才能合对，内动不对外表练对了也会走样。

据说郭老又生了什么病，来这多些多难，见面时请代候，能有时间时再写信给他。国维不知如何？

海南近来天气温和宜人，但雨水较少。猪肉供应已转好，猪肉还不行。近来供应一些咸肉，据说是从四川运来的。农村是猪多了一些，但商业部门收购不起来，又拿不出什么对策。不过厂内伙房每顿还是有肉，是买猪来杀的。

地方国营海口电机制造厂便笺

越南的局势，对海南来说是近在咫尺，但海南人似乎都觉无所谓，就是原来怎样，多一桩谈论资料而已。

[illegible]春节前曾有我海军追赶越南两艘船不久，南沙国民党舰艇半途杀出，情甚实况。还有海南当地部分近传当被抓回部队坐前线，同时也有一些去看的物资被高价了几天金。又据说我方去打仗不如越方多，装备亦较差，伤亡比例是4比1，并说越南要出华侨来解决[illegible]云云。总之看来，一定要打一下，最好是教训越南一下，但坚持[illegible]是最好不要大打。搞四个现代化，家底不会坐视，但不会太大打。这样拖它，是搞的战术，你牵制我，我牵制你，与印战争是长期的。

你母亲请问好。祝

好。

子[illegible] 2月14日.

地方国营海口电机制造厂便笺

芳濟兄：

来信收阅，很高兴。从体会信看来，很有精进。

合拍松时，开的略有松意，手指尖微有胀意，是对的，但不可助长。

"定周中正神贯顶，满身轻利头顶悬"是全诗总纲领。总过程中又有变化，所谓一处一处有阴阳，而总的讲来，太极拳分阴阳、往复于一体。

练神气有专心练心意，所谓载道之四，或谓四意。要是读书明理，应练功夫。古人谓读万卷书，行万里路，达到心平气和，思虚通也，自然气定神闲，物不能扰。

练之要有意求，当好。但要知他住意，尺寸分明。

国链身体怎么样了，体质差些了吗？上次托他买的治疗痔疮的药，他地道地托出去都忘记，请托转他有空时间一下，最好同时把药

地方国营海口电机制造厂便笺

的地点、用法传来问来，以便这里马大哈，或以该人。

上次托余康兄的是26寸的前叉不要了，只买26吋凤凰轻便车一辆，可能我信上写错，请代达。

听说李梅村的钱早已寄出，但未有钱寄回。此人不错，估计会寄回的。我已补领钱了。托人带来的钱款已收到，谢谢。目前，湛江、广州等地供应已大有改善，而海南改善甚慢，甚慢。

梅圣、余康诸兄请代候。祝

好。问伯母好。

萱书 3月25日.

芳濟兄：

来信收到，很高兴。梅圣、余康诸兄都好吗？最近兄的病情有所变化，实在令人挂念。依我看，第一是情绪问题，第二是休息问题，第三是适当治疗。关于药物、补品可具体分析，您还是要抽时间去和国链谈谈商量商量，作进一步积极措施，以为然否？

最近练拳，略有长进，引而不发之间，尽来体会两种，现在常练两种，手要活一些，动要连续些。

余康兄两次烟丝已收到，厥味至美，谢谢。

瑾去农场一月后，生了疥疮，回来家中治疗。

海南今年凉得早些，目前气温25°C左右，是较舒服的一个时期。领导和头头了支援工业大上快上，指定一些生产队生产蔬菜，同时为了杜绝农民的资本主义道路，禁止自留地

种菜。这样蔬菜供应出现青黄不接，市场价格反而上升，强迫命令的后果。可能这是暂时现象，希望很快好转。

身体兄最近佳否？还吃维生素C吗？只要合成的可以吃一些，多吃一些水果蔬菜之类还是很好的。古人云水木清华，不可不注意气息。不可不吃肉，因为大部吃肉的先进吃素的。亦不可不吃素，不然就会请[?]……由此看来，西式吃法还是较为科学，中药中大家都较喜川扬[?]药，亦[?]确由此所找之语[?]。我还有个感觉，一套拳练得顺遂，或是休息时独出坑绝半天，胜过新针维生素一千片。

有空请来信。祝

健康。

萱 10月24日.

荣康、剑奇兄：您们好！今年天气忽冷忽热，生病者多，不知上海如何？李[illegible]先生病不断，体虚吃药，不过吃得下，睡得着，就是没有力气。至于我还算健康。早起做推天、按腰、大力动动按摩筋骨，这是每日必修。不敢说多好，去动物园[illegible]伸懒腰，[illegible]差不多，但在山中走完之后还有其他花样，未可深知。晚上练拳，这时周围都睡了，心思比较集中。这一点子佩服公园太极拳，能忍游人围来去，自有妙味在其中。最近对"[illegible]与膝"体会比较深切，章先生说我不会松肘，我也感到他说得对。章先生说把肘先松好了，我一直有怀疑，大概是前者信来，说是肘一松无有不松，我去信表示异议。最近胯又捡起一点，"[illegible]与膝"才比较清楚，好比肘亦随之而松，所谓"有不得机得势处，[illegible]于腰腿求之"之经典理论亦应是至理箴言。上次我谈对十三势的解释要仔细研究，这也是其中一点。最近[illegible]有个同志要出差苏州，经过上海，可能要到我们家住几天，[illegible]，兼做他事，我们都说，届时有空可以和他谈谈。祝

好

章 3月31日

剑奇兄：

来信又已收到，拖到现在才复，甚不安。您近来没有发过病吧？家里近来身体好吗？济南前几天冷了一下，到10℃左右，这几天又暖一些了。[illegible]练拳倒很有兴趣，[illegible]比过去多[illegible]。[illegible]练拳比过去好，比较安静。练拳时要注意左手左脚，就是要借全身松而平衡，防止偏。练拳力找[illegible]手、双前意思，不是推过来、推过去。手掌动不要断，断而复连。练身不可有摇动，在[illegible]动中摇动也要避免。[illegible]功夫极好，但要注意练"双时[illegible]"。双时腰胯，随着手掌的动出去，胸中平直，又松又沉，一到合到。练拳者要想是太老师的弟子，练出去要向[illegible]先生的弟子。最近，练拳有些变化，[illegible]一些书，[illegible]情况，希望。祝

好。

章 12月22日

剑奇兄：

前封一信，谈了谈些练拳体会。今再根据来信所问，具体谈谈。关于练拳以何为主，这不一定，需要具体情况决定，一般当以腰胯根本为主。关于照顾左手左脚，回来时先照顾左手，出去时先照顾左脚，如此容易得动，找上下相合的体会。否则只是有左如有右，有上如有下，有前如有后。又问右手右脚[illegible]，左手左脚则较滞等，的确注意而先照顾之。不要拘泥，主要是找动。[illegible]如何练，想来必相同，具体则难讲。[illegible]中气[illegible]时，[illegible]与同时中气上提如何统一，这正就是有上如有下的规律，即所谓矛盾统一，相反相成。杨式拳棉里裹针，外柔内刚，[illegible]极柔软而后极坚刚的阶段是一回事，文化程度不同，讲法就不同。至于如字面所讲分内外，而是外表有似柔软，实际内含的劲都极"坚刚"的意思。所说确当，还望指正。祝

好

章 1月4日

茅濟兄：

你们好！上次来信收到。我们厂最近是搞四、五好运动，通过学活用毛泽东思想，讨论纲，搞活学毛主席著作指示，人人做总结。生产方面与形势，三月份任务很重，大家任务完成，情绪很高。海南天气连续阴雨了一个时期，这几天开始放晴，气温立即突升，已有初夏之势。听说你又发过一阵病，已恢复了吗？我们这里的张平也有气喘病，但在海南可能比较舒服。我见他经常吃药，每个星期下步吃两三颗，可能有好处。其他这听说病的者吃肉有毒，恢复健康之处，我听着也不大舒服，当然也不好给吃。

张平的脚伤好了吗？练拳要按感觉，气宜从骨过点自伤。只要注意神气不乱了，就会发生一些扭伤挫伤之类的事故。练拳要有胜，才能发动，气才不会偏倚偏倚。偏倚要自然，偏倚要产生反动，结果还是气停，因为气本是要停的，阴阳相济才不停。说到注意，不能固执，所谓在意不在气，在气则滞。意思要贯通往，要连得开，"胜内松净气胜然"，不痛亦不鼓，非孔穀嵘，有气盈然。凡一卷一舒，要提起精神，要意在拳先，比如说"蓄即是发"，意思背内对于发"要蓄"些；即先开了，即气换胜，要一气呵成，不要勉强撑出，又要节奏分明，干净利落。总之，练拳，做诗、做

硫酸奎尼丁　统逋厂　100片一瓶

文章，要全神贯注，又要才气纵逸，最怕瘦场，也怕病态。胸中要有成竹，尺寸规矩，则进步必快，每天必练，收获必多。

近附一纸信给大栋兄，不及谈练拳事，有空请将以上谈话转告诸兄。凡事都是比较得到的，气壮时美暴之，气痛时亦不如写法，相反相成，互相推动，"天地惟有一动字"，对拳亦祇有一练字。

国键赍见面否？上次国键送的关于高出力铁线电机的试制资料很好，请留意找一下，近来这方面的书，即有关电机制造的理方面的，有出售否？上次给家母信，代厂中有二人买佑膳病不知买到否？请设法问一下，儘量代他买到，拜托！拜托！此致

敬礼。

室本 3月19日

又有人托买鞋，是我们的连长，托我之他去买好久但没买到，寄来15元，买四双，其中#38（25.5公分）女式搭扣的、#39（26公分）男式鞋子买实的、男孩21.5公分、男孩19公分各一双。如没有旧布包，可从剩钱中买手帕包寄，此托。大章已表示不愿买了，故只好请你麻烦一下。

请告诉大章转告光陆，叶国泉托他买一套塑料的33支封的白毛女唱片。

芳济兄：

来信收阅，数为高兴。

新加坡连在使胸腰松弹，头目清凉，有这样感觉说明练得对了。

练拳开阔为一般左手拦松，故先觉得动。其意思如写字一竖一画法，有笔锋和无笔锋其实写法一样，但看最后提不提起，明了此意即可得动。至于阴阳问题大略知道即可，不知阴阳是不行的，但也不用分得太细，因为实际上是分不实在的。主要还是要找劲，抑扬顿挫之问题，比如做学问，不可不加考据，但白首穷经是不必要的。古人说读书不求甚解，这有两种境界，一种极低，一种却是极高。

前些天又买了三样东西，一是小孩子按摩器（一个300毫升行，二个200毫升抗），二是26吋凤凰牌若干，三是28吋凤凰牌三角架。据我以来信讲，一是太忙，二是已托他人买28吋三角架，可见我收极大，但我还得出，或得在什刹海。就之来信来讲也未提及前文，不知情况如何，如有空请也问一下。就之看来较忙，近来他练拳不知还有无问题况否？月底左右要回北京，[illegible]可请他顺便带回。有人回且能带东西者不多，最好不要错过。

海南岛今年下半年雨水较多，幸好住宅状态已解除，不然在竹棚里恐怕有点难过。最近通知，[illegible]地震依然存在，惟今年已无危险，加大家已习到一边。雨水多不但闷气，且引起蔬菜生产，菜少而贵，约三角到三角五一斤，与广州、上海等价也，似有天方夜谭之意。　祝

好。问老大人家好。伯母好。

童　11月7日.

芳济兄：

您好！久未写信，祈谅。这一时期海南搞运动，运动深入，比较紧张，会多，当然不是没有时间写信，还是懒之故也。想来您们身体都好吧。象一兄的健康情况恢复了没有？大栋兄身体没问题吧？广东有些地方的副食品有些供应，但海口还过得可以。广州来的船员经常在这里小街上买市场上的鱼虾之类，不讲价钱，多少都买光，颇招当地人之讨厌，听说上海人在四川各处也是如此，当然也招到讨厌。现在夏天早上醒得早一些，故早上六点练一次拳，晚上再练一次，觉得我们湖南人练拳，最易犯的毛病，还是动不出去，一个是意思问题，一个是腰腿问题。主要是什么问题呢？总的来讲，还是意思问题。练到一定程度，就看要多想想，特别是把各种意思加以比较，还要把各种意思加以联系。比如杨式太极拳中的"按"最不易练，这要和吴式拳中的"合"、陈家沟中的有关拳式加以联系，才能找到劲。有些式子，已经发展到了"复归于平淡"的程度，往往不易找到劲，就要循此溯源，看一看原来创拳的时候的情况时是怎样练的，才能有所启发。陈家沟要练一练或看一看，就有这个用处。少林拳也有同样效果。杨家拳之所以在前练的，其理也在此。从平淡到平淡，当然就没有内容了。这好象鲁迅的论文极有味，但它也有一个发展过程。白居易的诗极平易，但最不易学，也是一样。这就易明。但是不是仍要从头再练那些着重在原始的东西呢？不一定。但要多看多想多练，把意思丰富起来，贯通起来，组织起来。平淡有平淡的好处，好象白水，什么东西都可融合其中。武术说，练下练，练门教一个时期没有用，着意练不到。意思和腰腿还是不可分的，一层功夫有一层意思。[illegible]安。书到这里，候请代问好、嫂子好。祝

好：

童　五月二十五日.

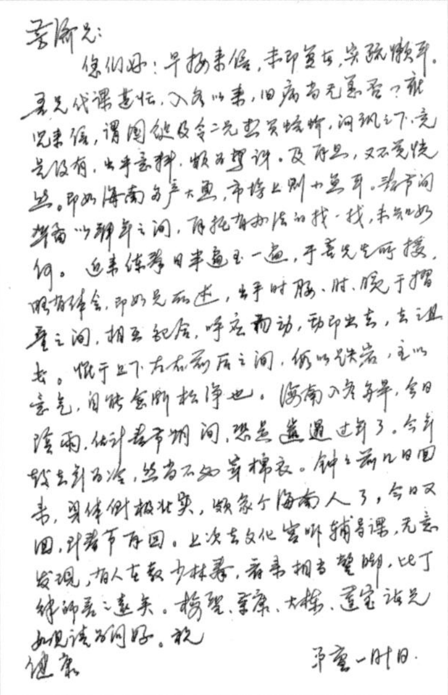

秀濤兄：

您们好！早接来信，未即奉复，实感歉耳。秀兄代课甚忙，入冬以来，旧病有无复发？前见来信，谓国链及令二兄甚为精彩，[illegible]之下，竟无[illegible]，出手[illegible]，颇为赞许。及[illegible]，又不觉[illegible]。即如海南今年大[illegible]，市场上则少见耳。[illegible]间[illegible]以新年之间，[illegible]找一找，未知如何。近来练拳日来进步一些，于[illegible]所接，[illegible]体会，即如兄所述，出手时胯、肘、腕于[illegible]之间，相互配合，呼吸而动，动即出去，去[illegible]之间，[illegible]于上下左右前后之间，[illegible]，自然会断松净也。海南入冬多[illegible]，今日阴雨，估计春节期间，恐怕要过年了。今年[illegible]，然尚不如穿棉衣。钟钟前几日回来，身体倒极壮实，[illegible]个海南人了，今日又回，计春节再回。上次去文化宫的辅导课，无意发现，有人在教少林拳，看来相当[illegible]，比丁[illegible]之远矣。[illegible]、[illegible]、[illegible]、[illegible]诸兄如见请为问好。祝

健康

弟[illegible]一月[illegible]日

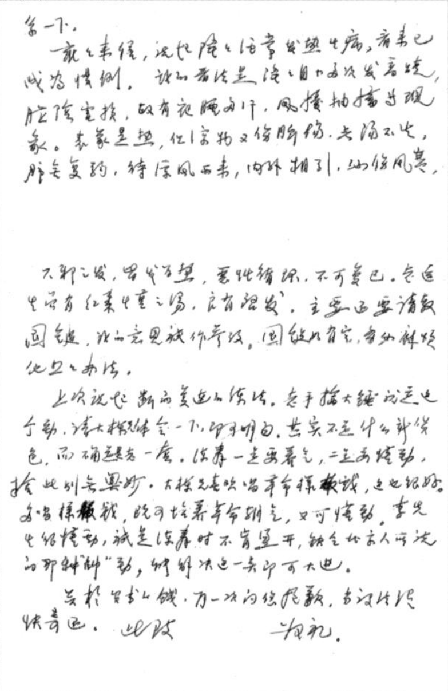

[illegible]一下。

[illegible]来信，[illegible]，[illegible]已成为[illegible]。[illegible]，故有[illegible]，风[illegible]现象。[illegible]，[illegible]，[illegible]，待[illegible]风而来，内外相引，[illegible]。

[illegible]，[illegible]，不可[illegible]已。[illegible]，主要还要请教国链，[illegible]，国链如有空，当[illegible]。

上次说的[illegible]法。[illegible]手[illegible]这个动，请大概体会一下，即可明白。其实不是什么新[illegible]，而[illegible]一套。练拳一是要[illegible]，二是要[illegible]动，[illegible]别无奥妙。[illegible]，这也很好。[illegible]，既可[illegible]，又可[illegible]动。[illegible]动，[illegible]练拳时不肯[illegible]开，[illegible]的那种"[illegible]"动，[illegible]一点即可大进。

[illegible]一次向您[illegible]，[illegible]。此致

敬礼。

国链、秀濤二兄：同一[illegible]二位来信，甚喜。[illegible]同时收到，[illegible]来到。[illegible]，[illegible]。[illegible]，[illegible]。[illegible]，[illegible]。[illegible]，[illegible]。秀濤兄[illegible]练拳，[illegible]。[illegible]，[illegible]，[illegible]。[illegible]。练拳[illegible]，[illegible]，[illegible]。[illegible]，[illegible]。研究好学，[illegible]才[illegible]有力。[illegible]，[illegible]。[illegible]。

国链问[illegible]，[illegible]，[illegible]。[illegible]，[illegible]，[illegible]。[illegible]，[illegible]。[illegible]，[illegible]。[illegible]，[illegible]。[illegible]，[illegible]，[illegible]，则国链[illegible]。

又有一事相烦：[illegible]，[illegible]，[illegible]。[illegible]，[illegible]。[illegible]，[illegible]。[illegible]，[illegible]试验一下。

[illegible]，[illegible]，不免[illegible]，尚望原谅。[illegible]祝

健康

[illegible]十一月一日

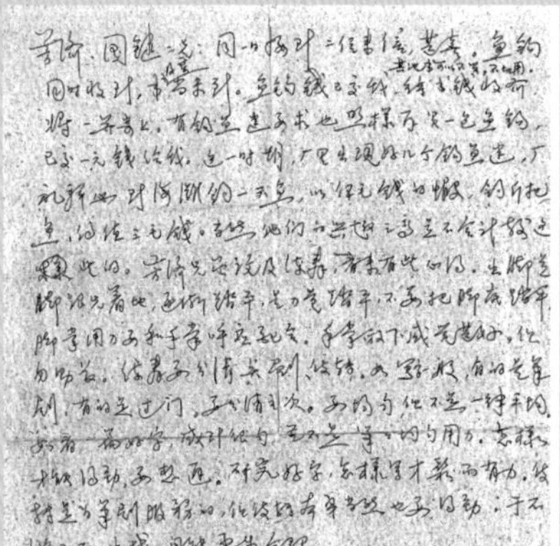

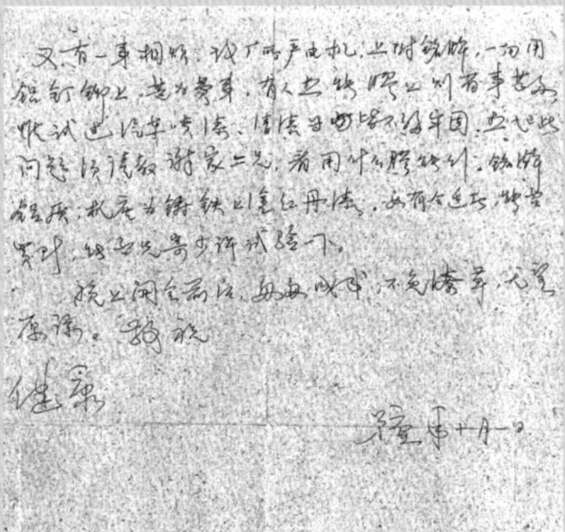

# 附錄

附錄1：

# 祖父樂幻智談拳

能挺腰等於一天到晚練拳。

行坐腰中帶點勁。古時候讀書人，坐著身體就不錯了。腰的力量大得不可思議。

練拳的人練靜功不會出毛病。（因為有動有靜。）

李家拳跟步，樂老師有四種練法：

一、後手提上上步。二、後手飄而帶上去。三、後手貼身而上。四、手不收回，兩手一合就上步。

叩大頭下去腿不能彎，上來和下去一樣快。

練我的太極拳，腰正不怕邪。

不練低樁，不出大汗，哪來功夫。

最低的樁出最高的功夫。

師病時，顧老四問：練拳時覺得渾身熱氣包住，不出汗，可對？

師厭煩地說 ：「不對的，你在我面前練，我改得你出大汗。」

一次師在路上行走，師指指旁邊說：我練的功夫都給他拿走了。

時有人問 ：是否這個是老師的真身，那是老師的法身？

答：不對的，那是我的真身，這是我的假身。我走路，腳的勁入地很深，下面有許多力量吊住，故提足困難。

一次在顧家說：「我是不贊成我徒弟教拳的。」又說：「梅聖啊，蒸籠蓋常揭，饅頭不熟啊。」西醫把人體解剖，這樣研究不徹底，解剖出來是死的，人是活的。

西醫是機械唯物主義。

告吳豐茂：李家拳的境界很大。

一次師練李家拳，說李家拳力量大。

師傅曾多次語重心長地說：「你們給我好好練，我不騙你們的。」

平等如天下雨，到處一樣。但是器大者，裝得多；器小者，裝得少。

對老四講，徒弟和師傅一樣聰明，達不到師傅的水準。徒弟要比師傅聰明，才可能達到師傅水準。徒弟比師傅聰明一段，才可能超過師傅。

你們放著大路不走，總愛走小路。

不要在腦裡想，要在心裡想。

人發火，不要再怪他，他已受到懲罰。（發火有損健康，從樂家拳的角度來講發火有氣即從頭頂散出。——樂雍注）

練拳不滿十年，沒有結過婚的，我不把他作為徒弟看待，只有練滿十年，而結婚後仍不影響練拳的人，我才把他看作徒弟。他不來找我，我也要去找他。

我在五十多歲練拳時發覺腰腿還不夠，還得練腰腿。

別人練拳只要注意挺腰，老四還得挺胸。（老四有哮喘病。）

太極者，用力勻也。

不能背靠椅子練功，不然要吐血的。

練功到一定程度會出臭汗，這些汗腐蝕性很大。你們跟我練不一定要經過這個階段，而我本人則經過一段出臭汗的時期。

手掌要求老大靠近老二後翻（即拇指靠近食指）。

腰、腰、腰。（這是祖父教學生時提醒大家練腰的重要性。——樂雍注）

晨起老師修一短法，其中有扶腰這一單姿勢。

老師練楊式不過癮，練李式氣喘。

一個人做一件善事，好像在大洋這頭丟一塊石子，波浪會影響到大洋彼岸。

見人拖一個小孩，老師笑著說：「不要硬拖，要順他的勁，再把他引回來。」

別的拳教師往往要留一手，我自己還在進步，總能練到新的東西，用不著留一手。人家說老師留一手，拼命教你們還教不會，留一手幹什麼。

推手的時候，你可以把自己想像成老師，要把自己的身體想像得很大。當時有人問：是不是可以把別人想像得很小呢？

回答：在這樣的情況下可以，那就是你的功夫比對方大得多，不然你想人家小，人家不會小的，不能搞唯心主義。

教人發勁，意思要打到很遠，甚至達到外國（這樣勁就能出去）。

老師常教人摸他的頭頂，說拳練好，頭頂像小孩一樣，頭頂會軟的。

教人拉他的手指，一節一節都會脫開。

早年講過，練拳的人渾身都是活的。

坐的時候要挺腰，功夫就不會出去，出去也不要緊，我會再給你的。

練拳像一隻皮球，一張一收。

師改董世祚先生一學生，叫他弓腿弓足，該學生說腿弓足了，上面便沒有了。樂師大聲說：「有，有啥東西？你弓足了，下面還有一點，不弓足什麼東西也沒有。」

你們都相信我的功夫，而不是相信我的正法。吃葷的時候不要去講究好吃不好吃，應當對被殺的動物起憐憫心。

人們說鋼絲勁，我一下「扇通臂」就有幾百根鋼絲。

架子擺對就出太極勁。

弓腿後腳外沿要踏住，坐腿前腳尖不要起來。

捋勁像在水中轉一根線。

一字功要手心有感覺。

走步子要出步同時發勁。

單鞭手轉過來時，大椎穴向後。

要找到比較細的勁，起碼要40歲。

含胸拔背還是改為合胸拔背較好。

你們總得每天練二遍拳，才能把身上的冷氣練掉。冷氣是細菌的溫床。醫生是在冷氣的第一線上，功德大啊！

這個身體要讓他吃苦。修身指的是什麼？是指練身體，以前人所理解的修身的內容卻都包括在正心誠意中了。

告丁力士：你現在應該相信，功夫是練出來的。

虛心實腹 ：虛心——去除一切人為的聰明、機械之巧。實腹——練功夫。

靜坐時不能背靠椅子，靠了要吐血；靜坐時不能閉眼睛，閉了眼要燒壞的。

手在眼中，練拳過程眼睛不看地。

冷氣有臭味，我在教拳的時候覺得很臭，所以要出去換換呼吸。

我願效法土地，任人踐踏，糞倒在上面，也能滋養萬物生長。我寧為泥土，不為金剛鑽。

樂老師與姚某某試勁，老師一彈手指，姚就出汗。

姚問：我的熱感覺同你彈手指是同時的，怎麼一段距離沒有時間間隔？

師說：沒有任何時間與距離。

世界上的人總是給我，給我，恨不得什麼都給我，修行的人是要給人，給人，越是給人自己越多。

練完拳不可坐，走走散火。

眼睛不受牆限制。

冷氣多，喝生薑紅糖湯和熱水泡腳。

要用腳跟呼吸，真人之呼吸在踵。

樂師早年打拳，手接近蠟燭，蠟燭火發生跳躍。

董世祚的拳是不對的，拳沒有練好。楊澄甫打人要喊一聲，要借聲音的力量。

一次在路上，一隻狗撲上來，樂師把手中大衣一沉，狗向後翻滾幾步而死。

我打你們，你們不覺得接觸點。

有人問：練拳的人會不會生癌？

樂師答：醫學上講人身上往往有癌細胞，但不是每個人的癌細胞都會發作，那要看自己的元氣壓得住壓不住。

人的願力要大，我的太極拳就是力量大。

要從抽繭子絲的意思來理解太極勁。

不要求福報，福報來了也不要怕，可以佈施。

樂老師練拳前練起落功，轉胯、轉膝，左右各三下。

伏氣功應該舔上齒。

單鞭不要打得太斜。

交手時手在圈子外。

推手先掤住後能捋得長。

弓腿後腳踝骨不能鬆。

推手時人要空，把人想空。

發人可分上、中、下三個方向。

出手前先拎一拎腰。

顧老四問樂老師，最近我心臟常常發生顫動，怎麼辦？

老師說 ：「這是心臟換力氣。我告訴你，你身上發生的變化，都是對的。」

要把中脈管想成馬尾的千分之一粗細。

出去時手帶腰，回來時腰帶手。

樂老師傳郭振英拳，只練第二套，因為郭會打。

樂老師曾比拳架，同一姿勢或高或低，架子或大或小，說：都是對的，這叫小大由之。

徐淵醫生問：給病人做檢查時會覺得對方的病邪到手臂，有什麼辦法？

師答出：腰挺住，讓病邪從原路出去，或從停止點出去，或從身上繞一周腳下出去也可。

睡覺最好不要在底層，底層潮氣多。最好把床放在房間的中央，這樣對練功夫最有好處。

告丁律師：你的用功我實在佩服，但不用腦筋，拳練成這個樣子。

練拳的人睡覺前坐坐也可以，不必講究式子，也不必講究方式，坐坐正就行。

居先生說：老師練「捋式」，手一直放到底，好像有東西撈上來的。練「玉女穿梭」，四隻角練來很快，漂亮至極！

老師常叫人手撳他的頭頂，撳過的人說頭頂是軟的。

看到過老師走路的人，都發現他每次走路腳拎起來時要用很大的力氣，走扶梯時尤為明顯。

老師告人：我練第二、三套拳，一遍拳只呼吸一次，都是毛孔在呼吸。

老師教人坐腿儘量往後，身體儘量挺直。

老師練「黃狗伸懶腰」，說：到後來無法屏氣，一屏就從毛孔裡漏光了。

老師教拳時常叫人肩膀不要軋住。

出腳時二腳相距約一個拳頭，一般人的出腳往往需要加半步。

老師說：練功夫覺乏力，可做深呼吸，用腰部吸。腰呼吸比丹田呼吸好，思念自己的東西回來，壞東西和別人的東西不要，不屏氣，但可以不透氣。

一次樂師對一學生講五臟健康情況，講到肝時說有點問題。

有位醫生在一旁說：我從他的臉上可以看出他的肝有問題，而你也沒有對他看，你怎麼知道的呢？

樂師說：你有你的辦法，我有我的辦法。

公園裡練太極拳的人都練虛靈頂勁，結果氣聚在頭上變成高血壓。

持某一個咒會覺得身體發麻，這是正常現象。

打雷時腰挺起來，身體裡面一震，相當於練一百遍拳。

教拳時，經常強調二足之間的距離為一個拳頭，過寬則成八字腳，過窄則成交叉；經常要求人出腳放寬半步，手掌張開；特別強調挺腰，

平時坐時也強調挺腰，說 ：「腰挺則病邪進不去。」當人說挺了腰還是要消耗掉，說 ：「不要緊，你失掉的我會還你的。」拳中教人手伸長，要求是挺直不到一點點，也要挺手指。說 ：「要撐，撐了便會鬆。」幾乎對每一個練拳的人講 ：「弓腿時後足外沿踏實。」而同人推手時又說 ：「我怎麼敢打你呢？我推手只是扶住你，讓你自己不

要摔跤。」

看人練拳，總嫌人家弓坐腿不夠，撐不足。經常聽樂師高聲叫：「要挺腰，要挺手指頭，怎麼你們把我的話忘了？」

在震旦大學上課時說過，執其二端求其中的中庸，並不是在二點中間取一點，中庸意味著正確的、對的。

倒攆猴下手在轉身後就放在胯邊，隨後再下去，是向下而不是向後。（倒攆猴是退少沉多）

出腳抬大腿，不感覺小腿，腳背也放鬆。

馮象一練拳手伸到頭，樂師說還不夠長。

馮勁短，師囑其練「叩大頭」「貓伸懶腰」。

馮手不挺，師教其練手掌扶牆、站樁。

樂師告高道士：先以腰帶手，後以手帶腰，腰帶手粗，手帶腰細，再後來跟勁走。

出了腳後不許動，不得已只能動前腳，後腳不能動，或下一式再動。

太極頭左腳不能動，只能動右腳。

一拳師以鷹爪手攻樂師，師接觸，一空，彼勁即下去，師曰：「一個毛孔就能發人。」

丁律師叫人用拳頭頂在他腹部試勁，老師不聲不響把拳頭伸上去，丁露出窘相，老師說：你打吧。丁一用勁自己退了兩步。老師說：練發勁哪有用肚皮練的。

我的拳和法都是為人家服務的，不保密。

欲念來，忍一忍，而後練拳，即得大利益。

按出去時好像推在東西上一樣。

樂老師常說腰裡常帶一點勁（指平時），或說腰要拎住三分。

出腳時腳踝骨帶點勁。

伏氣功要與咽津結合。

告徐淵：練拳後將丹田收成紅色米粒大。

臂如鋼鞭（彈簧），手如鋼板。

早起身筋短，要拔筋，效果好，活動後筋長再拔效果不好。

坐到後面，再下去一些，挺腰，不要起來，平著出去。

攬雀尾手出去一半，腳才弓出去。

每日練楊家拳、李家拳比例應是3：7。

是掤捋擠按，不是掤捋擠推，你們都是掤捋擠推。

先拔背後含胸。

李拳跟步腳幫帶勁。

出手前先拎一拎腰。

樂師後期練楊家拳沒有坐腿。

推手時把人想空。

弓腿時後腳踝骨不能鬆。

採勁勁在手指上。

多次給居先生講：練拳時手掌大指要往後翻。並多次比給他看，模樣似乎拇指、食指不是靠得太近。

經常告人太極勁就是電。

評一個人拳，要說他拳好，不要說他功夫大，說人功夫大是罵人，不談他拳，只講他花了不少功夫。董英傑老師遇見拳差的人，總說一句：功夫可大。

練拳是圓，一方一出角便打人。

腰的力量大得不可思議。

早期講及練拳的三個階段，分別用兩手相比，下手在小腹，上手約在胸，說這一段練好武功到頂；從胸到口，說這一段練好能夠變化（氣質）；上面一段到頂，說練好這一段什麼都好了（徹底成就）。

罪惡都是夜裡發生的。

樂師推手雙足並重，意在後腿，兩手像火燙一樣，一發即出。

推手時發人，在對方弓足時即準備全身像爆炸一般。

李蓮寶說：老師在四十歲左右練按式往下坐，筆直往下，不像現時人翻臀。

教徐淵：托天（單架功）到頂，兩手指像有重物吊著有千鈞重。

授咽津法：頭要往後翻。

要放鬆，肘鬆著出去。

要求練拳者坐的時候胯收進去。

男人練成女人，女人練成男人，拳便練好了。

內勁像沙中鏡，把上面掩蓋的沙扒去，鏡子的光亮逐漸顯露，沙扒完，鏡子便大放光明。

外勁練不掉，內勁不出來。

誠者，內勁也。

架子擺對便出太極勁。

轉換快，蓄發慢。

架子擺對一到就走，手腰互領。

先是腰帶手，後是手帶腰。

腰帶手粗，手帶腰細。

早期從董英傑學拳，天不亮在大廳裡一練七遍，中間不起樁。

樂師練單式「抖」，練到雙足外沿都生老繭。

老師說：「要向上，要出頭。」（即要練「煉氣化神，煉神還虛」。樂雍注）

師教人推手兩足並重，意思在後足。

常給學生講外邊的拳書不要看，又在其他場合說：當年在廬山亭子裡看一段王宗岳著作，再出來練拳，練得累了，又去看《拳經》，如此交替進行。

祖父曾以莊重的口氣說 ：「不要同因果開玩笑，不要自己騙自己。」

郭大棟在樂師病時探望，問起該如何辨別真偽。樂師給了三個回答 ：1. 凡是符合佛經的是真，不符合是假。2. 凡是裝模作樣的是假，平常的是真。3. 凡念念為眾生的是真，為自己是假。

楊家拳在狹窄場所走不開，因為其架子大。李家拳對輕微的勁感覺不出，因為其勁剛猛。二者應該相互補充，所以都要練。

吳寶量大兒子練站樁，樂老一看後說，快點高些，你這麼練可把我嚇壞了。並說小孩練拳不能下樁，下了樁人要長不高，小孩練拳只能練練玩玩，到了一定年紀才能照要求練。

練拳是從方到圓，用拳是從圓到方，走是圓，一方就是打。

李蓮寶問樂師：「太極拳怎樣才算練好了？」一答：「全體用力均勻。」二答：「鬆而有力。」三答：「身上各處均合理。」

晚年訓斥高道士：你們只懂得挺腰，不懂得拎腰。

樂師對郭大棟說：「要出頭，出頭能看清楚。」又說：「不要裝模作樣。」

大鬆打中鬆，中鬆打小鬆，小鬆打大僵，大僵打中僵，中僵打小僵。

在病中同人講起某學生，時有人看見遍地綠瑩瑩的光前來，師說：「這是他練的功夫，如收去，他便沒有功夫了，算了，讓他去吧。」接著又說：「人只有改邪歸正的，他卻改正為邪。」

一次在教拳時要顧老四挺腰、挺手指，很高興地說：「好哇，老四的手撐開，就像一把蒲扇一樣。」

曾告陳樂：胡樸安（著名文字學家）講我的手像蒲扇那麼大，其實我的手還不止蒲扇那樣，還要大。

在病重時曾告訴弟子：我在想用什麼方式離開比較好，可以化虹而去，也可以把身體縮小到幾寸而去（該弟子解釋縮小比化虹高級），還是不要驚世駭俗吧，照世人一樣去吧。

中國古代思想家都是辯證的，老子辯證，孔子也是辯證的。

人是可以飛的，一次在三輪車上我想起了學到的飛的功夫，一練之下兩隻腳劈劈啪啪在車上碰，人也有騰起之勢。當時想到這樣做不太好就停練了，以後再也沒有練過。

雙擺蓮下來先右手向前，再左手向前。

練單鞭下勢，單鞭不太斜。

練太極拳是找勁，練到後來是跟勁走，我練拳一擺架子就出來一股勁，跟著這股勁一直到練完。

經常向人說：打人的功夫就是電，練拳就是要把自己練成一個電人，電人就是內勁，電人就是經脈都通。

樂師多次教人不要入定。說 ：「我在這裡同人講話，心不亂，便是定，這是大定。」

附錄2：

# 祖母陳端談拳

生死事大。

喇嘛功夫是外道。

要做功德，不要存求報的心。

人要守本分。

不要因為人待我好，便待人好，而要平等，待接近的人要厚些。

要有好老師。

練功夫不要論時間，早晚都行。

老師（指樂老）不受身體束縛時力量更大，感覺到的人能夠知道。

要一門心思練拳。

練拳不要心急，要一步一步地來。

每練拳前發願：打除一切黑業，打開一切眾生之菩提心。

從毛孔中進出。

心平氣和，心安理得。

教人拳後可到草地上去走走，想像冷氣從腳趾出去。

這套拳是佛拳。

附錄3：

# 談談學習《太極拳要義》一書的體會

《太極拳要義》（以下簡稱《要義》）一書問世已整整30年了。從30年代到60年代初，樂老先生教了不少學生。這一時期樂老有關練拳講的話很少，而且也不贊成學生們看拳書。這些學生的特點是基礎功夫紮實，理論知識較貧乏。除了練功，也很少同人交流，腦筋也開動不多。

到60年代初，樂亶先生接手太極拳傳授工作後，在教拳風格上有了明顯的變化，開始重視理論，強調意境，也對練拳全過程做了探討，因此出版了《要義》。大多數樂老弟子對這件事感到震驚，也感到好奇。

以前對樂傳太極僅見一斑，對於能窺全豹很受鼓舞。當然也有一些練拳多年的人對此表示懷疑，一些人更覺得把樂傳太極同道家思想聯繫起來似乎背離了樂老的道路。只是在跟隨樂亶先生一段時期後，方懂得練拳從道家方法和儒家精神著手，逐步再貫徹佛家的思想。這是一條正確的路子，是更確切地體現了樂老的思想。

多少年來，太極拳的推廣工作進行得很快，可以稱得上「大行於世」。這當然是好事，但是這一類事往往會有另一方面，那便是太極拳在很快地「失真」了。儘管太極拳有高深的哲學理論，也被宣傳得怎樣怎樣的好，事實上不能說是這麼回事。對為數不少的練拳者來說，基本停留在柔軟體操水準，既稱不上有效的技擊，也沒有太多的健身效果。從武術來講，效果比不上少林拳；從健身上來講，也及不上氣功。事實上在許多人的心目中，練習太極拳只是年老體弱者以及作為退休或不工作的人打發時間的一種手段。

而樂亶先生的《要義》用深入淺出、通俗易懂的語言，向人們提供了一系列循序漸進的方法，把一般普及的水準同前輩描述的高水準銜接了起來。

香港人說這是近代最好的一本拳書，理由在幾乎絕大多數的拳書都是按一隻隻拳架教授，大同小異的地方較多。且總把王宗岳、武禹襄的幾篇拳論載入他們的著作，增加篇幅，有一定獨特的體會，但缺乏系統、全面。

《要義》一書脫離了上述框框，把普及程度通向《拳經》所描述的太極拳高級境界，這一過程，條理清楚，程式分明，前後連貫。有人說，「不是真正的過來人寫不出如此親切的文章」。一位朋友說 ：「這本書突出的是道家，但卻有佛家密宗的內容。」如其中寫到最後練通的奇經八脈中的衝脈實際上是密宗的中脈。照中醫理論講衝脈僅上達嘴唇，而《要義》卻寫到達頭頂百會穴。文中所談到的三種走失（從尾閭、頂門、胸口），講的卻是佛家的貪、嗔、癡三漏，等等。

《要義》第七章「左起右落」是整本書中最重要的

一篇，也是最難掌握的。關於「左旋右轉」的說法，中國自古就有，但正如作者所說的，人都忽略之。書中所提到的楊振寧、李政道兩位物理學家的發現，儘管引起轟動，卻沒有人把該科學成果同中國古代思想聯繫起來。古往今來練太極拳的人不計其數，拳書也出了很多，但極少見對「左旋右轉」做如此清楚的闡述。

樂亶先生把這一理論用於太極拳的練法，實是對太極拳的一個重大貢獻！拳書上說「往復須有折疊，進退須有轉換」，這裡說的「折疊」「轉換」，樂亶先生都稱為轉圈，更把「折疊」稱為換向的圈，「轉換」作為換勁的圈，而且折疊轉換對男子和女子來說都有絕對的規律，左旋右轉將決定起與落 ；再者，拳書上的開合、蓄發、捲舒、進退、剛柔……無不受左旋右轉支配。

作者的父親樂幻智老師曾說過，當男人練拳練得像女人，女人練得像男人，太極拳便練好了。這句話人們可以理解成：當男子練得像女人那麼柔軟，或女子練得像男子那麼剛挺，便算把拳練好。

我們把「左旋右轉」做進一步的探討，便會發覺男女彼此具備對方的長處，事實上同「左旋右轉」不能分開，或者說正是有效地掌握了左旋右轉的方法，並以此而修煉，才能達到上述目的。不僅如此，左旋右轉也是人們通常所說的「返本歸原」的基本方法。

現在我們知道，男子是右開左合，人的一生基本是處於開的狀態，即對男的來說是右轉為多，這也是一個疏泄的過程。在右轉中氣外泄時，男子便顯得剛強、粗獷，充分體現了男子漢的本色。但疏泄太過，便出現了另一景象，成為可憐兮兮的乾癟人兒。因此，太極拳在拳種上屬陰，要求男子轉左圈，把氣重新聚合起來，也即是說要練合勁。當男子左圈練得順時，便能把中氣重新凝聚起來。

作者把《要義》作為一本中學教程，它正好填補了一般拳書中間階段空缺之處。如學會每式架子到書中附錄的幾篇經典拳論。該書包括了部分練拳的小學內容，如開、合胯方法，重心轉移等，又對一般公認的王宗岳拳論的個別論述（在拳中屬大學水準）做了較為詳盡的解釋。學通了《要義》一書當能夠得上太極拳經典理論水準，並逐步領會之。此外該書還有不少獨特的見解，如過「三個關」、如何是「鬆」，等等。最後該書對太極拳的技擊也用一般人所理解的科學知識做了分析，揭開了太極拳技擊神秘的面紗。

顧方濟

20世紀90年代

附錄4：樂亶先生拳照

## 4-1：樂亶先生演示楊式拳拳照

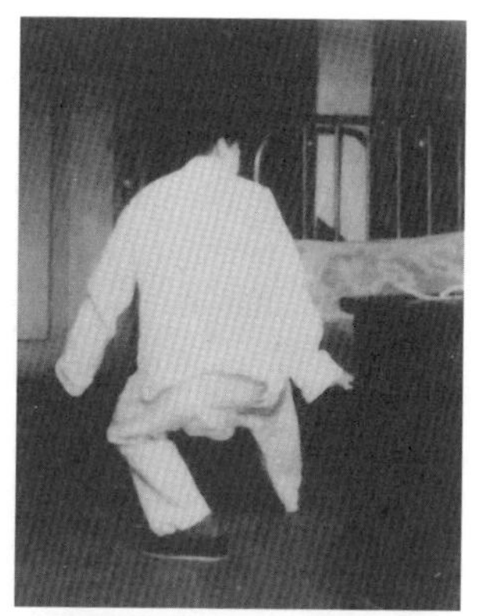

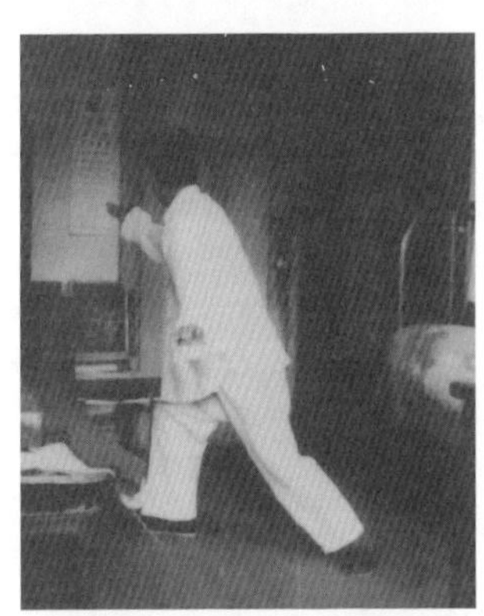

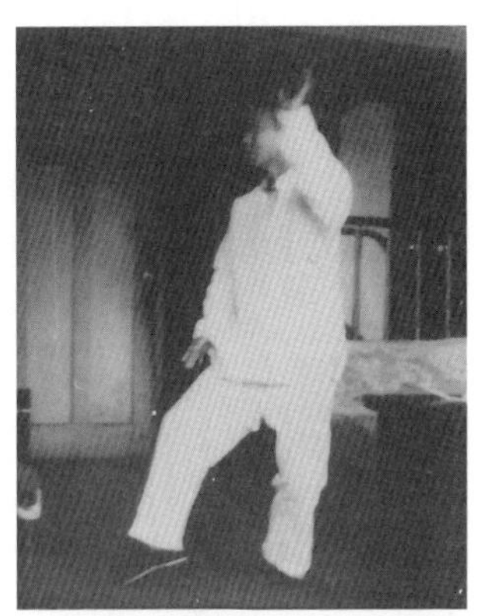
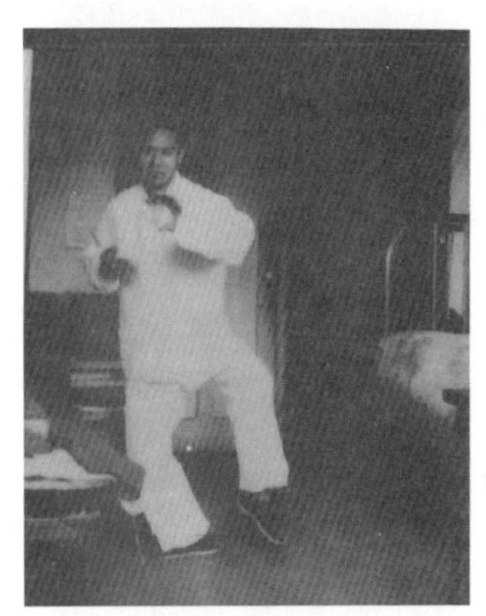

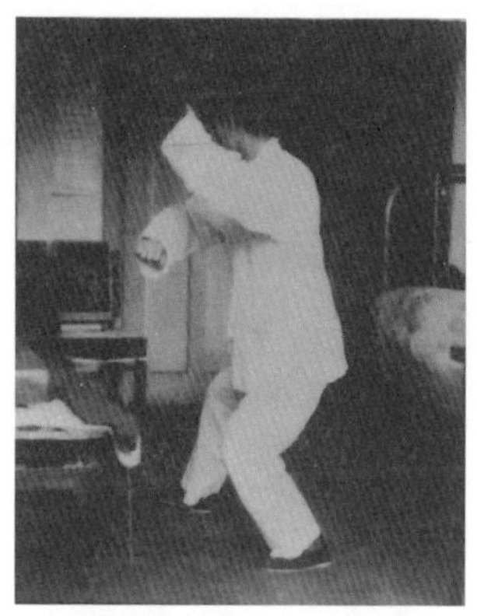

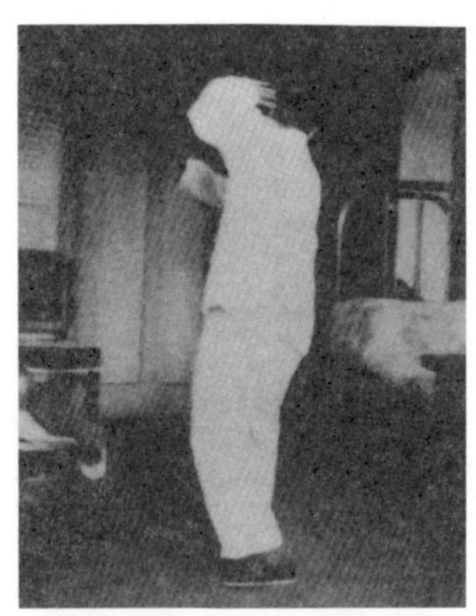

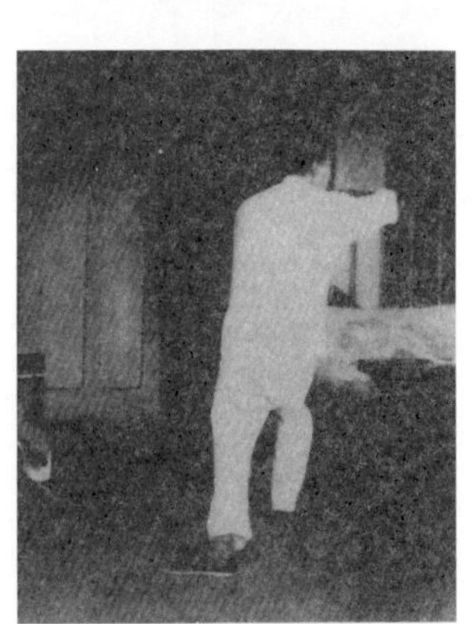

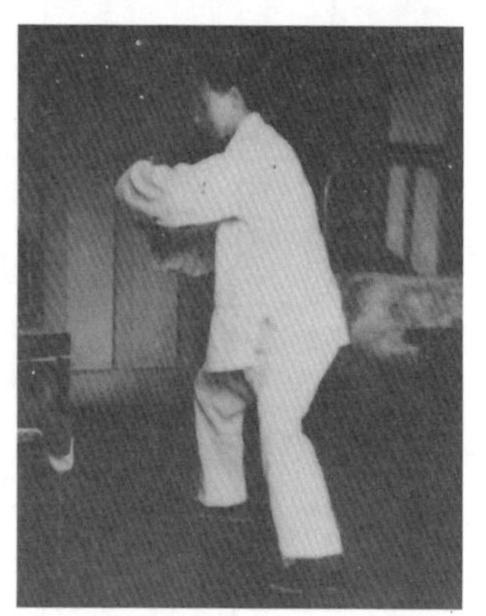

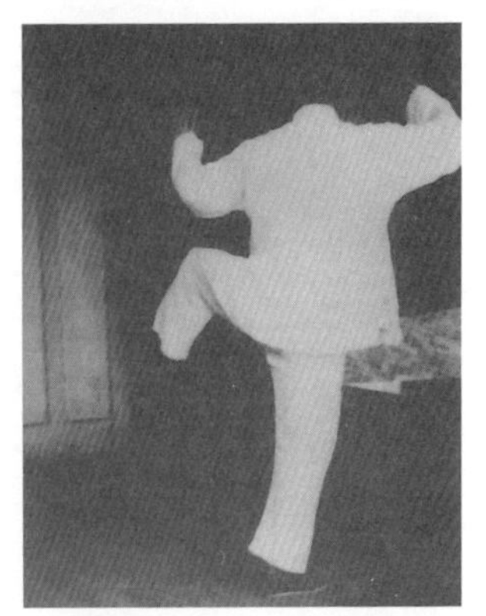

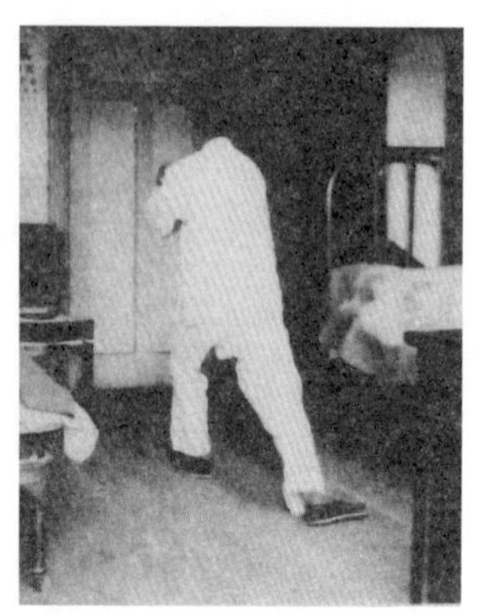

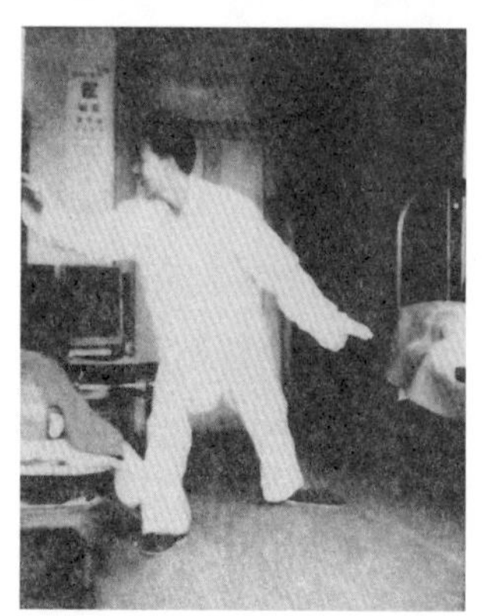

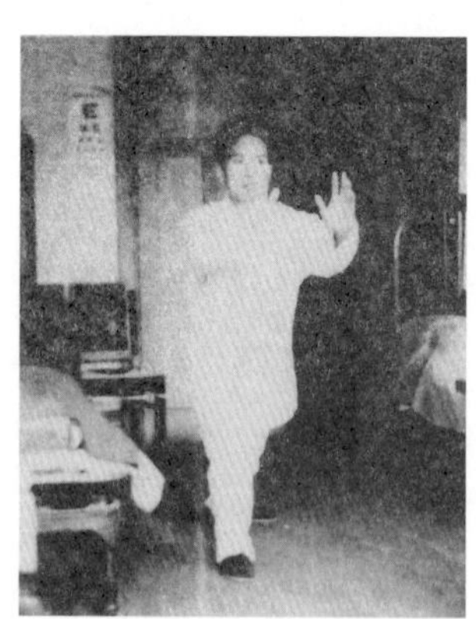

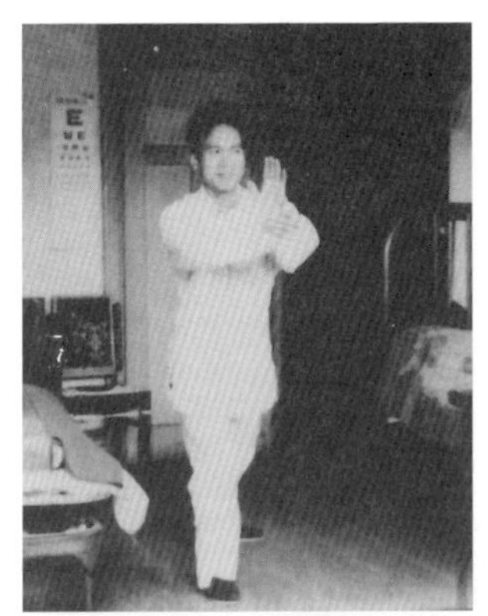

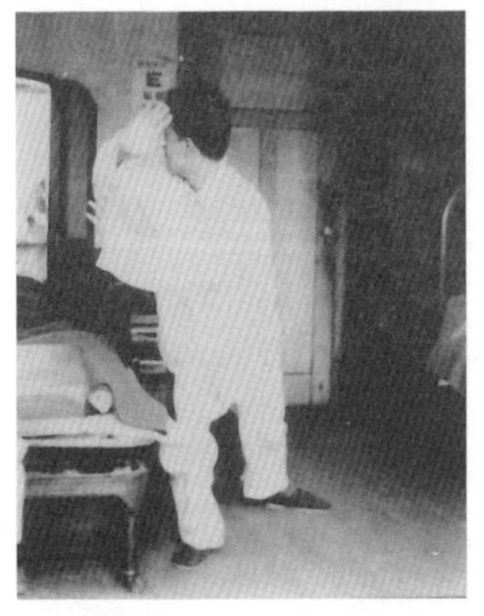

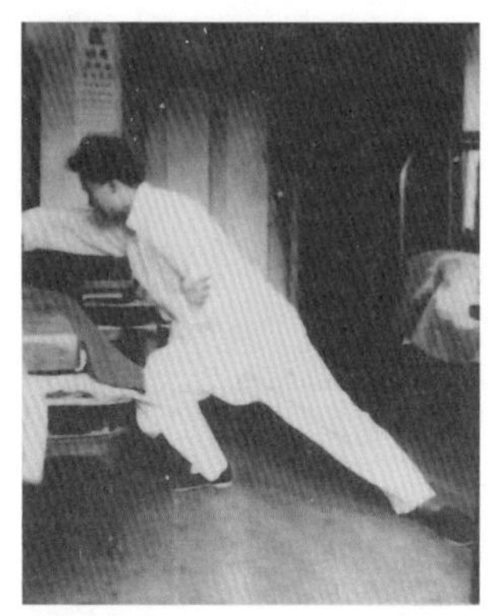

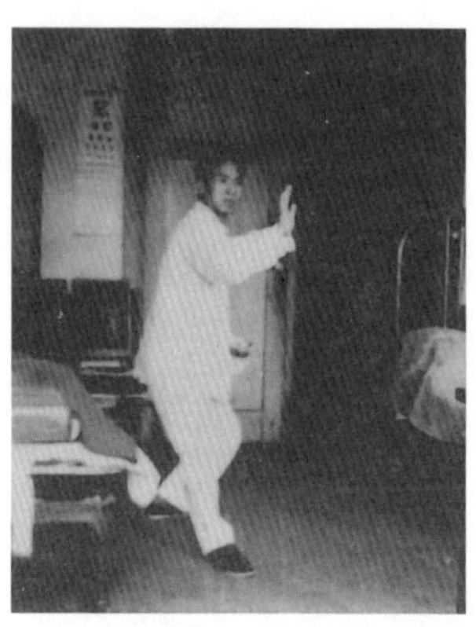

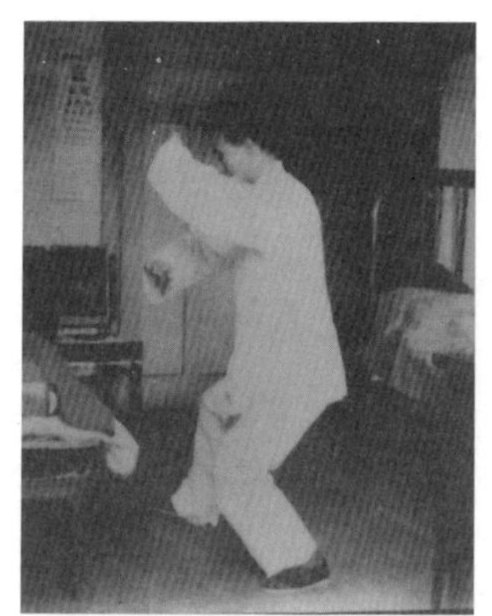

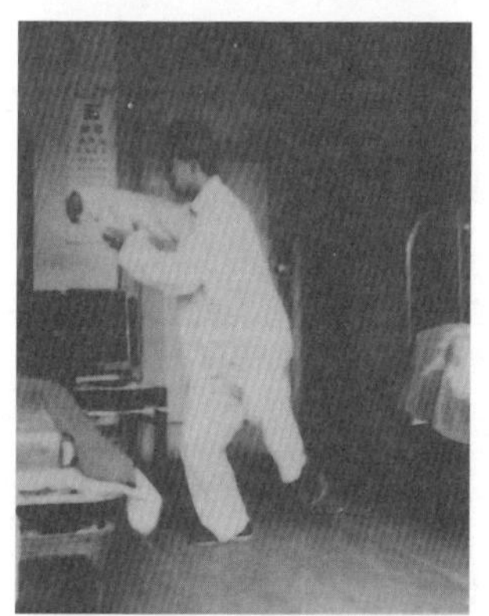

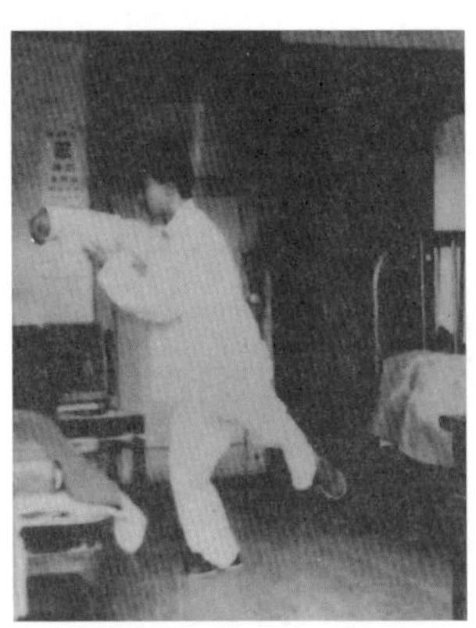

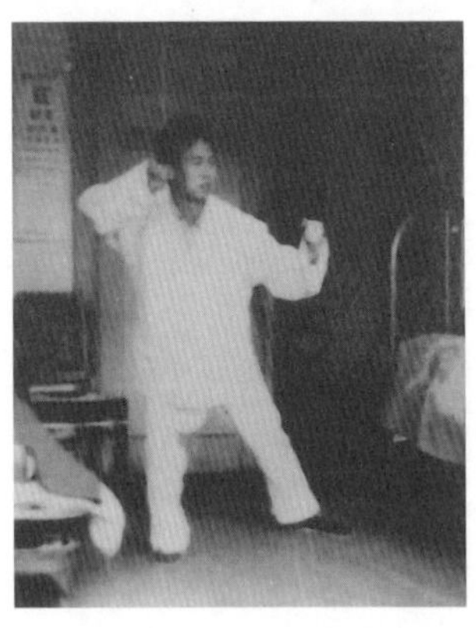

## 4-2：樂亶先生演示李氏拳拳照

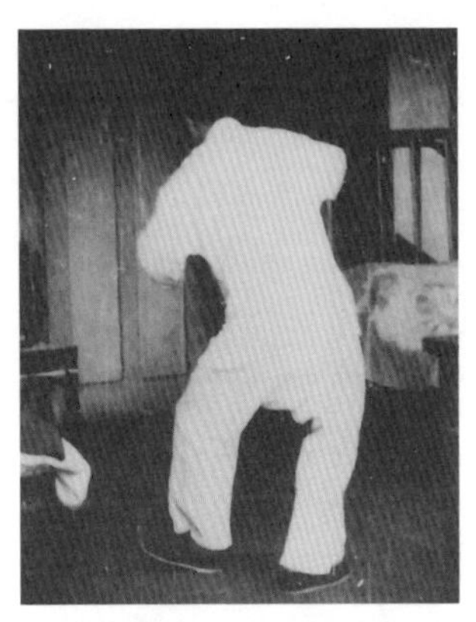

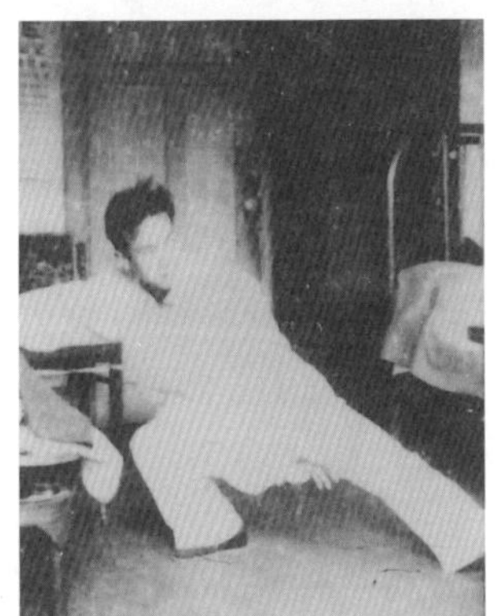

# 後　記

近日看到《樂傳太極與行功》一書，經翻閱發現該書所寫與祖父所教的拳很不一樣。限於篇幅，僅就以下幾點談談看法：

一、關於「太極樁」和「挺腰」。從書中所攝太極樁照片來看，祖父從未教過此動作。而且作者言 ：「最重要的是天突，命門，尾骨尖的垂直」。從人體的客觀形態來看，這三個部位是不能垂直的；又「挺腰，命門向裡……要點為背椎之底與底椎之上同時後含，即腰之上下均隨之後含，才能助我挺腰之勢」。這些並不是祖父所教。其實挺腰很簡單，命門部位朝裡挺即是。

二、關於「太極行功八勢」的練法。此功法祖父從未教過，而作者將此「行功」作為練習套路之前的訓練，「可以根據場地環境和自己的意願隨意變化……」，不知從何而來。凡是跟隨祖父和我父親學拳者都知道，在學套路之前是先練單姿勢，如一字功、托天、起落功、搖船等。

三、從幾個視訊來看，套路動作均被改動了許多，已經不是楊澄甫、董英傑前輩傳給祖父的拳。特別是李家拳，練得太快即可能交代不清，意氣和身形難以協調。父親言 ：「李家拳應比楊家拳較快，腰腿不到則快不了，一快就要浮。」另有一段視訊，演練者穿著拖鞋，這是祖父從未提倡過的。如果沒有相當高深的功夫，是不宜穿拖鞋練功的。即難掌控，腳底還漏氣。

四、書中多次提到有學生問祖父 ：「拳，怎樣算是練好了？」祖父回答 ：「太極者，用力均也」「鬆而有力」「身上各處皆合理」。作者始終沒有講清透過什麼途徑、什麼方法才能練到這些目標。雖然引用了祖父許多言論，卻東拉西扯，艱澀難懂。只有透過拳架和內功的內外兼修，才能做到「身上各處皆合理」，才能得到「鬆而有力」的內勁，即太極勁。父親在他的拳論中論述了各階段的具體方法和目標。

五、關於所講練腰的十個步驟並非祖父所教。父親言 ：「力與氣的結合成為勁，有腰才有勁。」簡單地說腰是內裡的一股力量，能指揮全身活動。而所述始終停留在後背表面的骨肉活動，沒有丹田氣的參與，這是不可能練出真腰的。

六、關於「擎引鬆放」。應該相當於本科至碩士的課程了，即內功已基本過關，腰能轉成立體圈，骨肉、氣、勁、意已配合順遂，有靈、斂、靜、整之意境。而書中所述「太極每式八勢」，只有手腳肢體各處的上下左右的輪番搬動，看不出神意氣勁的表達。擎、引、鬆三勢是為「放」服務的，全身勁集中到手上出勁，「放時腰腿認端的」。另外，該書第141頁中「擎引鬆放」之要點，也不是祖父所教。

七、關於「尾尖」「臀尖夾緊」。祖父在教拳中從不使用，父親用的是「尾閭」二字，在父親的拳論中講到

「尾閭（地心）為第三主宰」。總的原則是「尾閭中正神貫頂」，在開始拎腰階段尾閭稍外翻，並至命門一段拆開，而使丹田氣後貼幫助拎腰。

八、關於「中線」。父親在他的拳論中講到的「中線」是腰練到高級階段的結果，是起主宰作用的，「中線之轉，即腰之轉。」所謂中線應該是直的，而作者所講的中線由「頂、喉後、天突、命門、尾尖、陰腳心成一分隔號（中線）」，顯然是彎曲的。故不知這「中線」從何而來。

父親在《太極拳要義》第39頁曰 ：「奇經八脈中還有個衝脈，要特殊一些，它的循環總在最後才能打通，也可能永遠打不通。這個循環的路線是自會陰始，由身體當中筆直上升至百會穴，衝出頭頂，然後在身體四散而下，再回至足心湧泉穴，上升而復會於會陰。練到這步就是所謂『煉神返虛』的境界了。」這段文字應該與「中線」有直接關係，練通中脈也基於此。（人是化身，中有真空一線。——光幻大師）

九、關於太師母。該書插頁中的太師母，不叫王理平，其本名為陳光幻，業界尊其為「光幻大師」。

縱觀該書所謂太極行功（包括視訊），基本就是這塊骨頭怎麼動，那塊肌肉怎麼拉，扭曲、零碎，全部是身體表面的活動。而太極拳屬內家拳，在拳架基本練熟後就要進入內功階段的鍛鍊，包括配合呼吸、養丹田氣、以氣運身、培養腰、盪開、轉圈、擎引鬆放……即父親所言：從外面練進去，再從裡面練出來。即使是練拳架，也主要在於頭容正直，眼看遠，手腳放在該放的位置，坐腿弓腿，挺腰開合胯，關節有張弛，等等。如全都在骨肉上做文章，始終進不到內功層面的研習，能否算作太極拳，看來要打問號的。

氣對於拳架及勁的推動長養作用是至關重要無可替代的，正如父親所提倡的抓住練氣這個中間環節，來帶動練架子和練勁的兩頭。

諸多太極拳前輩教導我們的是：「身形腰頂不可無，缺一何必費功夫」「氣遍身軀不稍滯」「腰為第一主宰，丹田為第一賓輔」。這就闡明了太極拳是以架子、氣和勁三個基本要素構成，到後來氣和勁也不可分割了。王宗岳的拳經主要講的也是神、意、氣、勁的問題，換句話說，沒有勁氣的成分（參與）便練不出《拳經》的境界。

當年我父親從西安辭職回上海專門跟祖父學拳，繼承了祖父拳藝，特別是內功心法。而樂奐先生把祖父的拳改得面目全非，可以說《樂傳太極與行功》完全不是樂家拳，都是樂奐先生自己的「發明」。祖父曾說：「我的拳全世界只有一套。」說明樂家拳自有一般的拳所不具備的獨特之處，值得我們後人重視及珍惜。

萬變不離其宗，每個人可以有自己的理解和體悟，但最好不要超出太極拳的基本範疇。尊重前輩的太極精神，尊重太極拳的基本規律，應該是我們後人及廣大太極愛好者共同的責任義務。

在此提醒一些練拳朋友，不要攪渾水，混淆是非，為了某種目的而意欲否定王太師母和樂家拳的關係是不可行的。

樂亶先生在拳論中明確寫道 ：「故練拳之道，非唯強身體，精武藝而已，且亦能盡心致性，開最高之智慧也。」因此還樂家拳本來面目，為樂亶先生正名是天經地義的事情。如果想維護老師，就請認真練拳，練到一定程度，才能理解樂家拳的真諦。除了一系列的規矩和方法，盪開、拎腰和轉圈是樂家拳的特色及精華，如果不能做到這些，就不要隨便教拳，不能體現樂家拳的精神和風格。

再奉勸一些所謂的「大師」「傳承者」，打著楊澄甫、董英傑、樂幻智等前輩的名號，隨心所欲，急功近利，這是對前輩們及太極文化的不尊重！

為了維護和發揚前輩的太極文化遺產，也為了拳壇的健康發展，筆者不得不做以上點評，如有不妥，歡迎指教。

鑒於《樂傳太極與行功》在社會上造成的不良影響，特為此次出版我父親樂亶先生的一系列拳論起名為《樂式太極拳行功要義》，以示區別。

樂　雍

2021年1月

NOTE

# 樂式太極拳 行功要義


著　　者｜樂　　亶
整　　理｜樂　　雍
責任編輯｜冉　宏　偉

發 行 人｜蔡　森　明
出 版 者｜大展出版社有限公司
社　　址｜台北市北投區（石牌）致遠一路2段12巷1號
電　　話｜(02) 28236031・28236033・28233123
傳　　真｜(02) 28272069
郵政劃撥｜01669551
網　　址｜www.dah-jaan.com.tw
E-mail｜service@dah-jaan.com.tw

登 記 證｜局版臺業字第2171號
承 印 者｜傳興印刷有限公司
裝　　訂｜佳昇興業有限公司
排 版 者｜千兵企業有限公司
授 權 者｜山西科學技術出版社
初版1刷｜2024年7月

定　　價｜500元

樂式太極拳行功要義／樂亶 著；樂雍 整理
—初版—臺北市，大展出版社有限公司，2024.07
面；21公分—（武術特輯；165）
ISBN 978-986-346-473-0 (平裝)
1.CST：太極拳
528.972　　113008151